生产系统和生活系统

循环链接管理理论及机制设计

MANAGEMENT THEORY AND MECHANISM DESIGN
ON CIRCULAR LINKS BETWEEN INDUSTRIAL & RESIDENTIAL SYSTEMS

穆献中 吴玉锋 么 新 胡广文 ◎ 著

国家重点研究计划研究成果（批准号：2018YFC1902706）
国家自然科学基金委科学部主任基金研究成果（批准号：L1422034）
国家自然科学基金面上项目研究成果（批准号：71673017）
国家发展和改革委员会资源节约综合利用专项研究成果（批准号：2016578）
北京市社会科学基金重点项目研究成果（批准号：17YJA001）

经济管理出版社
ECONOMY & MANAGEMENT PUBLISHING HOUSE

图书在版编目（CIP）数据

生产系统和生活系统循环链接管理理论及机制设计/穆献中等著．—北京：经济管理出版社，2019.9

ISBN 978－7－5096－6546－6

Ⅰ．①生…　Ⅱ．①穆…　Ⅲ．①城市经济—循环经济—经济发展—研究—中国
Ⅳ．①F299.21

中国版本图书馆 CIP 数据核字（2019）第 236976 号

组稿编辑：杜　菲
责任编辑：王　洋
责任印制：黄章平
责任校对：董杉珊

出版发行：经济管理出版社
（北京市海淀区北蜂窝 8 号中雅大厦 A 座 11 层　100038）
网　　址：www.E－mp.com.cn
电　　话：（010）51915602
印　　刷：三河市延风印装有限公司
经　　销：新华书店
开　　本：720mm×1000mm/16
印　　张：21
字　　数：301 千字
版　　次：2020 年 5 月第 1 版　　2020 年 5 月第 1 次印刷
书　　号：ISBN 978－7－5096－6546－6
定　　价：88.00 元

推进资源全面节约和循环利用，实施国家节水行动，降低能耗、物耗，实现生产系统和生活系统循环链接。

——《中国共产党第十九次全国代表大会报告》

前　言

改革开放40多年来，我国以原材料和能源消耗为主体的第二产业生产系统得到了快速发展，第二产业生产系统不仅导致国内原材料、能源、水资源的大量消耗，也产生了工业固废、废气、废水、余热等诸多伴生“垃圾”，即生产系统“冗余”。同时，伴随国家经济发展和人民生活水平的提高，城乡居民生活系统必需的能源、水资源以及相关消费品需求量日趋增长，其“新陈代谢”频率也明显加快，从而产生巨量的生活“垃圾”，即生活系统“冗余”。针对这种严重的生产系统和生活系统“冗余”问题，国家发展和改革委员会在“循环经济”试点行动计划中多批次在不同层级城市、工业园区、生产企业等诸多层面开展了相关试点和示范工程。然而，我国生产系统和生活系统存在的这种产出“冗余”问题，与生产系统和生活生态系统间缺乏“冗余”交互循环转化利用或利用率过低有较大关系。基于此，有必要梳理我国第二产业重点生产系统和生活系统间的循环链接基础理论和技术流程，以打通生产系统和生活系统“冗余”以及沉淀循环利用链接节点和认知盲区，进一步优化生产系统和生活系统“冗余”循环利用路径、提高资源化利用效率，这也正是开展该领域研究工作和编写本书的目标和意义所在。

2013年1月23日，国务院发布《循环经济发展战略及近期行动计划》，把“促进生产与生活系统的循环链接”列入实施大循环战略。2017年4月21日，国务院发布《循环发展引领行动》，系统地阐释了我国工业领域全面推行循环型生产方式的具体领域和重点任务，并把构建生产系统和生活系统循环链接机制作为国家循环经济发展的重点任务之一。2018 年 5 月 18 日，国家主席习近平在全国生态环境保护大会讲话中指出，“绿色发展是构建高质量现代化经济体系的必然要求，是解决污染问题的根本之策。重点是调整经济结构和能源结构，优化国土空间开发布局，调整区域流域产业布局，培育壮大节能环保产业、清洁生产产业、清洁能源产业，推进资源全面节约和循环利用，实现生产系统和生活系统循环链接，倡导简约适度、绿色低碳的生活方式，反对奢侈浪费和不合理消费”。报告明确提出了实现生产系统和生活系统循环链接具有时代必然性和急迫性。

近年来，笔者及其研究团队陆续参与承担了国家重点研究计划“典型包装物全生命周期追溯体系设计及应用示范”（2018YFC1902706）、国家自然科学基金委科学部主任基金“我国特大城市生态化转型战略研究”（L1422034）、国家自然科学基金面上项目“能源输入型城市能源生态系统建模及优化路径研究”（71673017）、国家发展和改革委员会资源节约综合利用专项“生产系统和生活系统循环链接机制研究”（2016578）以及北京市社会科学基金重点项目“废旧动力电池回收利用模式研究”（17YJA001）等系列研究工作。在承担上述课题或研究任务工作过程中，有必要针对生产系统和生活系统循环链接研究领域的一些基本概念、理论体系尤其是演化机理进行探究，为此在组织我们团队成员收集相关文献资料的基础上，系统梳理了近年循环经济理论基础、方法论演变以及产业实践探索。同时，作为上述 5 项研究课题任务的配套工作，笔者组织门下研究生申报并获批了 4 项北京工业大学研究生科技基金课题，尽管研究课题层次不高，经费也很有限，但在开展相关研究基础上也发表了多篇与之相关的学术论文，申报了 3 项国家技术发明专利，获批了 3 项软件产品著作权，从而初步奠定了本书的理论基础和方法论架构，这也是编写本书的初期准备工作和框架雏形。

经过近 3 年时间研究及学术成果梳理，历经不定期组织专家研讨，数易提纲及部分章节内容，其间也曾几度犹豫是否放弃，最终还是坚持了下来，形成了本书目前这个版本。

本书基本架构由五个主要部分共10个章节组成：

第一部分（第一章、第二章）研究工作基础篇。这部分主要对本书研究背景、研究进展、政策演化以及产业发展状况进行系统归纳，其中研究进展文献综述和评述两部分，包括基础理论、发展模式、方法体系、应用实践等方面。在此基础上，梳理并提出本书的研究空间、研究内容、技术方案以及主要创新点。

第二部分（第三章至第六章）理论基础和技术方法论。本部分在对生产系统和生活系统循环链接涉及重要概念和理论内涵进行系统阐述的基础上，阐释了其要素多元、结构多层、组分共生等基本特征，针对强循环—弱循环、正向—逆向、有益—有害等生产系统和生活系统循环链接类别进行了界定。以可持续发展、资源经济学、生态经济学以及循环经济学为理论基础，系统阐释循环经济发展机理和创新模式，构建生产系统和生产系统循环链接四层塔型管理理论和机制设计理论架构，按照“要素识别—系统分解—行为分析—仿真模拟—工程实验”研究主线，提出生产系统和生活系统循环链接技术方法论和信息管理体系，研制了城市生产系统和生活系统循环链接数据管理软件。

第三部分（第七章、第八章）管理机制构建和设计。本部分基于《循环发展引领行动》和我国生产—生活系统循环链接现实情况，应用系统动力学、ISM－MICMAC分析、激励相容等理论工具，剖析生产系统和生活系统循环链接驱动机理和影响因素，完成其基本框架设计。在此基础上，以能源共享、水循环、废弃物协同处置等为切入点，阐述生产系统和生活系统循环链接的顶层设计原则、机制框架以及对应政策措施等。

第四部分（第九章）循环链接应用实践。以企业实践为主线，对国家《循环发展引领行动》（2017）所涉及的主要产业门类，按正向—逆向循环链接、有益循环链接以及已形成社会热点的有害循环链接进行分类，对其基本生产原理、关键工艺流程进行梳理，并以知识专栏形式摘编国内外企业生产等实践案例。

第五部分（第十章）研究结论和展望。作为循环经济学科研究的一个新兴发展领域，本书在基础理论、技术方法论、路径优化软件以及管理机制设计等方面开展了一些研究工作，仍有诸多不足和待继续研究的问题。本章在总结本书研究结论和学术认知基础上，对未尽的研究工作和认知的局限性进行了一些说明和展望。

本书在五个方面具有一定研究创新或工作特色。①理论创新Ⅰ：本书在系统阐述生产—生活系统循环链接重要概念基础上，剖析其要素多元、结构多层、组分共生等基本特征，首次提出强循环—弱循环、正向—逆向循环链接、有益—有害循环链接等分类体系和测算方法。在此基础上，构建以可持续发展、资源经济学、生态经济学以及循环经济为理论基础，以系统科学、工业生态学、工业工程技术为载体，以激励相容、生产者责任延伸以及演化博弈为功能延伸的生产—生活系统循环链接四层塔型管理理论架构。②理论创新Ⅱ：系统阐述循环经济不同“递阶”发展阶段，包括初期生产系统循环链接、弱循环状态下生产—生活系统循环链接、强循环状态下生产—生活系统循环链接等，并用“物质代谢”和“功能消解”形意图分析其内在运作机制和功能演化机理。在此基础上，构绘中国循环经济从理念型到生产实践型，直至生产—生活系统循环链接型和数字型循环经济交互创新发展模式。③技术创新：在剖析生产系统和生活系统循环链接评价指标体系基础上，以物质流和解释结构模型为技术载体，按照“要素识别—系统分解—行为分析—仿真模拟—工程实验”研究主线，构建了系统结构分解、系统行为分析以及系统生态模拟等方法体系。系统阐述生产—生活系统循环链接数据信息管理体系，并研制城市生产—生活系统循环链接数据管理软件，提高了循环链接系统研究的管理科学化和信息化水平。④机制创新：基于国家《循环发展引领行动》纲要以及我国生产—生活系统循环链接现实情况，应用系统动力学模型和ISM—MICMAC分析工具构建生产—生活系统循环链接驱动机制和关键要素指标优化模型。在此基础上，针对循环链接存在问题，构建循环链接管理机制设计框架，以能源共享、水循环、协同处置废弃物“冗余”为切入点，剖析《循环发展引领行动》驱动机制和政策体系。⑤应用实践：以国家循环经济产业体系为主线，按正向循环链接（发电、钢铁、化工等）、逆向循环链接（垃圾能源化利用、污泥资源化利用、农村沼气回收等）、有益循环链接（餐厨垃圾回收制生物柴油、工业废水回收做中水、农村生物沼气回收等）进行归类，并剖析其循环链接产业技术流程和关键节点，以实现生产系统和生活系统循环链接的管理体系和长效运行机制，为城市垃圾分类和产业化提供依据。

笔者有机会开展循环经济学术领域研究工作，首先很庆幸并深深感恩在中国工程院院士、北京工业大学原校长左铁镛教授带领下，在北京工业大学循环经济研究院的教学科研工作经历。同时，也感谢这么多年国内外诸多循环经济研究领域专家学者，包括本单位曾经的同事和朋友，对我们研究团队的学术指导和帮助。笔者也感谢在我们团队不同时期承担相关课题研究任务以及参与本书编写工作的所有研究生，他们是朱雪婷、李明博、孔丽、孙喆人、涂闯、陈健、张政、薛莲、李国昊、余漱石、吕祥、徐鹏、吕雷等。

在此，我们也特别感谢给予我们研究团队承担国家重点研究计划、国家自然科学基金项目、国家发展和改革委员会资源节约综合利用专题研究任务以及北京市社会科学基金重点项目的有关单位和诸多评审专家，这是笔者撰写本书的最大动力和工作基础所在。最后，也特别感谢经济管理出版社领导及责任编辑对本书出版付出的辛勤劳动和大力支持。

基于本书框架体系的系统性以及章节内容的完整性，笔者系统梳理并引用了国内外诸多专家学者公开发表的文献资料以及相关学术研究成果，也有部分文献资料来自网络或“微信公众号”的信息转载。尽管在书中我们尽可能详尽地注明了参考文献来源出处，但也难免有些许疏漏，当然也可能因阅读资料范围和数量有限而挂一漏万，在此对书中引用到的所有文献资料作者、网络信息发布者以及该领域专家学者表达最崇高敬意和真诚谢意。限于部分数据信息统计滞后以及资料渠道不够通畅，对部分产业统计信息没有做到及时统一更新，仅供广大读者参考。

在此需要强调的是，生产系统和生活系统循环链接是一个牵扯多学科体系的复杂系统工程，不仅学科属性、理论基础以及相应的技术支撑需要深入探究，其产业政策体系、深层次的管理机制改革也需要认真思考，最后更需要落实到实际产业和实践层面。笔者依据近年的系列研究工作认知，撰写这本比较前沿但构思稍显粗浅的学术著作，深有力不从心之感，且作为抛砖引玉之举吧。

在本书交付出版之际，深感书中一些章节内容仍存在一些值得商榷和不足之处，敬请致力于生产系统和生活系统循环链接研究以及相关工作领域的专家学者指导帮助和批评指正，以期为真正“实现生产系统和生活系统循环链接”国家发展战略做出更大贡献。

穆献中

2019 年 11 月 18 日于北京

目　录

Contents

第一章
绪 论

本章通过梳理我国目前循环经济发展趋势以及生产系统和生活系统“冗余”产出状况，系统阐释构建我国生产系统和生活系统循环链接管理理论以及开展相关机制设计研究的时代背景和现实意义。在综述相关工作进展的基础上，系统介绍了本书的研究空间、主要内容框架、技术方案以及主要创新点，这也是本书后续内容的概略性归纳。

一、生产系统和生活系统循环链接发展

（一）循环经济发展的必然性

在经济发展过程中，人类与自然环境的关系经历了单向线性消费、末端治理、循环经济三个发展阶段，从“资源—产品—污染排放”的线性发展方式到“资源—产品—再生资源”的闭路循环经济发展模式，人类经济的发展不仅实现了“减少废物、净化废物”，更实现了根源性的模式转变。基于生态系统学角度认知，人类社会作为自然生态系统的子系统，必须遵循生态演化规律，并合理利用自然资源，妥善处理人与自然的关系，才能

进一步实现人类社会与自然生态系统的和谐共生、可持续发展。

20 世纪 90 年代以来，随着世界经济结构的不断调整、全球资源的互联互通，循环经济理论探索和产业实践在世界范围内得到了快速发展，尤其是快速发展中的中国。迄今为止，循环经济已成为全球经济发展的两大强劲“引擎”之一，另一“引擎”则是自主创新。循环经济发展模式自诞生至今，经历了这几次革新式的发展，从生产环节的原料回收，到工业园区内部的物质循环，再到系统层面的资源再生，研究的维度不断扩展，系统内部的循环研究已经相对全面，而逾越生产系统和生活系统界限的循环链接成为当前的研究热点。

追溯循环经济发展，大致可以归纳为以下三个发展阶段（见图 1 - 1）：

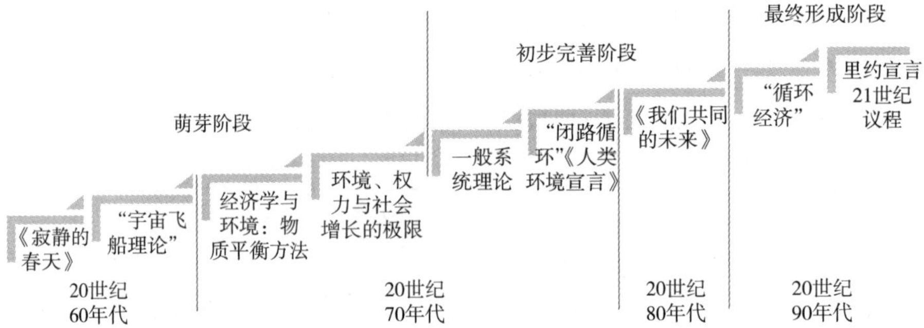

图 1 - 1　循环经济发展历程

（1）萌芽阶段（20 世纪 60 ~ 70 年代初期）。

首先作为古代中华文明思想的一个重要组成部分，中国古代经济管理思想可谓源远流长，最早可以追溯至春秋战国时期，如孔子、孟子、荀子等都主张“天人合一”，或称“天人一体、天人合德、天人相参”生态伦理思想，即人和自然是一个有机整体，这也是中国出现最早的循环经济管理思想的雏形和萌芽状态。

现代循环经济思想起源于 20 世纪 60 年代环境保护风潮的兴起，美国海洋生物学家蕾切尔·卡森（Rachel Carson）出版了《寂静的春天》一书，指出生物界以及人类所面临的危险。其后美国学者 K. 鲍尔丁（K. Bounding）著名的“宇宙飞船理论”初步阐述了循环经济的内涵，进一步引发人类对传统经济行为和发展认知理论的反思，重新思考人类社会与自然间的关系①。在这一时期，资源短缺、环境污染是研究关注的重点，出现了以热力学方法分析经济发展模式可持续性的研究，代表性观点包括以赫尔曼·戴利（Herman Daly）和罗马俱乐部的“稳态经济”发展观点，即认为人类经济不可能持续增长，否则将走向毁灭，这在当时遭到了主流经济学家们的一致抨击。

（2）初步完善阶段（20 世纪 70～80 年代）。

在这一发展阶段，国内外学者们对循环经济的基本观点进行了改进，循环经济学主要理论架构也形成于这一阶段，但还没有作为一个独立学科正式确立。20 世纪 70 年代末期，一般系统理论开始引入到循环经济的研究中，从伊利亚·普里高津（Ilya Prigogine）的自组织与耗散结构概念，到爱德华·诺顿·洛伦茨（Edward Norton Lorenz）的混沌理论引发学者对经济系统只有一个均衡的观点提出质疑，人们开始意识到经济发展过程中环境问题所引发的不确定性。威廉·麦克唐纳（William McDonough）和迈克尔·布朗嘉特（Michael Braungart）共同提出“从摇篮到摇篮”的闭路循环式发展模式，引发对循环经济更加深入的认识。同一时期，联合国和国际环境与发展委员会先后出发布了《人类环境宣言》和《我们共同的未来》。

（3）最终形成阶段（20 世纪 90 年代至今）。

“循环经济”正式提出是在英国环境经济学家皮尔斯和图奈（Pearee 和 Turner）合著的《自然资源和环境的经济学》中。基于可持续发展原则和物质流动模型，废物“既可以循环，又可以降低自然资源压力”。1992 年，巴西里约热内卢市召开的第一次全球环境与发展峰会通过了《里约环

① 一般认为，循环经济的“先驱者”是 K. 鲍尔丁，主要是因为其最早提出过“宇宙飞船理论”。但是，如果从“思想资源”角度来看，循环经济则应追溯到马克思，因“物质循环使用”思想在马克思著作《资本论》中大量存在，这些思想观点已构成一个相对完整的理论体系。

境与发展宣言》和《联合国可持续发展21世纪议程》，正式提出循环经济是“低开采、低消耗、低排放、高效率、高利用”的“资源投入—产品生产消费—再生资源”的反馈式高级物质循环型发展模式。

20世纪90年代，我国开始引入循环经济的思想。经过20多年的发展，我国循环经济的理论研究不断深入，实践经验也不断丰富，循环经济已经在调整我国产业结构、转变发展模式、建设生态文明、促进可持续发展中发挥了重要的作用，在清洁生产、绿色发展、节能减排、资源再生利用等领域取得了重大成就。在“十三五”构建生态文明评价指标体系中，评价循环经济发展成效和对经济发展绿色化程度贡献已经成为重要评价参考和指标依据。因此，推动循环经济发展，促进循环经济发展的法律制度和市场化机制建设，是我国当前经济社会发展的重大战略之一。

近年来，在经济发展的绿色转型和“新常态”背景下，国内外专家学者以及各级政府纷纷开展了基于资源综合利用和循环发展的模式探讨。从废弃物的末端治理，到基于物质流和全生命周期的资源循环利用，现有研究已经形成了较为充分和完整的理论框架和方法体系。而随着研究不断深入以及发展需求的不断提高，基于系统视角层面的资源循环链接和综合利用成为这一领域的新方向。

不同于传统观点认知（见图1-2），不少研究已认识到当前资源紧缺与环境压力等矛盾主要来自过于片面地将以经济发展为目的的生产系统与承载居民生活的生活系统两者无意区分开来，导致两个系统成为相互孤立、不相关联的子系统，从而导致子系统间投入与产出形成难以匹配的供需关系，进而造成各系统内部物质、能量代谢产生“冗余”或短缺。显然，生产系统和生活系统存在的这种累积物质“冗余”产出问题，与生产系统和生活生态系统间缺乏“废物”交互循环转化利用的渠道或循环利用率过低有较大关系，这也体现了我国目前生产系统和生活系统发展方式粗放、结构性失衡以及“生产系统”和“生活系统”之间物质流、信息流和管理体制不通畅等一系列问题。

换言之，生产系统和生活系统之间通过能源、水和其他物质的循环流动规律，存在客观上的相互关联和息息相通，不管是有意或是无意忽视这种客观规律和有机关联都是不对的。目前，由于诸多法规政策、管理体制、产业协作、信息交流、成本风险、技术安全等方面的障碍，不同层面、不同领域生产系统和生活系统之间的循环链接关系还未普遍建立，也缺乏理性认知和深入探究。

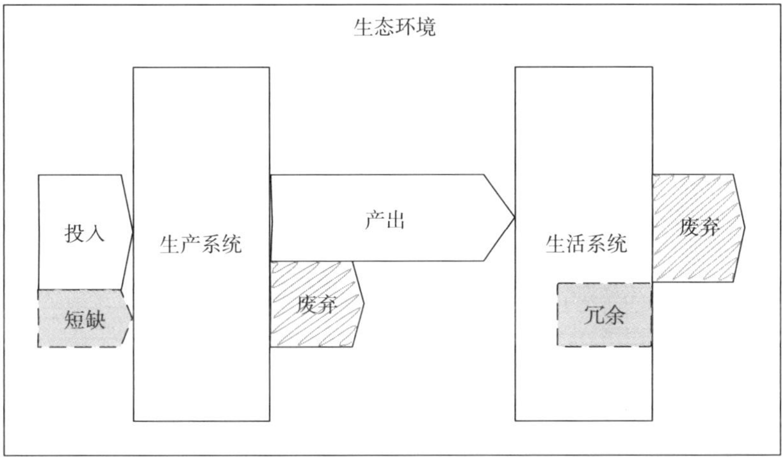

图1－2　生产系统和生活系统投入产出关系（传统观点）

开展生产系统与承载居民生活的生活系统循环链接研究，对于减少生产系统之间的“冗余”不仅具有积极的作用，对人们日常行为方式和生活理念转变也具有重要的实际意义。在全面建立循环链接的产业体系的实践中逐渐发现，生产系统和生活系统之间也存在大量资源、能源的共生耦合关系（见图1－3）。在当今城市化发展的大背景下，以节约集约循环利用的资源观为指导，建立以生产系统和生活系统循环链接为主要形式的共生体系，不仅是解决城镇生产系统和生活系统废物“冗余”、实现资源的高效和循环利用的有效途径，也是今后我国循环经济理论与产业实践的研究热点。

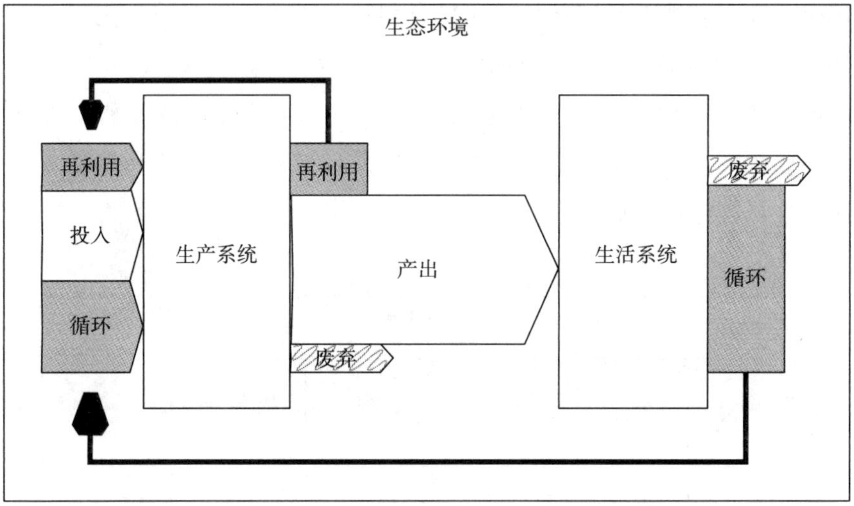

图 1－3　生产系统和生活系统链接机制

（二）中国循环经济发展趋势

经过改革开放 40 年的快速发展，中国经济总量已跃居世界第二位，国民经济实力不仅取得质的飞跃，人民物质生活水平也得到显著改善，国际地位不断提高（见图 1－4 至图 1－6）。与此同时，高速经济增长带来的弊端也开始逐渐显现，经济发展、居民生活对能源、资源的需求急剧增加导致资源短缺和对外依存度不断升高，城镇化规模快速扩张产生过量废热、废水、废弃物对自然生态环境造成不良影响等一系列问题已经成为制约我国发展的障碍，使经济发展不得不转入“增速换挡”和结构调整的“阵痛”时期。因此，为继续推动国家综合实力的持续、稳定、健康发展增长，促进经济结构转型升级和城镇化发展成为中国当前全面建成小康社会决胜阶段的首要任务。

长期以来，“粗放式”增长是我国经济增长的一个重要特征，依靠“大量投入、大量产出”的发展模式，我国经济总量取得了跳跃式增长，工业化进程不断推进，化工、电子、轻工、机械等“高资源”投入、高能耗、高排放的第二产业迅速发展，大量资源转化为社会财富。与此同时，原生资源消费量显著提升带来沉重的资源短缺和自然环境污染代价，也造成多种原生资源保障面临严峻挑战。

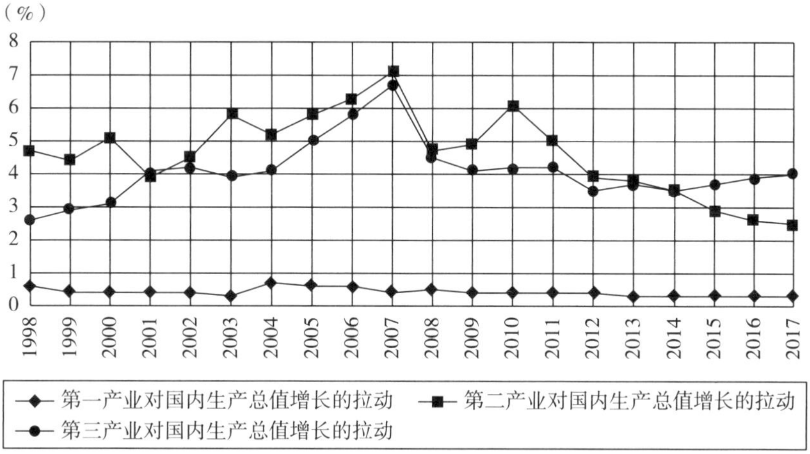

图 1-4 1998~2017 年中国三次产业拉动经济增长情况

资料来源:《中国能源统计年鉴》(2018 年)、World Bank Data (2018)。

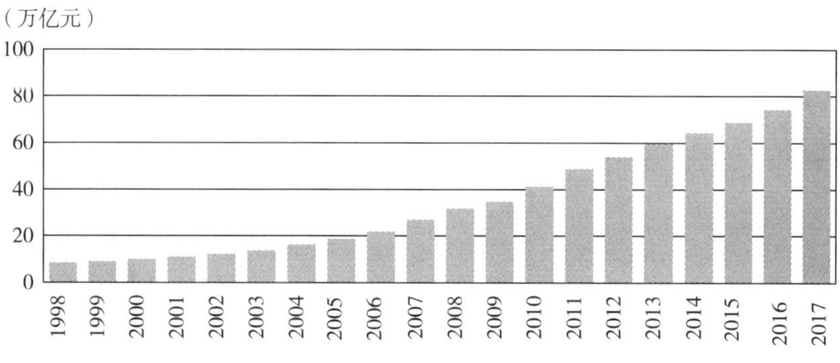

图 1-5 1998~2017 年中国 GDP 增长比较

资料来源:《中国能源统计年鉴》(2018 年)、World Bank Data (2018)。

一方面,我国的自然资源禀赋已经难以满足经济发展的需求,无法维持资源的安全稳定供给,不得不依赖国外进口资源,导致我国资源对外依存度不断增高,不仅不利于经济的持续发展,更关系我国资源安全和国家稳定。以能源为例，我国石油和天然气国内产量已不足以满足自身消费需求（见图1－7），大量石油天然气消费依赖于国外进口，对外依存度持续走高。2016年，我国石油和天然气对外依存度已分别达67.7%和34.0%，对于我国能源安全供给和经济持续发展十分不利。

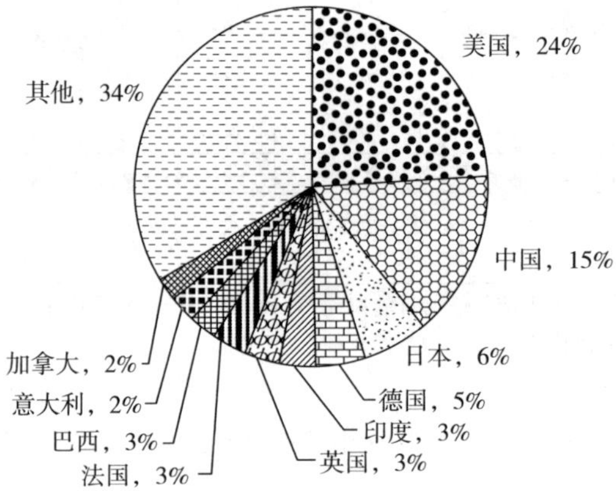

图1－6　2017年世界各国经济占全球经济比例

资料来源：《中国能源统计年鉴》（2018年）、World Bank Data（2018）。

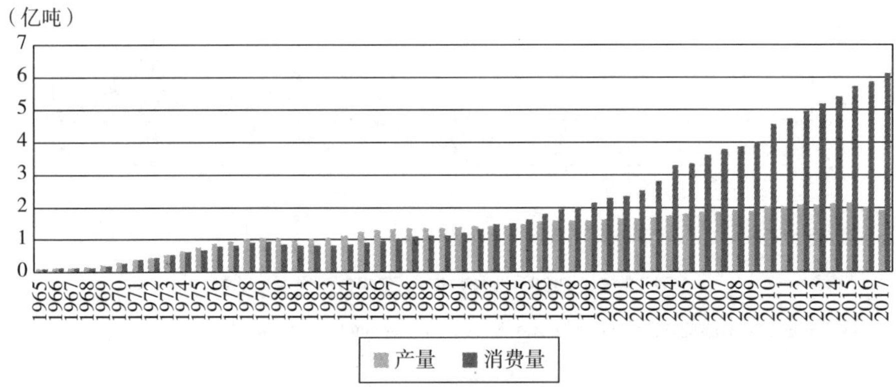

（a）1965~2017年中国石油供需趋势

图1－7　中国石油、天然气产量与消费量趋势

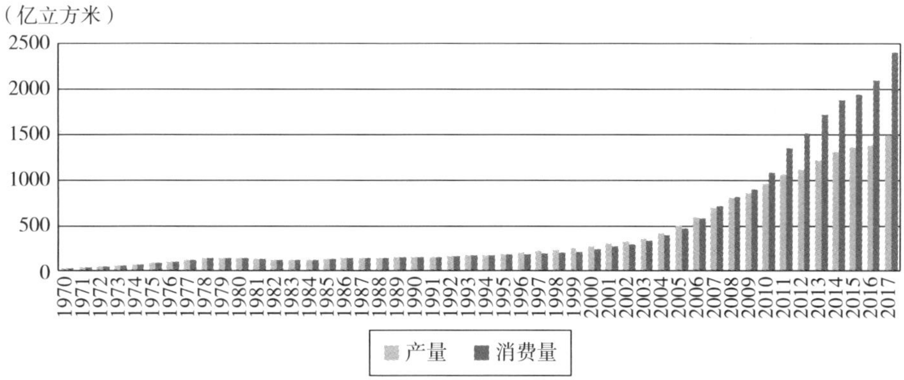

（b）1970~2017年中国天然气供需趋势

图1－7 中国石油、天然气产量与消费量趋势（续）

资料来源：BP Statistical Review of World Energy（2017）。

另一方面，伴随着国民经济的快速发展，我国自然资源大量消耗和工业生产进程的不断加速，大量固体废弃物、废气、废液以及生产过程中的余热等伴生代谢无法得到妥善处置，排放、堆置、废弃等不恰当处理方式造成人类赖以生存的环境受到严重影响，给自然生态环境带来沉重的压力（见图1－8）。

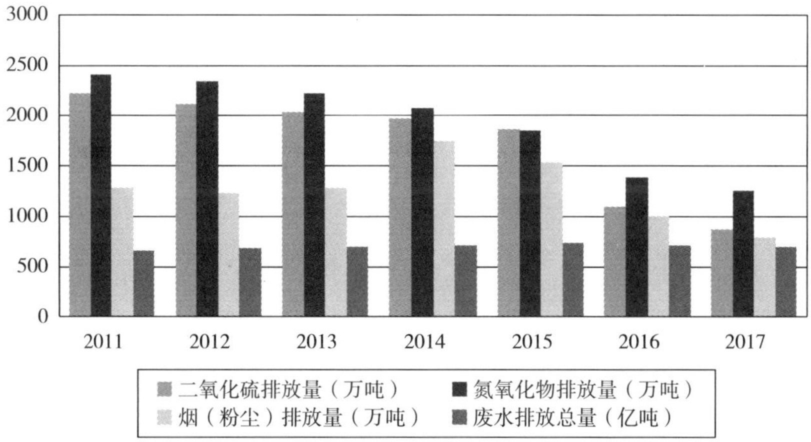

图1－8 2011～2017年中国废水、废气排放量

资料来源：中国统计局数据库（2018）。

大量物质投入与产出的发展方式尽管为我国带来经济实力的快速提升、居民生活水平的不断提高以及我国综合国力的持续增强，也带来了日趋严重的资源约束以及大量弃置、过度排放带来的严重环境问题，导致我国未来的继续发展面临资源可持续和环境污染的双重难题。在当前“十三五”全面建成小康社会的战略决胜期，经济增长“换挡降速”、发展方式粗放、结构性矛盾凸显、资源环境约束强化等问题相互交织，提高发展质量和效益、推动绿色循环低碳发展的任务更加迫切。如何协调经济发展与资源约束、环境承载的矛盾已成为我国可持续发展必须面临的问题。

为树立和巩固以资源节约和环境保护的基本国策，促进我国经济发展绿色转型。2002 年以来，全国人大常委会先后通过了《清洁生产促进法》《循环经济促进法》等相关法律政策体系，尤其是 2013 年 1 月，由国务院印发的《循环经济发展战略及近期行动计划》，这是我国制定的第一部循环经济发展战略规划及专项行动规划。在该行动计划中首次提出我国在工业领域推行循环型生产方式，明确提出以促进生产系统和生活系统互通互联，推动我国循环经济发展为目标，构建我国生产系统和生活系统循环链接管理机制。2017 年 4 月 21 日，国务院 14 部、委（局）联合印发了《循环发展引领行动》（以下简称引领计划）（见图 1－9）。引领计划中进一步系统阐释了在我国工业领域全面推行循环型生产方式的具体领域、推进企业间、行业间、产业间共生耦合方式以及形成循环链接产业体系的发展途径。

长期以来，我国以原材料和能源消耗为主体的生产模式不仅大量消耗原材料、能源、水资源，同时产生大量余热、废气、废水、废物等诸多伴生“垃圾”，即生产系统“冗余”。同时，伴随国家经济发展和人民生活水平提高，城乡居民生活系统必需的能源、水资源以及相关消费品需求量和“新陈代谢”频率加快，产生了巨量城市生活“垃圾”，即生活系统“冗余”。我国生产系统和生活系统存在的这种“冗余”问题，与生产系统和生活生态系统间缺乏“废物”交互循环转化利用的渠道或循环利用率过低有较大关系，也体现了我国目前生产系统和生活系统发展方式粗放，结构性失衡及系统之间物质流、信息流和管理体制不畅等诸多问题。

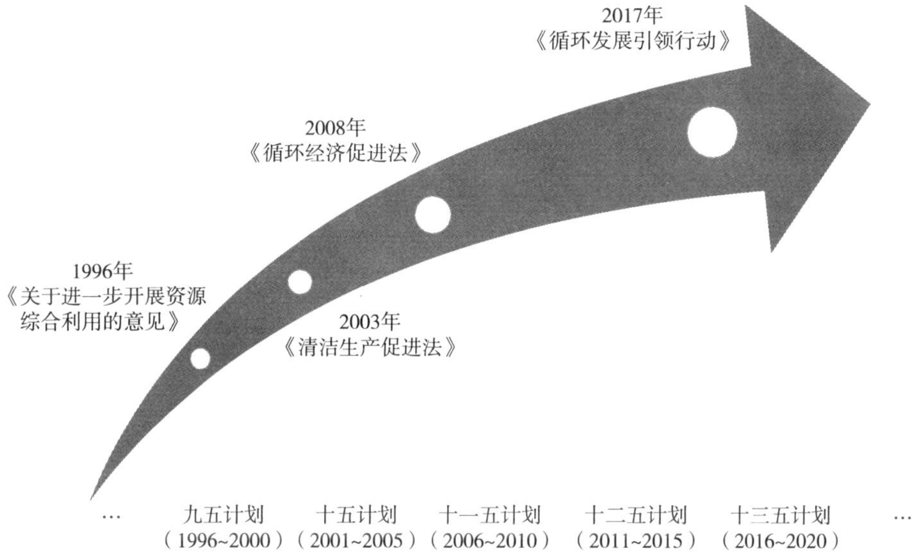

图1-9 我国循环经济相关法律政策发展

资料来源：历年《中国统计年鉴》。

综上所述，资源综合利用与循环发展逐渐成为我国可持续发展的时代主题，而作为我国当前经济社会发展的一项重大战略举措，资源综合利用与循环发展也是国家建设生态文明、推动绿色发展的重要途径。"十三五"时期将是我国全面建成小康社会的战略决胜期，提高发展质量和效益、推动绿色循环低碳发展的任务更加迫切。就产业层面而言，我国企业循环生产、园区循环发展、产业循环组合的生产系统循环模式与居民生活废弃物资源化利用的生活系统循环模式，进一步推动城市循环发展体系建设。跨系统的循环经济模式是当前循环经济研究的难点，生产系统和生活系统的循环链接机制研究是循环经济理论从微观生产层面拓展到宏观系统层面提出的新问题。

（三）我国生产系统和生活系统冗余状况统计

随着我国城镇化的稳步发展，生产系统和生活系统增长规模、发展速度不断扩大，一方面对能源、资源的需求量剧增，另一方面生产系统和生活系统所产生的固体废弃物、余热、余能、废水等伴生物“冗余”也大幅增加。

1. 生产系统废弃物

以《中国统计年鉴》的相关数据为基础，图 1 – 10 呈现了我国工业生产二氧化硫的国内排放量的变化趋势。从中可以看到自 2004 年以来，国内典型工业生产废气二氧化硫的排放量呈现出明显上升后明显下降的趋势，这是由于我们国家已认识到，粗放式工业发展造成了严重的环境问题，并通过一系列的管控措施，逐渐控制上升趋势，并逐渐收到显著成效。同时也要注意到，作为工业生产排放的二氧化硫仍居于高位，对环境的影响依旧突出，未来的持续、有力管控措施仍然不可避免。

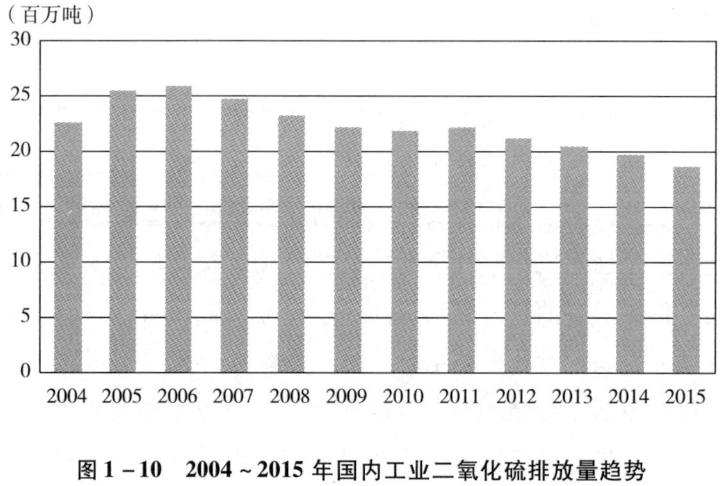

图 1 – 10　2004 ~ 2015 年国内工业二氧化硫排放量趋势

资料来源：历年《中国统计年鉴》。

2004 年以来，我国工业生产的废水排放量持续上升，呈现更加不利的发展势态（见图1－11）。为了国民经济可持续发展，实体工业产业规模增加和产能扩张就难以避免，然而如何处理因此逐年上升的工业废弃污染物排放也成为当前以及未来一定时期比较棘手的问题。

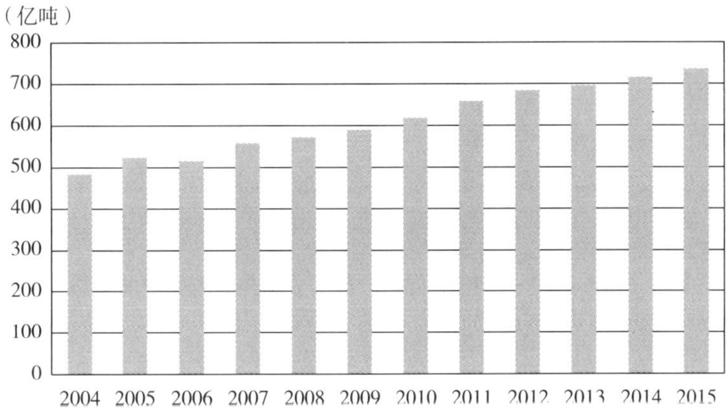

图1－11　2004～2015年国内工业废水排放量趋势

资料来源：中国统计年鉴

根据《中国统计年鉴》统计，图1－12显示了国内一般工业固体废弃物产生量变化趋势。从图中可以看到2000年以来工业固体废物产生量逐年上升，2010年后已经达到较大的规模量，由于经济增长以及工业产值增加的硬性要求短期不会变更，因此可以预期到未来一段时间内工业固体废弃物不可避免地将保持持续增长的势态。由此，如何妥善处理这些废弃物就成为一个迫在眉睫的问题。

根据《中国统计年鉴》统计，伴随我国工业废弃物“冗余”总量增加，工业固体废弃物综合利用量也在逐年上升（见图1－13）。一是由于废弃物产生量的持续增长使废物利用拥有较为充足的原始材料，二是功归于政府对于废弃物利用以及环境保护关注力度的不断增加，使废弃物再利用成为工业企业必须得到重视的环节。

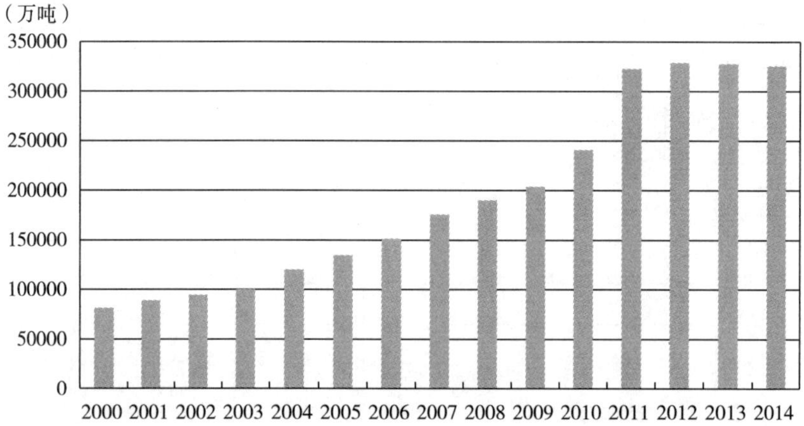

图 1－12　2000～2014 年国内一般工业固体废弃物产生量趋势

资料来源：国家统计局。

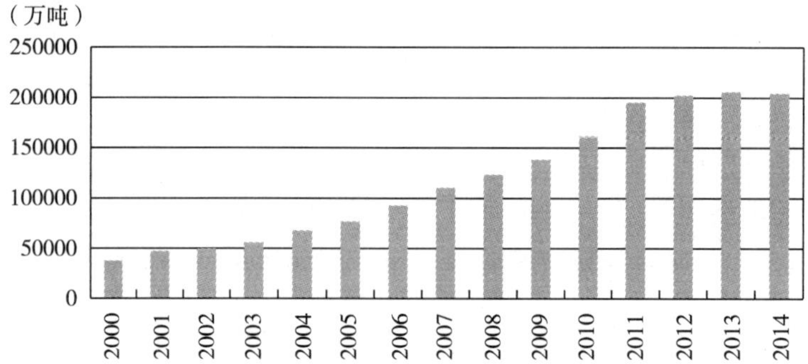

图 1－13　2000～2014 年国内工业固体废物综合利用量趋势

资料来源：国家统计局。

2. 生活系统废弃物

根据《中国统计年鉴》，我国生活垃圾清运量逐年上升，由 2004 年的 15509.3 万吨增至 2014 年的 17860.2 万吨，增幅 1.15%，这与城市人口的增长与消费水平的提升密切相关，可以预见到未来生活垃圾量依然会保持持续增长的态势，对城市的压力巨大（见图 1－14）。

此外，随着无害化垃圾处理技术发展，生活垃圾处理量及其处理能力都得到快速增强，对自然环境的破坏有希望得到缓解（见图 1－15）。

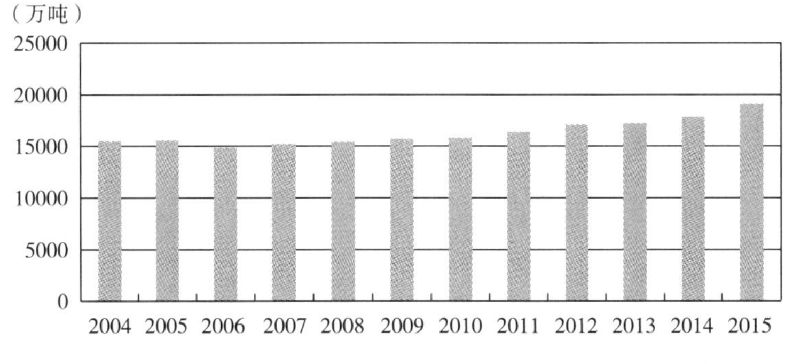

图 1－14　2004～2015 年国内生活垃圾清运量趋势

资料来源：《中国统计年鉴》。

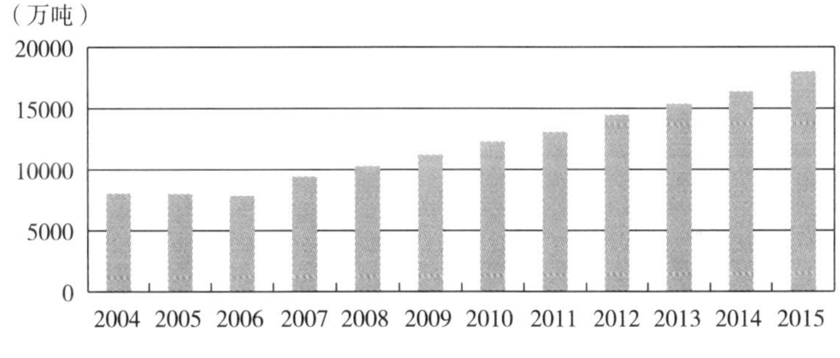

图 1－15　2004～2015 年国内生活垃圾无害化处理量趋势

资料来源：《中国统计年鉴》。

二、选题研究背景及研究意义

（一）研究背景

随着中国经济发展逐渐步入“后工业”时代，原材料资源供需“瓶颈”约束、自然环境污染、工业产能“冗余”激增等问题日益凸显，这也是我国可持续发展面临“提质增效、转型升级”最严峻的挑战之一。2017年4月21日，在国务院正式印发《循环发展引领行动》中，提出了资源高效循环与产能复合利用的经济发展模式，系统阐释了在我国工业领域全面推行循环型生产方式的具体领域和重点任务，并特别强调把构建生产系统和生活系统循环链接机制作为国家循环经济发展的重点任务之一。

2018年5月18日，全国生态环境保护大会提出了“到本世纪中叶，建成美丽中国”的宏伟发展目标，特别是大会期间国家主席习近平发言指出：“绿色发展是构建高质量现代化经济体系的必然要求，是解决污染问题的根本之策。重点是调整经济结构和能源结构，优化国土空间开发布局，调整区域流域产业布局，培育壮大节能环保产业、清洁生产产业、清洁能源产业，推进资源全面节约和循环利用，实现生产系统和生活系统循环链接，倡导简约适度、绿色低碳的生活方式，反对奢侈浪费和不合理消费。”

在当今绿色可持续发展时代背景下，我国循环经济理论内涵以及相应的发展方式也需要与时俱进，在单纯围绕生产系统构建循环经济发展模式基础上，逐步打破生产系统和生活系统传统认知，探索解决生产系统产出和生活消费系统累积废物“冗余”及其综合利用途径，这是时代赋予相关领域开展相关研究工作和生产实践的必然要求和历史责任。

（二）研究意义

生产系统和生活系统循环链接是指以节约能源、资源为原则，以技术创新为手段，以经济合理性为发展准则，为提高能源、资源的生产率和再利用率为基本目标，兼顾经济、社会和生态效益三者协同发展关系，依据生态学和系统学原理对基于能源、资源流动路径的产业链进行设计和优化，进而探索形成一种新型的循环经济产业系统组织模式。

为此，开展生产系统和生活系统循环链接基础理论、方法论研究以及相应的管理机制设计，具有十分重要的学术价值和现实意义。

笔者主要从以下四个方面进行归纳分析：

（1）建立生产系统和生活系统循环链接的共生体系，是解决我国能源紧缺、水资源匮乏和固体废弃物处置难题的有效途径。由于生产系统和生活系统的运行需要消耗大量的能源资源，产生大量的废弃物，而单独建设处置设施投资大、周期长，大量固体废弃物难以得到及时有效处理，而通过现有生产系统和生活系统的能源共享、水循环及工业企业协同处置废弃物，可以大大提高我国的能源、水等资源的供给能力和我国固体废弃物的消纳能力，有利于解决能源资源短缺和固体废弃物处置难题等困境。

（2）建立生产系统和生活系统循环链接的共生体系，是促进循环经济发展的重要方式。我国大量工业余热、废水未能得到有效的循环再利用，造成资源和成本的浪费，而大量工业固体废弃物还采用填埋、储存等方式处置，不仅存在生态环境二次污染的隐患，也是对自然资源的极大浪费，客观上对可持续发展也是严重阻碍。通过建立生产系统和生活系统间的能源共享、水循环及工业企业协同处置废弃物的链条，可以在解决以上难题的同时，构建两个系统间及生产企业间的循环经济链条。

（3）建立生产系统和生活系统循环链接的共生体系，是建设资源节约型、环境友好型社会的必要环节。在工农业与生活系统实现能源共享、水循环及工业企业协同处置废弃物的过程中，实现了部分废能、废水、原料、燃料的资源化利用。例如，低品位工业余热或是余热发电后产生的低温乏汽、余热给生活系统供暖，污泥等热值较高的有机废弃物代替处理后的原煤等。但我国目前能源共享、水循环及工业企业协同处置废弃物的比例还有待提高。通过建立相应的协同管理机制，可以有效促进工业企业减少能源、水和其他资源消耗，减少污染排放，从而推动“两型”社会建设。

（4）建立生产系统和生活系统循环链接的共生体系，是向可持续发展模式转型的有效方式。传统的燃煤发电、水泥、金属冶炼等工业企业不仅是能源、水、原生矿产资源的消耗大户，也是各类工业污染物排放的重要来源，通过承担能源共享、水循环及协同处置城市产生废弃物的任务，促进系统自身和全社会大系统的节能和减排。这样不仅可以树立主动承担社会责任的良好形象，还可以通过收取费用，减少能源、原料费用支出，实现丰富和提高企业核心竞争力，促进企业从单纯工业生产向资源循环型企业的转变，进而促进企业和社会的可持续发展。

综上所述，有必要研究我国重点生产系统和生活系统间的循环链接的相关主体行为模式和协同促进引导机制。具体来说，即是基于对生产系统和生活系统循环链接关系进行科学分析的基础上，找出形成循环链接的关键节点，通过强化管理制度和政策引导供给，加强科技研发、管理机制以及行为模式创新，建立生产系统和生活系统循环链接的长效运行机制，打通生产系统和生活系统“废物”循环利用链接节点，加快生产系统和生活系统“冗余”积淀循环利用效率，构筑源头减量全过程控制的污染防控体系，从而推动实现城镇经济社会发展的绿色转型，而这也正是开展本书研究工作的目标和意义所在。

三、本书研究视角及框架设计

在国家重点研究计划、国家自然科学基金项目、国家发展和改革委员会资源节约综合利用专题、北京市社会科学基金重点项目以及后续配套研究工作基础上，作者对生产系统和生活系统循环链接的相关研究对象和理论认知进行了再挖掘，系统探讨了基本概念内涵、方法理论体系以及相应的技术支撑体系，同时梳理了循环经济系统机理演化，探究了生产系统和生活系统循环链接产业链以及相关配套激励机制，这也是本书目前的基本架构和章节安排。

本书主要目标在于探索生产系统和生活系统循环链接管理理论和方法论体系，为研究和发现我国生产系统和生活系统间以能源、水和其他物质流为媒质的循环链接关系提供理论支撑，进一步分析生产系统和生活系统之间建立循环链接的管理体制以及面临的机制障碍等问题，通过发挥市场、社会和政府三方的作用与优势，实现充分利用生产系统现有的生产设备及能力，在满足原有生产要求和生活需求的同时，形成两系统间的能源梯度使用、水的循环利用和废弃物的无害化处理和资源化利用的循环，推动生产系统和生活系统循环链接的共生体系的建立。

（一）研究空间

至于本书的研究空间，可以从理论认知和现实需求进行归纳。

1. 理论框架拓展

国内外现有循环经济研究侧重于系统内部资源回收利用、提高效率、清洁生产的研究，尤其在产业生态、资源经济等领域，普遍倾向于探索企业生产过程中、行业内部、园区内部以及跨行业生产系统内部资源循环再生利用模式。而对于居民生活消费端，更多的是基于末端治理或资源再生的角度出发进行研究，没有完全将生活系统放到与生产系统对等的层面进行研究，导致跨系统的循环链接机制模式探讨不足。

尽管传统理论体系中不乏基于系统视角对循环经济进行研究，但多基于宏观自然—社会系统或微观生态园区循环，而对于中观子系统的循环模式探讨，尤其是大系统递阶、分层以及子系统间跨系统链接涉足不深，这为本书提供了理论研究空间。

2. 现实发展需求

多年来，我国过度依赖物质投入发展模式导致了自然资源的严重短缺，而粗放的经营方式又进一步加速了这一问题的恶化，使得以第二产业为主的生产系统产生原材料“瓶颈”稀缺而不得不以高价进口的尴尬局面。然而，在国民经济发展的同时，城乡居民收入和人民生活水平得到了较大改善，城乡居民生活购买力和日用消费品循环加快，尤其是手机、家电以及日常生活用品等，城乡生活消费总量和循环周期呈倍数级快速膨胀，由此产生城市垃圾和乡村“废品”给城乡生态环境带来了沉重的压力，以往无人顾及城乡居民生活系统“堵塞病”也日益引起国家有关部门的高度关注。

"十三五"期间，基于产业生态学视角构建我国生产系统和城乡居民生活系统循环利用机制，以缓解我国传统制造业生产系统原料和能源"瓶颈"稀缺，同时减轻城乡生活系统"堵塞"已经是刻不容缓的重大社会问题，这也为本书提供了研究空间。

（二）主要内容和方案设计

基于上述研究认知，本书主要内容安排、技术方案框架设计如下：

1. 内容框架

（1）第一部分（第一至二章）：工作基础。

本部分主要对本书研究背景、研究进展以及产业发展状况进行系统归纳，包括研究进展文献综述和评述两部分，涉及基础理论、发展模式、方法体系、应用实践等方面。在此基础上，梳理并提出本书的研究空间、研究内容以及技术方案。

（2）第二部分（第三至六章）：理论方法和技术设计。

本部分在对生产系统和生活系统的重要概念进行系统阐述的基础上，阐释了要素多元、结构多层、组分共生等基本特征，提出了强循环—弱循环、正向—逆向、有益—有害等生产系统和生活系统循环链的分类方法体系；系统阐述生产—生活系统循环链接演化机理，提出中国循环经济创新发展模式，即理念型、生产型、生产—生活系统循环链接型、数字型循环经济。在此基础上提出了生产系统和生活系统循环链接的四层塔型管理机制设计理论，即以可持续发展、资源经济学、生态经济学以及循环经济为理论基础，以系统科学、工业生态学、工业工程学为技术载体，以激励相容、生产者责任延伸以及演化博弈为功能延伸的机制设计理论。

在梳理生产系统和生活系统循环链接指标体系基础上，以物质流和解释结构模型为技术载体，构建了系统结构、系统行为以及系统生态性的分析方法体系，参照投入产出、系统动力学以及工业工程方法，构建了生产系统和生活系统循环链接的系统分析方法体系；在此基础上，提出了生产—生活系统循环链接数据管理软件设计方案，系统阐述了系统主体框架、工具实现以及主要计算模块程序代码等。

（3）第三部分（第七、八章）：管理机制设计。

基于《循环发展引领行动》和我国生产—生活系统循环链接的现实情况，应用系统动力学、ISM－MICMAC 分析、激励相容等理论工具，剖析生产系统和生活系统循环链接驱动机理和影响因素，完成其基本框架设计。在此基础上，以能源共享、水循环、废弃物协同处置等为切入点，阐述生产系统和生活系统循环链接的顶层设计原则、机制框架以及对应政策措施等。

（4）第四部分（第九章）：循环链接应用实践。

以企业实践为主线，对国家《循环发展引领行动》所涉及的主要产业门类，按正向—逆向循环链接、有益循环链接以及已形成社会热点的有害循环链接进行分类，对其基本生产原理、关键工艺流程进行梳理，并以知识专栏形式摘编国内外企业生产等实践案例。

（5）第五部分（第十章）：研究结论和展望。

本书在基础理论、技术方法论、路径优化软件以及管理机制设计等方面开展了一些研究工作，仍有诸多不足之处和待研究的问题。本章在总结本书研究结论和学术认知的基础上，对未竟研究工作和认知局限性进行了一些说明和展望。

2. 技术方案设计

本书的技术路线见图1－16：

（三）主要创新点

本书的五个研究特色或创新点如下：

1. 理论创新Ⅰ：剖析生产—生活系统循环链接系统体系，搭建循环链接管理理论架构

本书在系统阐述生产—生活系统循环链接重要概念的基础上，剖析其要素多元、结构多层、组分共生等基本特征，首次提出强循环—弱循环、正向—逆向循环链接、有益—有害循环链接等分类体系和测算方法。在此基础上，构建以可持续发展、资源经济学、生态经济学以及循环经济为理论

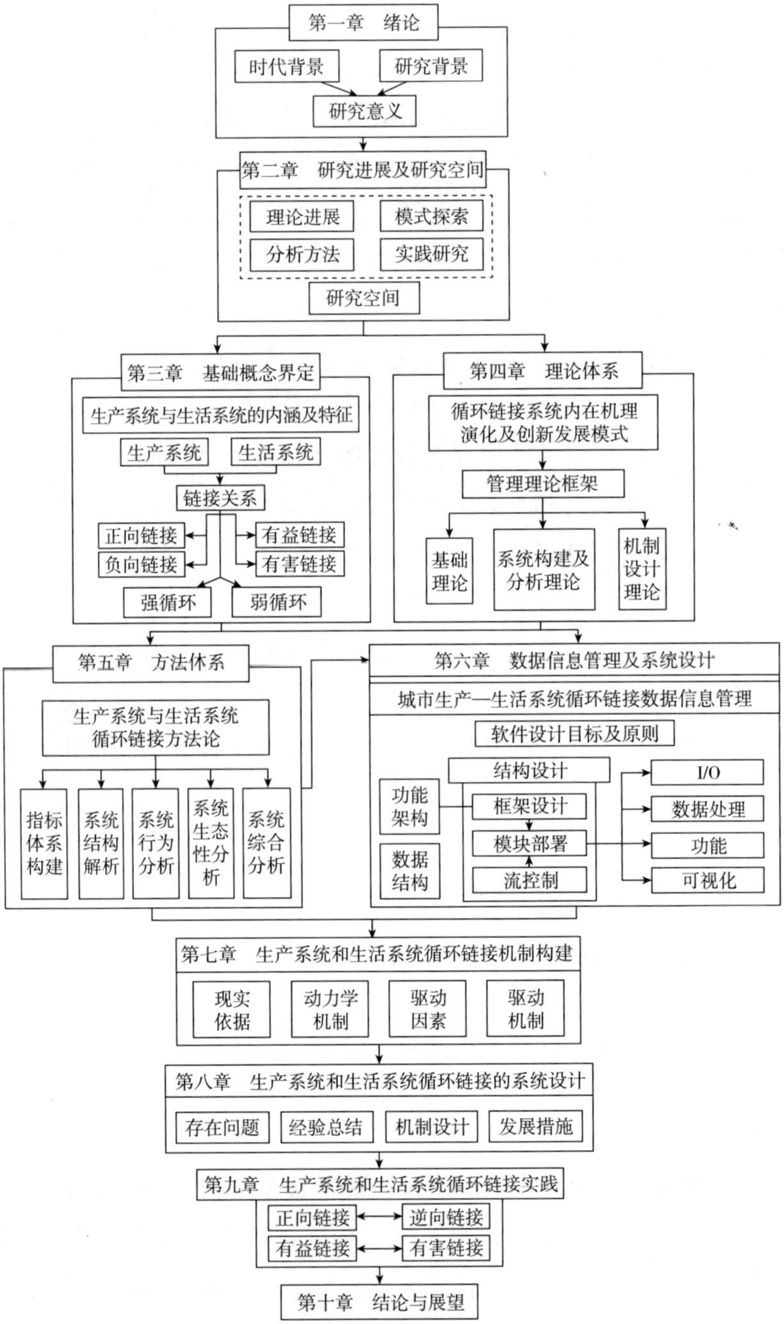

图 1－16　本书基本架构和技术路线

基础，以系统科学、工业生态学以及相关工程技术为载体，以激励相容、生产者责任延伸和演化博弈为功能延伸的生产—生活系统循环链接四层塔型管理理论架构。

2. 理论创新Ⅱ：阐述循环经济系统演化机理，打造中国循环经济创新发展模式

系统阐述循环经济不同“递阶”发展阶段，包括初期生产系统循环链接、弱循环状态下生产—生活系统循环链接、强循环状态下生产—生活系统循环链接等，并用“物质代谢”和“功能消解”形意图分析其内在运作机制和功能演化机理。在此基础上，构绘中国循环经济从理念型（1.0）到生产实践型（2.0），再至生产—生活系统循环链接型（3.0）和数字型循环经济交互创新发展模式（3.5）。

3. 技术创新：构建生产—生活系统循环链接管理方法论，研制数据管理技术支撑软件

在剖析生产系统和生活系统循环链接评价指标体系基础上，以物质流和解释结构模型为技术载体，按照“要素识别—系统分解—行为分析—仿真模拟—工程实验”研究主线，构建了系统结构分解、系统行为分析以及系统生态模拟等方法体系。系统阐述生产—生活系统循环链接数据信息管理体系，并研制城市生产—生活系统循环链接数据管理软件，提高了循环链接系统研究的管理科学化和信息化水平。

4. 机制创新：构建循环链接要素优化模型，剖析《循环发展引领行动》驱动机制和政策体系

基于国家《循环发展引领行动》以及我国生产—生活系统循环链接的现实情况，应用系统动力学模型和 ISM－MICMAC 分析工具构建生产—生活系统循环链接驱动机制和关键要素指标优化模型。在此基础上，针对循环链接存在问题，构建循环链接管理机制设计框架，以能源共享、水循环、协同处置废弃物“冗余”为切入点，剖析《循环发展引领行动》驱动机制和政策体系，为城市垃圾分类和产业化提供依据。

5. 应用实践：剖析生产—生活系统循环链接典型案例，细化国家循环经济产业管理体系

以国家循环经济产业体系为主线，按正向循环链接（发电、钢铁、化工等）、逆向循环链接（垃圾能源化利用、污泥资源化利用、农村沼气回收等）、有益循环链接（餐厨垃圾回收制生物柴油、工业废水回收做中水、农村生物沼气回收等）进行归类，并剖析其循环链接产业技术流程和关键节点，以实现生产系统和生活系统循环链接的管理体系和长效运行机制。

第二章

研究进展及文献综述

随着循环经济理论研究的不断推进，其研究视角逐渐从微观实践拓展到了“中观设计”及宏观规划层面。近年来，循环经济的研究内容和研究领域已经不满足于企业内部的清洁生产与资源再生，开始向生态设计、绿色供应链乃至区域整合等领域延伸。作为国家《循环发展引领行动》循环经济发展的重点任务之一，生产系统和生活系统循环链接理论探索和应用实践研究才逐渐吸引了国内外学者研究和探讨，但其理论基础、系统边界、方法体系尤其相应的管理机制设计还没有系统的文献资料阐述。

本章将系统梳理国内外相关领域研究工作成果，不仅包括可持续发展、生态经济学、资源经济学、循环经济学等理论研究成果，也对资源循环模式、分析评价方法以及实践应用探索研究工作进行了文献综述和进展评述，以为本书后续章节基于系统科学视角构建生产系统和生活系统循环链接管理理论架构和方法体系做好铺垫。

一、基础理论研究

生产系统和生活系统客观上属于系统科学范畴，而就研究对象及应用领域而言，生产系统和生活系统循环链接又是资源科学和循环经济一个新兴发展领域。笔者认为，生产系统和生活系统循环链接的理论基础与可持续发展、生态经济学、资源经济学以及循环经济学密不可分，这也是本节试图梳理其学科进展的主要原因。

（一）可持续发展理论

可持续发展理论的核心是在牺牲最小环境的情况下最大限度地发展经济，找到经济发展与环境质量最佳关系的发展路径。联合国环境规划署通过的《关于可持续的发展的声明》中指出，满足当前需要而又不削弱子孙后代满足其需要之能力的发展，而且绝不包含侵犯国家主权的含义（冒佩华、严金强，2014）。循环经济是一种善待地球的经济发展模式，经济活动不再是单向流动，而是从自然资源到经济产品再到再生资源的循环过程，这与可持续发展的理论不谋而合，因此说循环经济是可持续发展战略的经济体现。

近些年，不少专家学者将循环经济理论与国家工农业发展相结合，如齐振宏（2004）认为，中国走新型工业化道路必然选择循环经济，左铁镛（2008）通过研究发现有色金属材料产业应围绕缓解我国经济发展的资源和能源“瓶颈”、减少和治理环境污染，突破绿色技术壁垒，实现资源、环境和社会可持续发展的战略目标，以循环经济“减量化、再利用、再循环”为基本原则，通过综合集成多种路径，优化资源供应结构。丁广（2006）、曹文凯（2007）等将农业的可持续发展与循环经济相结合。戴铁军、高新昕（2014）提出我国包装工业以“减量化、再利用、再循环”为原则，大力推广生态设计，实施清洁生产，推进包装减量化，加大包装循环利用，建立回收体系。李莉、许庆庆（2013）研究了煤炭产业链发展中的可持续发展和循环经济理论。

可持续发展的理论基础。随着当前社会发展进入信息时代，“可持续发展”概念应运而生，许多学者认为研究可持续发展越来越具有其时代意义和实践意义。Holling（1986）从生态环境的稳定性去考虑可持续发展，提出可持续发展应当具有某种应对能力才能保持系统的稳定发展。Barbier（1991）从经济发展角度出发，简明阐述了可持续发展的意义，即在保护环境和保证资源可持续利用的前提下，使经济发展达到最大化水平。Kates等（2001）从系统论出发，定义可持续发展为“一个系统可以达到维持发展能力的目的，维持地球生存系统以满足人类的基本需求”。

Hopwood 等（2005）从政治和政策框架以及它们对变化的态度和改变的手段对不同的可持续发展的理念进行了分类和映射。随着《二十一世纪议程》的发布，国际社会越来越重视人类的可持续发展问题，“以人为本”的可持续发展理念也逐渐被世界各国所接受。

可持续发展的理论基础。根据我国的发展情况，学者们提出了符合中国国情的发展理念。较早开启关于可持续发展研究的是牛文元（1994），他将可持续发展的研究定义为“社会、经济和环境复合系统成功地延伸至可持续发展目标的能力”，随后，牛文元（2006）从可持续发展的本质和源头出发，将发展度、协调度和持续度作为重点来研究，三者之间相互耦合形成的互动关系，并且形成了评判人、地、法关系的标准。叶文虎（1996）认为，可持续发展是“在于人的生活质量以及资源环境承载能力的提高、同时需考虑代际公平既不损害下一代人的利益，又要考虑区域公平即区域发展不以抑制其他地区发展为代价”。

（二）生态经济学理论

生态学是研究生命系统和环境系统之间相互作用的机理、规律的科学。生态学包括非生物部分和生物部分。非生物部分是生命支持系统，主要由气候与土壤组成。生物部分，按照其在生态系统中的功能与特征，分为生产者、分解者、消费者三部分。生态学实现了能量的流动和物质的循环，循环经济是按照自然生态系统物质循环和能量流动规律重构经济系统，使经济系统和谐地纳入自然生态系统的物质循环的过程，构建起一种新形态的经济，循环经济在本质上就是一种生态经济。

就学科建设来看，国家技术监督局于 1992 年 11 月 1 日正式发布《国家标准学科分类体系》（GB/T 13745—1992），将“生态经济学”列为一级学科“经济学”下的二级学科，并对生态经济学的学科体系做了规划。现在看来，这些多年前就已形成的学科体系的设想尽管还有待完善，但学科建设已取得了很大发展。

也有学者认为，20 世纪 80 年代自许涤新在我国首倡开展生态经济学研究以来，生态经济学在中国的发展经历了三个阶段（沈满洪，2008）。第一个阶段为 1980～1992 年，是学科创立的阶段，这一阶段的主要任务是创建生态经济学学科，主要的理论贡献是提出了生态经济平衡理论和生态经济协调发展规律。第二阶段为 1992～2003 年，是学科发展的阶段，这一阶段是中国社会主义市场经济初步建立的阶段，是工业化迅猛推进的阶段，也是各种生态问题日益严峻的阶段。这一阶段，生态经济学科的发展沿两个方向推进：一是生态经济理论研究的深化和具体化，二是生态经济学向可持续发展经济学的拓展。第三阶段为 2003 年至今，是学科深化和走向成熟的阶段。这一阶段，部分生态经济学者仍然研究马克思主义生态经济学或者用马克思主义政治经济学研究生态经济问题，但越来越多的学者开始采用现代经济学的方法分析和研究生态经济问题。

在生态经济学的基础理论领域，很多牵扯到学科发展方向的重大问题如生态经济学的逻辑起点、研究对象、学科定位、基本假设等，有的至今尚无人涉足，多数则至今尚无定论；许多重要范畴如生态经济平衡、生态经济效益、生产和生产力等也有待得到更为明确的界定。严茂超（2001）研究指出，生态经济学在学科定位认识上的混乱局面，并指出中国生态经济研究在定量研究上的缺乏以及在价值理论问题上的薄弱状态。唐建荣（2005）研究总结了国内学者对于生态经济学研究对象与研究重点的不同看法，指出生态经济学在学科定位认识上的混乱状态，并简单梳理了生态经济学与相邻学科的关系。沈满洪等（2008）总结了当前中国生态经济学发展中存在的主要问题，主要表现为基本范畴的不精练、学科体系的不完整、学科边界的模糊状态和未能明确界定学科性质等诸多方面，而且从总体上看，国内生态经济学的理论发展跟不上轰轰烈烈的生态经济实践，也跟不上国际生态经济学迅速发展的步伐。在学科体系的建设上，姜学民等（1985）曾经提出生态经济学学科体系的框架设想。

在产业实践中，循环经济的生态学理论往往与建设生态工业、生态农业和生态城市等相结合。冯之浚（2008）基于国内外生态工业园的发展现状，以系统科学理论架构，提出了在循环经济范式下三类生态工业园发展模式。齐振宏（2003）分析了循环经济与建设生态园区的内在机理与特征，系统阐述了生态园区是实现循环经济有效载体，并提出了我国发展循环经济，建设生态园区的措施与建议。金涌和魏飞分析提出生态工业工程是通过向自然生态学习，以“社会发展”“珍惜资源”“环境质量”为多重发展目标，是构建循环经济的重要技术基石。石磊等（2004）以贵阳市为例探讨了循环经济型生态城市建设的规划框架和产业体系。谢家平和孔令丞（2005）通过分析循环经济理论与生态理论，给出了生态园区的规划与管理制度。季昆森（2010）提出并系统阐述如何通过循环经济理论做好生态型城镇建设。

总体来看，我国生态经济学理论研究和产业实践水平一直远远落后于国外学者，其距离“成熟”生态经济理论的要求也还有一定差距。近30年来，虽然国内越来越多研究单位和专家学者逐渐将力量投入到对具体问题研究中，但生态经济学在基础理论研究上存在的“先天不足”问题一直没有得到很好的解决。

（三）资源经济学理论

循环经济从经济学的角度来理解，就是在资源稀缺的条件下，在闭路中提高资源利用的生态效率。按照亚当·斯密奠定的资源经济学原理，循环经济也包含资源经济学的基本原理，主要是资源稀缺性、环境外部性以及效率问题理论。

1. 资源稀缺性

稀缺性作为经济学的核心理论基础之一，也是资源经济学存在的前提。在现代社会发展背景下，随着自然资源成为最稀缺要素，资源经济学研究应该更加重视自然资源要素投入水平与经济增长之间的关系。与此相应，在衡量经济发展水平时应该注重单位GDP能耗或物耗，以及单位GDP所产生的环境污染负荷等指标，而不应该盲目趋同于单纯使用GDP指标或人均GDP指标衡量经济发展水平的标准。正是在这一时代背景下，循环经济发展理念开始得到空前重视，人们越来越相信以“自然资源→产品→消费→再生资源”为特征，以切实提高自然资源生产效率为目标的循环经济模式，有助于克服自然资源稀缺给现代社会经济发展带来的根本性阻碍。由此可见，“稀缺性”向自然资源要素的转移，是循环经济理念在这一时代得以发展的经济学前提。

2. 环境外部性

外部性是指人们的经济活动对他人造成的影响而又未将这些影响计入市场交易的成本与价格之中。相对而言，外部不经济指的是生产和消费行为给他人带来的损失，其中环境污染和资源浪费首当其冲。环境污染在给环境污染制造者带来效用的同时，也给他人带来了社会成本，即治理污染虽然可以带来社会效益，但也使生产企业的经营增加成本。环境污染就是未签订契约就将生产成本的一部分强加给他人，使他人的利益受到损失，这在经济学上称为外部不经济。从环境角度来说，污染是违背商品经济等价交换原则的，而从经济学角度看，这源于生态环境资源没有被作为生产要素并界定其产权。在自然特征上，资源和生态环境的天然性、流动性、外部性等特征决定了其产权难以实现私有化，任何私人和企业都无法有效行使对生态环境的产权，只能由国家政府代表社会来实施。基于此，推进以可持续发展为目标，以最有效的方式利用资源和保护环境为内涵的循环经济，本质上是国家行为或政府引导和规制的经济模式（钱毅，2007）。

3. 效率问题

所谓效率一般包括三个层面的概念。一是指技术效率，二是指选择效率，三是指配置效率（齐建国，2005）。无论哪个层面的效率概念，最终表示效率的指标都是投入—产出关系，即用更少的要素指标投入获得更多的有用指标产出。效率最优即是指投入最小化和产出最大化。投入产出关系也是经济学研究的重要组成部分。循环经济是围绕资源的高效利用和循环利用所进行的社会生产和社会再生产活动。循环经济不是简单地降低资源消耗，而是使资源尽可能得到高效利用和循环利用，从而提高资源利用率。从企业发展角度来看，提高资源利用率，节约下来的原材料、能源就可生产出更多更好的产品，同时也提高企业的生产效率，节省企业对环保的投入。企业在生产过程中的污染治理与其商业行为并不矛盾，污染治理带给企业的长远利益远大于企业污染环境而获得的短期利益。在竞争激烈的当今社会，只有着眼于长远利益的企业才能最终获胜。

（四）循环经济学理论

20 世纪 60 年代末，Kenneth E. Boulding（鲍尔丁）在其文章《即将到来的宇宙飞船经济学》中对经济发展过程中的资源浪费现象进行了批判，并首先提出了循环经济的发展“雏形”，他认为地球生存的基础就是不断消耗自身可再生或不可再生自然资源，一旦自然资源被消耗殆尽，人类就会走向毁灭，所以我们必须要对现有的资源循环利用。从这一角度看，他是第一个提出循环经济观点的人，也被认为是循环经济学科的发展“萌芽”（Pearce & Turner，1990）。1972 年，来自全球不同国家研究机构和相应领域专家学者关注环境问题，并通过成立“罗马俱乐部”，发表了可持续发展学科领域第一份研究报告——《增长的极限》（胥卫平、曹子栋，2002），报告中指出当前全球的各原材料的使用量正在以指数的速度增加，在不久的未来，不可再生资源终会耗竭，人类的发展也会停止，直至走向灭亡。该报告第一次比较系统地研究了经济、生态和资源之间的关系，引起了全球的注意。

20 世纪 90 年代初，学术界首次提出循环经济的概念（谢园园，2013），是在英国环境经济学家 Pearce 和 Turner 联合著作的《自然资源和环境经济学》一书中，书中指出发展循环经济的目的其本质就是坚持可持续发展原则，经济系统和生态系统平衡发展，经济系统的发展建立在生态系统稳定的基础上。1992 年联合国环境与发展大会通过的《全球 21 世纪议程》和《里约热内卢环境与发展宣言》，对高污染、高能耗的经济发展模式进行了讨论与批判，倡导可持续发展的经济模式。2000 年，Smith 对影响农业系统可持续性的因素进行了分析研究，并建立指标体系对农业管理活动和决策之间的关系进行了量化分析。2004 年，Strebe（2004）从资源稀缺的角度提出了循环经济的概念。他认为，生态系统是循环经济发展的基础，循环经济存在于生态系统中，并且以太阳能作为媒介，推动能量在物质之间的实现不断循环，最终达到循环经济系统的可持续发展。以此为基础，Heinz Strebe 深入研究了影响循环经济发展水平的可能因素。Brian 等（2015）通过建立循环经济模型，经研究表明要想提升环境质量，必须要提高资源回收率和加快自我更新速度，而不能仅仅只是依靠经济增长来改善。

循环经济概念大约是在 20 世纪 90 年代末被引入中国，但是在这之前我国已经对循环经济开展过相关活动。1973 年，我国首次在全国环境保护大会上颁布了《关于保护和改善环境的若干规定》（以下简称《规定》）。《规定》中指出，应当走环境友好的经济发展模式，改革生产工艺，减少排污，提高效率，积极采用创新的技术手段提高废弃物的回收利用率。从而在一定的资源和能源的条件下不仅能够最大限度地生产出优质产品，而且使其排放出的污染物达到最小化。因而 1983 年国务院颁布了《关于结合技术改造防治工业污染的决定》。1988 年是中国真正意义上开始对循环经济的理论以及实践进行深入研究，诸大建作为首个将循环经济理念引入中国的人（诸大建、周建亮，2003），在循环经济理念及实践的发展过程中有着重要意义。自引入该理念后的 30 年时间里，随着循环经济理念的不断深入发展，其在中国产生了很广泛的影响，也引起了为寻求环境经济协同发展的中国高层的重视。更是在十六届四中全会和五中全会重点提出了“大力发展循环经济”这一时代发展潮流，从而进一步发展了循环经济理论，实践方面的研究也逐步地深入。

二、资源循环利用和可持续发展的模式探讨

近年来，随着循环经济在我国的持续推进，对循环经济的研究进一步深入，部分学者在研究国外循环经济发展模式的基础上，开始研究和探索我国循环经济的不同类别的发展模式，并提出了比较独特的科学见解。笔者认为，资源循环利用和可持续发展模式相关研究成果对生产系统和生活系统循环链接方法论探索和机制设计具有重要启发和借鉴意义。

简言之，目前关于我国循环经济的发展模式主要有6种发展模式，大致归纳如下。

（一）C发展模式

C发展模式是由诸大建等提出来的，他们把当前绝大多数发展中国家的经济发展模式定义为A发展模式，即增物质化模式。这种发展模式与以往中国经济发展存在类似的规律，遵循传统的发展模式，即GDP的增长依赖资源投入总量的增加，GDP的增长伴随污染排放总量的增加。如果继续保持现有的经济发展模式，所需的资源投入与污染排放将随经济同步增加。如果我国继续按照现有资源利用方式和污染产生水平，未来经济社会发展对环境的影响将是现在的4～5倍。显然，这种发展模式属于比较危险的发展道路，也意味着可能带来社会的不稳定和环境退化。他们把当前发达国家所沿用的发展模式定义为B发展模式，即减物质化模式，这种发展模式属于绿色的发展道路，经济社会发展对环境所带来的影响可以通过一系列革命性的改革计划得到解决。

目前，自然资源短缺和严峻的生态环境压力迫使我国不能继续遵循传统的A发展模式。然而，限于我国所处的经济发展阶段，从当前的技术能

力和管理水平来看，也不可能立即沿用较高发展阶段的 B 模式，于是，他们运用生态效率概念揭示了循环经济减物质化本质，通过对生态效率进行情景分析，提出了适合我国国情的循环经济发展模式，简称 C（China）发展模式，C 模式也称 1.5～2 倍数发展战略，在我国到 2020 年经济总量翻两番的同时，允许资源消耗和污染产生（但是污染排放需要严加控制）最多增加 1 倍左右，用不高于 2 倍的自然资本消耗换取 4 倍的经济增长和相应的社会福利。该模式将给予我国 GDP 增长一个 15～20 年缓冲的阶段，并希望经过 15～20 年的经济增长方式调整，最终达到一种相对的减物质化阶段。

国内有学者认为，通过减物质化的经济发展模式，并把建设循环经济型社会的目标纳入我国经济社会发展的总框架之中。到 21 世纪的前期（2020 年左右），我国实现以较小的资源消耗和废弃物排放，特别是各类固体废弃物，以达到较好的经济社会发展是有可能的，C 发展模式实现需要技术和政策的双重保障。

（1）在技术方面，C 发展模式需要过程改善，即在产品形态不变和城市结构不变的情况下，对原有的工艺和过程进行减物质化的改进。

（2）在产品创新方面，即在产品形态不变的情况下对其中的关键性部件进行替换：功能革新，即从更大的范围内进行生态效率的思考。

（3）在系统革新方面，即经济社会发展部门和资源环境保护部门应联手讨论一种综合的、多赢的发展战略。

（4）在政策设计方面，需要建立促进循环经济发展的政策体系，具体包括两个维度：一是基于生命周期评估理论制定有针对性的输入端控制政策、过程性控制政策、输出端控制政策；二是政策性质决定的规制性政策、市场性政策以及参与性政策。

（二）“2+4”模式

“2+4”发展模式是由王延荣提出来的，其中“2”指两个重点领域，即循环经济的重点是抓住生产和消费领域，“4”是指四个重点产业体系，即生态工业体系、生态农业体系、绿色服务业体系以及废弃物再利用、资源化和无害化处置产业体系等。两个重点领域和四个产业体系循环经济运行模式是互相渗透、互相支撑的，更需要有机地交互融合，每一个体系统单元并不能独立分散地构成各自的循环系统。

"2+4"发展模式有两层基本含义：第一，只有当城市建立了生态工业、生态农业和绿色服务业体系，其经济增长方式才能发生根本转变，才有可能形成可持续的生产模式，构成不同产业体系之间的循环和共生体系；同时，只有建立了发达的废弃物再利用、资源化和无害化处置产业体系，整个城市的"资源—产品—再生资源"循环才能够转动起来，形成可持续消费模式，并与可持续生产模式对接，构成循环经济运行中的"大循环"。第二，循环经济与生态城市的有机结合。生态城市是一个生产发展、生活富裕、生态环境良好的区域，是一个有丰富和特定内涵的空间概念，它标志着在一定发展阶段下，一个区域全面实现了可持续发展目标。

基于此，循环经济是生态城市的一个重要组成部分，即城市经济系统是由产业体系和消费体系共同构成，但并非其全部内容。生态城市还包括社会系统、生态环境系统、基础设施系统等。仅有"资源能源消耗低、经济效益高、环境负荷小"的循环经济系统并不能实现可持续发展的全部目标或生态城市目标，还需要有完善和高效的基础设施体系、优美的生态景观、高素质的人口、公平的社会体系等来支撑。同样，仅有良好优美的生态环境和公平的社会体系（如古代城市）的城市也不是生态城市，生态城市还要有发达的经济、高水平的生活质量和完善的社会公共服务体系，特别是要实现经济与环境的协调发展。要实现这种协调发展就必须走循环经济的发展道路，否则，"高消耗、低效益、高排放"的经济系统会制约城市的生态环境系统、基础设施体系和社会系统的健康发展，生态城市的目标就无法实现。所以，发展循环经济是生态城市建设的核心内容，有了循环经济理念和循环经济体系，城市将会以最节约和最高效的方式运行（王延荣，2006）。

（三）“3 层次”模式

“3 层次”发展模式得到了不少专家学者的认可，但这种发展模式究竟由何人提出目前还难以考证。具体来讲，“3”是指循环经济实践中的三种不同层次的循环模式，即小循环模式、中循环模式、大循环模式三个不同的层面，它们之间相互衔接、相互作用，推动循环经济不断演进与发展。

1. 小循环模式

所谓小循环模式，是指单个企业内部物料循环的经济模式，是循环经济在微观层次的基本表现。有两个运行主体，企业和公众。企业推行清洁生产，即企业按照清洁生产的要求，采用新的设计和技术，将单位产品的各项消耗和污染物的排放量限定在先进标准许可的范围之内；公众实行绿色消费。绿色消费是循环经济在消费领域的具体形式，是人类进入生态需求阶段的必然结果，它必将引起社会经济各领域的一场革命。例如，环保产业迅速崛起，绿色营销的法制化以及绿色银行、生态投资和环境税等财政金融经济手段的运用，均是绿色消费效应在现代经济中的集中表现，以美国杜邦公司为典范。

2. 中循环模式

所谓中循环模式，是指共生企业之间物料循环的经济模式。包括区域和行业两个层次。在区域层次上，工业区及区域发展生态工业，建设生态工业园区，即工业园区按照生态产业链发展的要求，将一系列彼此关联的生态产业链组合在一起，通过企业和产业间的废弃物交换、循环利用和清洁生产，减少或杜绝废弃物的排放；在行业层次上，提高行业进入的绿色门槛，建立企业绿色会计制度、政府和企业绿色审计制度、绿色国民经济核算体系等，根据生态学原理，寻找上下游企业之间的耦合优势，形成循环经济生态链，最终建设循环型行业，以丹麦的卡伦堡生态工业园区为典范。

3. 大循环模式

所谓大循环模式，是指在全社会范围内物料循环生产、使用的经济模式。从社会整体循环的角度，要大力发展旧物调剂和资源回收产业（日本称之为社会静脉产业），只有这样才能在整个社会的范围内形成“自然资源—生产—消费—二次资源”的循环经济环路。大模式的形成需要建立废弃物分类回收体系和再生产业，注重第一、第二、第三产业间物质的循环和能量的梯级利用，最终构建循环型社会。一是要建立社会化的废弃物回收系统，避免零散的、无组织的、无序的废弃物回收对环境的危害和资源的浪费，为废弃物的再生利用创造条件；二是要建立社会化的废弃物拆解利用系统，使一部分尚具使用功能的部件再进入消费领域，延长其产品生命周期，使不具备使用功能的部件通过资源再生进入再生产领域以实现持续利用；三是要建立社会化的无害化处理处置系统，对无任何使用价值的真正废弃物进行无害化理，以避免污染环境，以德国双元系统为典范（孙勇，2005）。

（四）“3 +1”模式

“3 +1”发展模式是由我国政府提出并得到了理论界的广泛认可。2004 年 7 月 28 ~30 日，国家环保总局在天津经济技术开发区组织召开了“推进循环经济试点经验交流会”，会议将我国循环经济发展模式归纳为“3 +1”模式，即小循环、中循环、大循环、废弃物处置和再生产业（或再生资源产业）。

1. 小循环

在企业层面，选择典型企业和大型企业建立以清洁生产为核心的物质小循环也就是根据生态效率理念，通过产品生态设计、清洁生产等措施进行单个企业的生态工业试点，减少产品和服务中物料和能源的使用量，实现污染物排放的最小化。

2. 中循环

在区域层面，按照工业生态学的原理，通过企业间的物质集成、能量集成和信息集成，形成企业间的工业代谢和共生关系，是依据循环经济理念和工业生态学原理而设计建立的一种新型工业组织形态，也是通过模拟自然系统建立产业系统中“生产者—消费者—分解者”的循环途径，实现物质闭环循环和能量多级利用。

3. 大循环

在社会层面，重点进行循环型城市和省区的建立，过废旧物资的再生利用，实现消费过程中和消费过程后的能量和物质循环，最终建成循环经济型社会。

4. 再生资源产业

它以建立废弃物资源回收、处置和再生产业为内容，目标是建立资源节约型社会。从社会整体循环的角度看要大力发展废弃物资源的回收、处置和再生产业，在整个社会范围内形成“自然资源—产品—再生资源”的经济闭路循环，以从根本上解决废弃物和废旧资源在全社会的循环利用问题。

循环经济是可持续发展战略的深化和具体化，是解决我国经济高速增长与生态环境日益恶化矛盾的根本出路。立足于我国经济和社会的可持续发展、人民生活质量的提高和国家的生态环境安全，推行循环经济发展模式，是解决当前和今后面临的重大资源、环境和经济问题，实现全面建设小康社会奋斗目标的有效途径（贾小玫、卢凤，2005；左铁镛，2005；陈杨等，2007）。

（五）“5+1”模式

“5+1”发展模式由刘贵富（2005）提出。他认为，循环经济具体体现在经济活动的所有层面上，并分别通过运用“3R”原则实现物质的闭环流动。在中国，循环经济遵循“5+1”发展模式，即微循环、小循环、中循环、大循环、超大循环以及废弃物处理和再生产业。

1. 微循环

微循环是指家庭经济循环，发展循环经济要从每个家庭和个人做起。城乡居民家庭是一个消费的基本单位，随着现代化进程的进展，每户家庭都有成分复杂的垃圾排出。微循环要求家庭经济行为按照生态学的要求节约资源、净化环境、优化人居环境等，建立“绿色家庭”“家庭绿岛”作为消费的个体要尽可能地降低消费既有利于健康又节省消费支出，同时还减少生活垃圾的排放等。

2. 小循环

小循环是指企业内部循环，在企业内部推行清洁生产。在企业内，要根据生态效率理论，推行清洁生产，节能降耗，减少产品和服务中物料和能源的使用量，实现污染物排放的最小化。

3. 中循环

中循环是指生态工业园区循环。这种循环通常是把不同的企业通过串联模型、并列模型、串并联混合模型等方式联系起来，形成资源共享和互换副产品的生态产业链，使一家企业的废气、废热、废水、废物等成为另一家企业的原料和能源。从生态系统的角度看，生态工业园实际上是一个由生产者企业、消耗者企业和分解者企业组成的一个企业群落。在该企业群落中除存在资源、企业、环境之间的上下游关系外，还伴随着资金、信息、政策、人才和价值的流动，形成一个生态产业链。

4. 大循环

大循环是指社会循环，它是循环经济的高级形式。一方面，要依靠政府宏观政策的引导，规范公众微观生活行为；另一方面，通过废旧物资的再生利用，实现消费过程中消费过程后物质和能量的循环。大循环是循环经济的高级形式，但并不是所有工业物质都能进入大循环。

5. 超大循环

超大循环是指国际循环。在经济全球化的今天，循环经济有时很难在一个国家内完成全部循环过程，在经济合算、技术可行的条件下，有相当一部分废弃物要进行国际循环，如废旧钢铁、废旧有色金属等。它将所有各国家（或某国家）产生的同类废弃物运到另一个国家进行集中再加工，然后回收再利用。

6. 废弃物处理和再生产业

废旧物资中蕴藏着巨大的社会财富，这些价值不菲的废弃物“用之为宝、弃之为害”。因此，需要以资本运营为纽带，按照市场经济规律，建设城市社区回收市场集散、综合利用为主要环节的现代再生资源回收利用体系，已经成为实现资源可持续发展的当务之急。

（六）区域循环经济发展模式

区域循环经济发展模式由肖华茂（2007）提出，其在《面向区域的循环经济发展模式设计》界定了区域循环经济发展模式的概念。指出区域循环经济发展模式是在区域基础设施体系和生态系统支撑下的两个重点领域和四个重点产业的有机组合和共生。也就是说，只有当一个地区建立了生态工业、生态农业和绿色服务业体系，其经济增长方式才能发生根本转变，才有可能形成可持续的生产模式，构成不同产业体系之间的循环和共生体系；同时，只有建立了发达的废弃物再利用、资源化和无害化处置产业体系，整个区域的“资源—产品—再生资源”循环才能够转动起来，形成可持续的消费模式，并与可持续生产模式对接，构成区域“大循环”。区域循环经济发展模式的另一层含义是，循环经济如何与区域可持续发展实践如生态城市结合起来。生态城市是一个生产发展、生活富裕、生态环境良好的区域，是一个有丰富和特定内涵的空间概念，它标志着在一定发展阶段下，一个区域全面实现了可持续发展目标。

目前我国循环经济发展出现了三种不同发展模式，即东部沿海发达地区的自发战略转型模式、具有一定技术经济基础的资源型地区战略转型模式以及中西部跨越式战略转型模式。就中国发展来说，其发展阶段、技术经济条件、资源环境基础和外部发展环境决定着区域循环经济的发展模式，因此推行循环经济模式要因地制宜、循序渐进，并结合不同发展阶段和不同行业特点，不同区域发展的特点以及循环经济发展的趋势，设计了工业生态园整合模式、虚拟仿生循环模式、企业内部的清洁生产模式、工农业融合模式、农户群的共生网络模式、以可再生资源利用为核心的区域循环经济模式、商业化专业化的回收处理模式等特色区域发展模式。

就发展目标而言，想要快速顺利地推进我国区域循环经济的发展，对现阶段区域发展过程中存在的差异以及区域循环经济实践模式中存在的问题和发展误区必须面对并积极解决。不能一概而论地对一定区域套用一种模式。需要在充分研究区域经济理论和区域发展特点的基础上，结合区域本身的特点，选择适合该区域发展的循环经济是至关重要的经济任务。区域经济协调发展是实现科学发展观的重要内容，也是我国经济发展面临的主要困境和必然要求。而循环经济的引入无疑会使区域经济发展更具有可持续性。循环经济具有系统性、整体性、协调性和共赢性的特征。因此，区域循环经济的推进会使区域经济沿着协调、可持续的方向发展。

三、资源循环利用分析和评价方法研究

就某种程度而言，生态效率、能值分析、物质流分析、生态足迹、系统动力学以及全生命周期方法论可以说是生产系统和生活系统循环链接的重要技术和方法论支撑，而系统动力学和全生命周期分析（LCA）方法论更是本书核心方法体系所在。基于此，本节在简要阐述其理论内涵以及相关文献研究进展基础上，尤其对其应用领域以及本书研究方法论关联进行了重点分析，以期对后续章节方法论构建有借鉴作用。

（一）生态效率

循环经济的核心是将资源环境作为重要的考虑因素纳入经济运行规划过程中，因此循环经济发展的度量问题是其研究的重点。诸大建和邱寿丰（2006）在其研究中首先论述循环率并非循环经济的科学测度，然后在阐明循环经济的本质是提高稀缺性自然资本的生产率的基础上，指出循环经济的发展可以用生态效率指标来度量。这种观点在其后的研究中被广泛接受，各项研究也在不断地寻找着各种合适的方法和指标来计算生态效率值

（王俊岭，2015）。

20世纪90年代，世界经济发展合作组织（OECD，1998）和世界可持续发展商业委员会（WBCSD）开始在研究与政策中引进生态效率概念，并在实践中推广实施。WBCSD是把生态效率作为“商业与可持续发展的结合”来推动的。对公司来说，生态效率意味着“节约资源——提高竞争力”。WBCSD定义生态效率如下（Keffer & Shimp，1999）：

生态效率是通过提供能满足人类需要和提高生活质量的竞争性定价商品和服务，同时使整个寿命周期的生态影响与资源强度逐渐降低到一个至少与地球的估计承载能力一致的水平来实现的。

简单地说，生态效率也可以理解为如下的关系（张坤，2003）：

生态效率 = 经济价值增加量/环境影响增加量或相反

生态效率 = 环境影响增加量/经济价值增加量

针对生态效率的评价指标，Hashimoto和Moriguchi（2004）从物质流分析的角度研究社会物质代谢指标时，根据代谢指标与物质循环目标的相关性，建议采用以下六个物质循环指标（计晓东和杨玉凤，2011），即物质使用时间（MUT）、物质使用效率（MUE）、已用产品再生使用率（URRUP）、已用产品再生率（RRUP）、直接物质输入（DMI）和国内过程输出（DPO）等，而促进物质循环的主要目的则是抑制自然资源的使用和减少环境负荷，因此，在上述指标中DMI和DPO更为重要。

邱寿丰（2007）首先论证了生态效率作为衡量循环经济衡量指标的优越性，其次选取了物质流分析、情景分析、完全分解模型、政策矩阵4种特征方法分别对于循环经济规划中问题分析、目标分析、领域分析和政策分析四个主要领域进行了研究，最后选取上海市对于循环经济规划进行了实证分析。许淑婷（2016）针对综合能源生态效率的相关概念与评价方法，在分析了生态文明理论、效率理论、全要素生产率理论的基础上，利用可以考虑非期望产出的基于松弛的SBM模型方法对中国省际能源生态效率进行测度。并在其基础上用空间计量模型方法定量研究能源生态效率的空间作用机理与驱动因素。刘传坤（2016）采用规范研究法构建了测度省循环经济发展（循环经济体系运行状态）的指标体系，对山东省循环经济发展的情况进行了分析。同时定义循环经济发展的警情，由其历年的宏观观测的测算数据得到其相应的警情值，判断其循环经济系统每一年运行的状况，并通过 GM（1，1）模型构建警情预测系统，预测省循环经济系统的发展趋势，进行了动态研究。

除依据上述生态效率定义式及基本指标外，评价生态效率的方法还有很多。例如，孔佳南（2014）综合分析了 2014 年之前的 10 年里国内外的生态效率研究工作指出，生态足迹法、物质流分析方法、能值分析法、生命周期评价和数据包络分析方法也被用于评价生态效率。2014 年至今，对于循环经济和生态效率的研究更进一步地深入，除上述研究方法外，还有熵值法、系统动力学方法、因子分析法等新的方法被使用。

由于各个方法的侧重点不同，得出的研究结论所反映的内容也不尽相同，因此在具体的实证研究中，各个方法并非单独使用，经常结合两个或两个以上的方法，对于问题进行更为全面的分析，本节后续内容就对于相关研究方法的应用状况做一简要梳理。

（二）能值分析

能值这一概念最早是由 Odum 提出的，他将能值定义为：一种流动或储存的能量所包含的另一种类别的能量的数值，称为该能量的能值。蓝盛芳等（2002）认为，能值分析是以能值为基准，把生态系统或生态经济系统中不同种类、不可比较的能量转换成同一标准的能值来衡量和分析，从中评价其在系统中的作用和地位；综合分析系统中各种生态流（能物流、货币流、人口流和信息流），得出一系列能值综合指标，定量分析系统的结构功能特征与生态经济效益。

根据能量系统理论的观点，各种生态系统和人类经济系统均可视为能量系统，能量可以用于表达和了解生命与环境、人类社会经济与自然的关系（姚成胜等，2008）。尽管能值理论和分析方法起步时间不长，因为其有助于正确分析区域或系统内资源与社会经济、人类与自然环境的价值联系，有助于可持续发展战略，受到国内外生态学界、经济学界、系统学界及各级政府决策者的关注。自创立以来，已在国家、区域、城市、自然保护、工农业等各种生态系统或生态经济系统中得到了广泛的应用。

在国家区域尺度上，李双成等（2001）在对现行可持续发展水平度量方法进行简要评述的基础上，提出了以能值分析为理论支撑的区域性可持续发展评价指数作为案例研究，计算了中国 1978 ~ 1998 年经济系统的可持续发展指数（ESI）。严茂超等（2001）运用能值理论及分析方法，对中国各省份农林牧渔业主要产品的能值及其宏观经济价值进行了测算和评估，对各省份单位面积产出、人均农产品能值占有情况、农产品能值供应的余缺情况等指标进行了分析比较和排序。

在城市尺度上，贾小乐等（2018）运用能值分析方法将国家示范型中小城市湖州市国民经济和社会发展“十五”“十一五”“十二五”期间的绿色 UDP 核算研究与城市的可持续发展及健康水平研究结合起来探讨内部的深层影响机制。汪凌志（2018）运用能值分析方法，测算黄石市 2010 ~ 2015 年六大类环境资源的总能值并进行绿色 GDP 核算。王智宇等（2018）基于能值分析和城市复合生态系统的理论与方法，从生态环境系统及社会经济系统两方面，对西安市霸桥区、雁塔区和未央区 2014 年的基础数据进行计算整理，通过分析三个发展核心区的能值利用效率，排除废物流能值对系统的消极影响，构建基于能值利用效率（EUE）的系统可持续发展程度指标（EUSDI），确切评估三个区城市复合生态系统的可持续发展能力。

在自然保护方面，李松（2014）应用能值分析方法，以经济和环境资料为主，辅以遥感和 GIS 获取能值分析所需的数据，编制能值分析表，计算 2000 年和 2009 年典型石漠化地区生态经济系统能值流。廖海玲等（2016）运用能值理论的方法分析了鄱阳湖生态经济区 12 个县（市）的净能值产出率、能值投入率环境负荷率、基于能值分析的可持续发展指数以及人口承载力等指标；同时对鄱阳湖生态经济区自然资源与经济发展的关系进行研究，为鄱阳湖生态经济区今后的发展提出了一些建议。唐佳等（2011）采用能值分析法对西藏森林生态系统服务功能之涵养水源能值价值进行估算。

在工农业方面，赵航等（2018）以新疆生产建设兵团第一师、第二师、第三师、第十四师及各团场“农果”复合生态系统为研究对象，采用能值理论的分析方法，对南疆的“农果”复合生态系统进行了能值分析研究。周江、向平安（2018）通过相关统计年鉴资料获取2002～2016年湖南早稻、中稻和晚稻生态系统环境资源、经济资源的投入与产出原始数据，采用能值分析理论和方法，对三季稻作系统的动态发展状况及综合发展水平进行分析，再将其能值投入产出效率与传统经济利润率指标进行比较。进而得出相应结论。

陆宏芳等（2002）通过对国际能值分析理论现行能值评价指标体系的研究分析，提出了评价系统可持续发展能力的新的能值（EISD）。陆宏芳等（2006）将分别从成本分析与效果分析的整合能值分析与区域经济分析的整合以及能值分析表与投入—产出矩阵模型的整合三个方面构建产业生态学的能值整合研究方法。龚家富（2009）运用能值理论对原有的国际贸易统计指标进行了创新，引入了能值贸易率、能值贸易依存度、能值差额—货币价值等新的指标，并重新定义了贸易差额，使能值理论在国际贸易的统计分析中能够做出更准确全面的评价。

构建生产系统和生活系统循环链接的重要目标，就是实现系统之间的余能综合利用，而能值分析方法是计算系统内以及系统之间余热产出量以及不同能源单位“无量纲化”计量的重要理论工具。

（三）物质流分析

物质流分析（MFA）作为一种分析方法，以社会代谢论为基础，度量输入和输出以及经济系统内部物质的存量，定量地去描述经济系统和自然环境间物质的交换。1969年，第一个从经济学观点出发的物质流分析被发表，Ayres和Kneese（1969）提出在考察国民经济时利用“物质平衡原理”分析物质流动，这个想法后来被沈镭和刘晓洁（2006）得出国家层面物质流分析的基本框架。Schmidt-Bleek（1993）年在“弱可持续性”的前提下，提出了自然资源之间相互替代的可能性，强调转化不同物质之间存在的差异性，不同种类物质的质量可以相加，而不必限制与某种资源量是否已经快要耗竭。

Robinson 等（2003）第一次提出 SUN Tool 概念模型，并将该模型应用到城市毗邻地区物质流动模拟研究。Bringezu 等（2003）通过对经济系统与环境及其他系统之间物质流动交换的研究，成功将物质流分析应用到多个代谢系统的研究中，并提出合理的研究思路与框架。2004 年 Brunner 和 Rechberger（2004）合作编写了物质流分析实用手册，该手册对物质流分析的基本思想、发展沿革、核算指标、分析框架、目标及应用范围等诸多方面等做了系统全面的介绍，对其软件应用的使用方法以及数据库管理作了比较翔实的表述。

中国循环经济评价指标体系课题组，构建了包含资源利用、回收再利用、排放处置等方面，共 15 个分指标的循环经济评价指标体系。并对分析的基本框架、指标计算方法和数据等方面进行了说明。2007 年，国家发布了关于循环经济宏观层面和工业园区层面的评价指标体系的指导文件。

在国家层面，刘滨等（2006）运用物质流分析方法，分析比较了我国直接资源投入量与发达国家的差距，并对我国循环经济整体发展水平进行评价。陈效逑等（2000）利用物质流的理论和方法分析了 1989～1996 年我国经济系统的物质需求总量、物质消耗强度和物质生产力之间的关系，提出了到 2025 年和 2050 年将资源利用效率分别提高 4 倍和 10 倍的中、长期目标，以便与全球可持续发展对资源消耗的总控制目标相适应。李刚（2004）采用物质流分析方法，研究了 1995～2002 年中国经济系统的物质输入和输出等相关指标，发现经济系统的物质需求总量和物质输出总量巨大，自然环境的生态压力短期内无法得到缓解。

在区域层面，张炳等（2009）基于物质流分析区域生态效率评价指标体系，并将污染物排放作为一种非期望输入引入数据包络分析模型中，以江苏省为例进行生态效率分析评价。戴铁军等（2018）基于物质流分析框架，建立生态质量评价指标体系，并建立协调度模型，对 1992～2015 年京津冀生态质量协调发展的演化趋势进行评价分析。黄和平和毕军（2006）以常州市武进区为研究对象，构建了适合较小区域循环经济评价指标体系，包括权重、指标分级标准以及评判模型等。

在产业层面，王佰梅和吴钢（2008）依据产业特殊性，构建了煤炭资源型区域循环经济评价的 14 个物质流指标。徐建中和刘淼群（2008）构建了结合层次分析的资源型城市发展循环经济评价模型，其中包含评价方法及指标体系。吴明等（2018）结合了物质流分析和生命周期评估方法，建立了石油生命周期内碳元素流动模型来探寻石油生命周期内真实碳排放以及未来发展趋势。李新等（2018）使用了动态物质流与静态物质流相结合的方法、生命周期方法、Weibull 分布模型和 Minitab 软件，计算了 1949 ~ 2016 年中国机械行业铁资源的理论报废量，并对 13 类机械产品在不同消费结构下的报废量进行动态对比。

物质流分析方法，针对弱循环状态下不同产业类别的生产系统和生活系统循环链接系统构建、路径优化具有重要的作用，而对其弱循环类别界定、关键节点解析及其“冗余”产出率也具有一定的借鉴意义。

（四）生态足迹

生态足迹概念及其基础理论最早由 Rees 于 1992 年提出，之后由他的学生 Wackemagel 于 1996 年进行了再完善（张喜梅，2014）。生态足迹也称“生态占用”，是指特定数量人群按照某一种生活方式所消费的，自然生态系统提供的，各种商品和服务功能以及在这一过程中所产生的废弃物需要环境吸纳，并以生物生产性土地面积来表示的一种可操作的定量方法。就研究进展而言，针对不同空间尺度，如全球尺度、国家尺度、个人家庭尺度等的研究以及不同领域，如国际贸易、能源交通、教育领域等的研究，是目前国外生态足迹研究的主要研究现状。

Folke 等（1997）对波罗的海周边 20 多个大中型城市的生态足迹的计算对生态足迹的发展具有比较深远的影响。Vuuren 等从宏观角度对贝宁、荷兰等国家展开的研究，Costanza 和 Daly（1992）通过微观角度对 Alamos

National Lab 实验室进行的研究，都体现了上述的研究结果。Bicknell 等（1998）采用新方法对新西兰的经济发展所占用的生态足迹进行了估算。

国内针对区域生态安全的评估及实证研究不断展开，研究区域的范围也不断细化。在国家层面，陈成忠和林振山（2008）对中国生态足迹做了长时间跨度的研究，计算了 1961 ~ 2005 年的人均生态足迹，预测中国人均生态足迹未来会下降，可持续发展状况会有所好转。徐中民等（2003）以中国和部分省份 1999 年的统计数据为基础，对中国和部分省份 1999 年的生态足迹进行计算，结果表明，1999 年中国的人均生态足迹为 1. 326 公顷，而人均生态承载力为 0. 681 公顷，人均生态赤字为 0. 645 公顷；各省份的计算结果也表明大部分省份的生态足迹超过了当地的生态承载力。刘宇辉和彭希哲（2004）对中国历年的生态足迹进行了实证研究，结果表明：1962 ~ 2001 年，中国人均生态承载力逐步下降，人均生态足迹则逐步上升，目前中国人均生态足迹已经超过人均生态承载力，生态赤字出现，并持续扩大，中国目前的发展处于一种强不可持续状态。

在区域生态角度，师学义等（2013）对山西省生态承载力、赤字和人均生态足迹进行了结构、数量变化和动态变化规律方面的原因分析，指出人口增长、能源消耗、耕地减少是影响这三项指标的主要原因。杨屹等（2018）对 21 世纪以来陕西生态足迹与生态承载力变化做了研究。高阳等基于生态足迹模型对京津冀地区水资源的可持续利用状况进行了评量。张爽和李忠魁（2014）基于北京市的资源消费研究了北京市的生态承载力，得出北京市生态承载力低于其生态足迹，处于不可持续的发展状态的结论。王立群等（2014）运用 PLS 模型对北京市的经济增长、产业结构、居民消费结构、常住人口等因素对北京市生态足迹的影响程度进行了简要分析。

还有一些学者从旅游业、水资源等其他方面进行生态足迹的计算，章锦河和张捷（2004）构建了 2002 年黄山市 6 个不同子类的生态足迹计算模型，并且指出了在景区当中主要影响生态足迹的关键因子。黄林楠等（2008）分析生态足迹模型及水资源的特点后，在其理论框架下设立水资源账户，并阐述了该账户的内涵，建立了水资源生态足迹以及水资源生态承载力的计算模型，并对江苏省 1998 ~ 2003 年水资源生态足迹的计算，结果表明，计算结果可以客观地评价江苏省水资源可持续发展与利用的情况。

就本书研究对象而言，生态足迹对构建生产系统生活系物质流“冗余”和“外溢”产出计量方法以及弱循环状态下弱循环率计算具有重要的作用，其中弱循环链接内涵以及弱循环率的计算方法本书后文有详细解释。

（五）系统动力学

系统动力学方法是基于系统行为及内在结构间的依存关系，对系统要素、结构及其逻辑关联进行模拟分析，解释系统行为变化的因果关联，进而揭示其内在机理。在资源环境学科研究领域中，系统动力学方法广泛应用于资源承载力分析、环境影响模拟、情景模拟及预测等方面，从系统内在机理及传导机制着手对系统宏观行为、形态变化进行研究。

具体来说，在资源承载力分析方面，目前给予系统动力学方法的研究主要集中在城市水、能源及其他自然资源承载力方面，旨在分析城市区域资源供需稳定性、对外依存度以及资源代谢路径和关联影响等。其中，张保成和国锋等（2006a，2006b）对自然资源承载力问题进行了深入探讨，并以水资源为案例，针对国内外相关资源承载力分析进行了综述。金晓斌等（2004）基于系统动力学方法对南京市城市区域内住宅相关产业的发展状况进行了研究，模拟分析了资源承载力对于城市产业发展的影响。此外，吴九红和曾开华（2003）运用系统动力学模型模拟分析了城市水资源承载力，冯海燕等（2006）对北京市水资源承载力进行了系统动力学分析，Fontes 和 Freires（2018）基于系统动力学视角，对可持续能源和清洁能源的供应链进行了分析。

在资源环境影响方面，刘承良等（2013）针对武汉市城市圈经济资源环境耦合进行了系统动力学模拟；陈书忠等（2010）给予系统动力学模型，对城市环境影响进行了动态模拟，分析了不同城市发展进程情境下对资源环境的影响；姜国刚和衣保中（2018）针对循环经济范式演进下的动力学机制和系统结构演化进行了探讨，解释了循环经济内生演进的驱动机制；Morecroft（2018）则从管理视角对资源系统的动态机制和行为进行了探讨。在此基础上，Beheshti 和 Sagro（2018）针对废水管理的可持续性进行了评估，Krausmann 等（2018）则对资源开采过程中的废弃物外溢及其社会代谢产生的影响进行了深入研究。

在情景模拟分析及预测方面，Lyons 等（2018）基于动力学模型对城市生活方式演化过程中代谢变化进行了模拟分析，揭示了城市资源代谢演化的内在机理；Wang 等（2018）构建了我国煤炭供给的系统动力学模型，并分情景进行了预测，为资源流的代谢分析提供参考；贾冯睿等（2018）结合物流方法，对我国金属铜资源生态效率进行了多情景分析；沈镭等（2018）对全球变化背景下的资源利用挑战进行了展望。

综合来看，系统动力学方法作为揭示系统宏观行为与微观结构间对应关系的重要分析工具，能够为生产系统与生活系统循环链接的机制分析和结构解析提供重要的方法论支持。这种支持不仅仅体现在系统动力学模型本身，更体现在其方法论和思想。尤其在联结内部要素的逻辑关联和传导机制，与外部系统行为变化表征和演化机理等方面，系统动力学仍然是目前主要的分析手段。

（六）全生命周期评价

全生命周期评价（LCA）是一个产品系统在生命周期中输入、输出及其潜在环境影响的汇编和评价，评估与其关联的材料、工序、生产活动造成的环境负载，以优化资源利用和废弃物处置方式（Curran，1996），因此是生产系统和生活系统循环路径设计、评价、优化的一个重要的分析工具。目前，国际上普遍认同的环境负荷量化评价方法，国际环境毒理学与环境化学学会（The Society of Emironmental Toxicology and Chemistry，SETAC）、国际标准 ISO 14040 以及联合国环境规划署都对全生命周期评价做出过定义

（Guinée，2002；Jørgensen et al.，2008），尽管不同机构对 LCA 的定义在表述上存在一定差异，但其核心内涵是一致的。一般来说，将 LCA 划分为目标与范围的确定、清单分析、影响评价和结果解释四个部分（ISO 14040，1997；Finnveden et al.，2009）。

国际上 LCA 研究已经发展了近半个世纪的时间，其发展大致经历了如下三个阶段（黄志甲，2003；Guinée et al.，2010；Hellweg et al.，2014）：

（1）20 世纪 70 年代，发展和应用阶段。1969 年美国可口可乐公司试图从原材料的采掘到最终的废弃物处理，进行全过程的跟踪与定量分析，这被公认为 LCA 研究开始的标志。20 世纪 70 年代，石油危机爆发，很多研究开始将重点从污染物转向能源，并在能源分析与审计中使用了 LCA。

（2）20 世纪 80 年代至 90 年代，方法论和技术规范阶段。20 世纪 80 年代，对方法论的研究逐渐兴起，欧洲和美国的一些研究和咨询机构深入研究了环境排放和资源消耗的潜在影响；英国的 BOUSTEAD 咨询公司针对清单分析方法做了大量的研究，为后来开发的 Boustead 模型打下了坚实的理论基础。

20 世纪 90 年代，LCA 方法论体系已基本成型，开始逐步被标准化和规范化。1990 年，SETAC 首次主持召开 LCA 的国际研讨会，提出了“LCA”的概念并初步定义了 LCA 技术框架。1993 年，国际标准化组织成立环境管理标准技术委员会，正式起草环境管理体系 ISO 14000 系列标准。1997 年，国际标准 ISO 14040 颁布，其中阐述了 LCA 的原则和框架。后续颁布的 ISO 14041 - ISO 14043 标准，依次阐述了 LCA 技术框架各部分的内容。

（3）21 世纪初至今，广泛推广应用阶段。进入 21 世纪以来，LCA 方法学不断发展，现已成为一种具有广泛应用的产品环境特征分析和决策支持工具。在许多工业行业中，许多公司已经对他们的供应商的相关环境表现进行评价，在一些决策制定过程中发挥很大的作用。作为一种产品环境特征分析和决策支持工具技术上已经日趋成熟，作为一种有效的清洁生产工具，在清洁生产审计、产品生态设计、废物管理、生态工业等方面发挥应有的作用，也已得到较广泛的应用。

我国的LCA研究起步较晚，开始于20世纪90年代。杨建新（2002）系统地介绍了生命周期评价的理论，较全面地评述了国际上的主要评价方法，并提出了一套在中国开展生命周期评价研究的方法和模型，最后总结了几年来应用生命周期评价进行产品分析、评价、设计、管理等不同领域的研究案例。刘强等（2008）研究利用全生命周期评价的方法，对中国出口贸易中的46种重点产品的载能量和碳排放量进行了计算、比较和分析，并在此基础上提出了相应的政策建议。

在生产系统和生活系统循环链接研究中，LCA的重要性不仅体现在产品自身生命周期内的环境影响评价中，还体现在产品在整个循环路径乃至系统内的综合影响评价中，尤其对循环链接路径传导的间接影响评价具有重要的作用。就本书所涉及研究内容而言，LCA在构建生产系统和生活系统循环链接工艺设施方案、优化资源和能源消耗产业链中是重要的方法论之一。针对不同层面、不同领域生产系统和生活系统行为分析以及资源综合利用效率计算，也是非常重要的技术支撑（Rebitzer et al.，2004；Pennington et al.，2004），本书第五章进行重点介绍。

四、资源循环利用实践研究

多年来，资源循环利用和循环经济发展的实践主体，主要包括区域产业、生产企业、居民家庭等实践层面和产业领域，其中区域产业（含政府管理）是资源循环利用的引领者和集成者，不同门类生产企业是资源循环利用和循环经济发展的主要载体，而居民家庭则是资源循环利用和循环经济发展的基础和保证，在这三个层面构建循环产业链条和循环链接促进机制国家。基于此，笔者从区域产业、生产企业、居民家庭等不同层面归纳，资源循环利用的研究动态和实践进展，为生产系统与生产系统循环链接理论研究、技术研发以及产业实践寻找研究空间。

（一）区域产业

1. 国外学者研究

Andersen（2007）认为，环境的资源基础功能、经济活动载体功能、使生活舒适性功能及生命支持系统功能四项基本功能应在循环经济领域得到重视，他通过环境外部性定价分析了环境政策优先权，为实现可持续发展的循环经济提供了理论支撑。Sikdar（2003）在分析全球经济可持续发展必然趋势的基础上，梳理出可持续发展系统包括地球、区域、组织机构、商业、科技五大系统，明确所谓的“工业生态化”是指工业系统内各要素彼此共生，互享副产品或废弃物，实现经济利益、环境利益和社会利益的“三赢”工业发展模式，认为我们所称的清洁技术至少包含生命周期评价（LCA）技术、模拟和集成生产工艺技术及环境影响评价技术三项；他认为实现废弃物的良好回收及再利用的关键在于未来化学工业的快速、深度发展及生物方法的强劲突破。

Veenstra 等（2010）比较了欧盟与中国促进电子、电器设备回收再利用立法之异同，运用马尔可夫链对中国的电子、电器设备回收与再循环利用系统进行分析，指出通过二手市场实现生产者责任延伸是较有效地促进电子、电器设备回收与再循环利用的方式。Desrochers（2004）调查了 19 世纪晚期到 20 世纪早期探讨“市场刺激对从工业废弃物中生产有价值副产品的生产行为的影响作用”的相关文献，以对波特假说进行再验证：根据一些工业化学家、工程师、技术新闻工作者和经济学家的观点，文章认为“环境与经济双赢”的实践发展似乎是利润动机的结果，现有的法律政策行为只是偶尔起到作用，所以文章的结论是保障私人财产权的回归才是减轻污染的最佳环境法规。

2. 国内学者研究

杨浩（2015）发现，通过污水对固体废弃物低碳化处理，既实现废弃物的资源化利用，同时又达到低碳的目的。通过加强管理、优化配置、增加资源和能源回收利用等一系列措施，在减少温室气体排放的同时，增加抵消二氧化碳排放的替换量，实现废弃物的低碳化处理处置目标。龙小平（2015）进行水泥窑协同处置城市生活垃圾工程设计，为城市生活垃圾的处理找到一条新的途径，也为国内其他水泥企业在协同处置城市生活垃圾方面提供借鉴和示范作用。

陈庆秋等（2004）立足社会水循环与自然水循环的匹配性，在原有理论基础上提出一个新的社会水循环理论框架，并依据该理论框架对城市水系统环境进行可持续性评价。李圭白和李星（2001）从水的社会循环全过程的角度，论述了城市水资源短缺危机的解决途径，指出进行城市污水和工业废水的处理和回用，节约用水，进行饮用水除污染处理，以及进行水的优质优用。

李善强等（2015）将旧沥青混合料大比例再生技术大规模应用于高速公路中面层和下面层，并创造性地实现了在上面层的应用。结合室内高温稳定性、水稳定性等试验及实际工程验证，试验路在大交通量重载环境下已应用两年，路面性能依然良好。李宏煦等（2009）全面分析了电子垃圾中的资源结构，论述了从电子废弃物中回收材料的各种可行方法，尤其是从电子废物中回收玻璃、塑料和金属的各种再循环技术，对生物技术在电子垃圾金属回收中的应用这一环境友好的新技术做了介绍。

徐剑等（2005）在对我国废旧电子产品回收网络研究中，指出应该建立一个制造企业为服务目标，原材料供应商、产品分销商、消费者、回收企业和垃圾处理机构都参与的完善的废旧电子产品回收网络，而且由于电子产品的回收利用实际上是一个系统的社会工程，它需要电子产品生产企业和各类回收企业组合成一个层次化分工明确的回收系统。

张春红（2006）在梳理废纸资源化发展状况过程中，提出了几种废纸资源化的新技术，并对其应用前景进行了比较分析和展望。这几类新技术包括：①生产木材、制作农用育苗盒，既改善了土壤土质，又提供了生产动物饲料；②采用生物技术生产乳酸等化工产品，生产各种功能材料如复合材料、新型建筑和装饰材料，包装材料、保温材料、耐火材料和除油材料等；③利用废弃纸张，制造家庭用品和文具，也可用作燃料等。

夏慧玲等（2016）从政府管理、第三方回收商、包装物使用企业、消费者等多个主体分析得出，只有与包装使用相关的主体共同配合，才能形成完善的废弃物处理链条，建议我国采用生产责任延伸制度去解决这个难题。曹雅等（2017）以南京市再生资源作为研究对象，通过构建以城市回收站点为基础，分类回收处理站为依托，工厂企业为核心主导的多站点配合回收平台，让废弃物在资源化过程中由多方共同推进，形成完整的回收链。田桂瑛（2008）在其学位论文中综合运用绿色物流、逆向物流及循环经济等理论，并用系统思维将家电产业的生产、消费和回收处理作为一个整体来进行考虑，从而构建家电资源循环利用模型，实现家电资源的循环利用，实现家电产业经济增长与生态环境的和谐发展。

肖永清（2018）指出，采用高级厌氧消化从污泥中恢复的沼气，其有机质中碳的来源为生物来源，属于生物质能源。对沼气加以利用，将加速城市能源结构绿色转型，沼气的捕获避免了甲烷这一强效温室气体直接排放进入大气，沼气的利用实现了对化石能源的替代效应，起到显著的温室气体减排效用；处置后的污泥具有良好的无害化和稳定化特性，且含有较为丰富的营养物质（如氮和磷），可以作为基质用于荒地造林、苗木抚育、园林绿化等。也就是说，循环经济模式在形成城镇生活污水厂污水和污泥的处理处置完整产业链的同时，也促使城市形成水、碳、能源的闭合循环。

王安平和冯振东等（2016）研究建议将前端生产企业的产品、副产品、废弃物转化为后端生产企业生产原料，不仅有效延长和拓宽生态系统产业链，也可延缓产品进入“顶级消费”系统阶段的链接技术，如再制造技术、深加工技术、材料替代技术、能量梯级利用技术等。同时，倡导适度消费，逐渐替代生活消费过程中的耗能产品、一次性产品等，加强对重复使用技术、节材节能技术、再生利用技术的开发利用。

（二）生产企业

1. 国外学者研究

Lambert 等（2004）尝试采用系统仿真及相关建模方法，不仅构建了生产过程中对产品包装物的回收及再利用方法体系，并尝试研制了最优的循环链接系统设计（Optimal Recycling System Design）。在此研究基础上，明确系统阐述了生产商在设计环节就应该充分考虑到废弃物的循环及再利用，提出了必须以严格执法保障产品延伸责任与产品再利用监管的实现，这项研究工作对本书后续章节内容有很重要的借鉴意义。

Jager 等（2017）将消费者和企业模拟为具有不同行为特征的代理人，以分析对一种基于模型的弱环境影响的绿色产品的引进。实验结果表明行为特征在绿色消费观的形成中影响非常大，在企业初创阶段为适应新技术而显示出的灵活性策略也会影响消费者绿色消费观的形成。

Solano 等（2002a，2002b）利用系统进化仿真模型描述企业行为与消费行为、阐释废弃物回收企业之间的竞合互动关系，并尝试利用经济激励促使企业延长产品寿命及生产便于可回收的产品，研究发现消费者偏好、企业的研发战略及市场结构等对生产方式影响很大，产品生命周期的延长可使废弃物增加量减少，而废弃物回收机制的建设也须以产品生命周期的延长策略为基础，最后还建议通过法律鼓励企业对绿色产品的投资开发，鼓励消费者购买绿色产品，鼓励企业技术创新。

约翰·艾伦菲尔德和古拉斯·柔等通过研究丹麦卡伦堡工业区企业之间的合作关系提出了产业共生系统，认为企业间可通过利用彼此的废弃物，达到减轻环境负担和降低废弃物处置费用的目的，建立一个循环性的产业共生系统（何中伟，2008）。国际公认的德国卡伦堡循环经济模式立足于园区企业间的合理链接，能源和副产品在系统内得到充分利用，企业及企业间的循环是推动发展循环经济的根本动力（胡斌等，2016）。

2. 国内学者研究

刘俊海等（2016）认为，开发工业废弃资源循环利用技术，并建立资源循环利用网络，通过建设相应的产业园区，可以有效推进工业资源循环利用社会化，系统提升园区（企业）经济效益和环境效益。为了充分利用炼钢含铁废弃物，降低钢铁料消耗，水钢炼钢厂建立炼钢含铁废弃物循环利用工艺流程，研究了污泥球、冷固球、磁选钢渣等含铁废弃物资源对转炉冶炼的影响，通过利用含铁废弃物资源，使炼钢的钢铁料消耗大幅度下降（高长益等，2016）。

肖林波等（2018）以湖北三宁化工股份有限公司为例，介绍了磷化工生产装置、资源循环利用专用技术以及企业经营情况，其中磷资源循环利用专用技术包括利用新技术磷石膏制硫酸联产水泥、循环利用磷石膏中含磷废水、利用副产盐酸分解磷尾矿生产氢氧化镁、高纯硫酸钙和氯化铵镁复合肥等，同时引进新技术用氟硅酸生产高活性氟化钾，并联产白炭黑，这在国内同类企业都具有一定示范推广价值。

程正载等（2013）研究了武汉市青山区重化工聚集区企业副产品和废弃资源的特点，并从循环经济发展角度提出国内重化工聚集区企业间副产物和废弃资源循环利用的途径。结合国内不同重化工企业实际情况，青山区重化工聚集区废弃资源循环利用经验，对国内外同类重化工集聚区具有典型示范作用。

刘春霞等（2018）指出，循环经济产业链条的培育上，莱钢坚持以工业生态学理论为指导，以资源的高效利用和循环利用为核心，通过强化冶金循环经济关键共性技术的研究与应用，充分发挥钢铁制造工业“三大功能”作用，使资源、能源合理配置，成功打造了“铁素体”资源循环利用产业链、固体废弃物循环利用产业链、二次能源循环利用产业链和工业水循环利用产业链，形成了具有莱钢特色的循环经济发展模式。

高蕊（2018）以河南省豫光金铅集团循环经济发展为生产案例，研究提出了该企业坚持循环经济全产业链发展思路，并在全国率先建立起废铅酸蓄电池回收网络体系。该企业首创了“原生铅 + 再生铅”的循环链接发展模式，打造了“铅、锌、铜联合生产互补”产业链条，不仅实现了“铅、锌、铜”三个生产系统的内在循环链接发展模式，更是拓展了面向社会层面的“生产系统和生活系统”外部大循环链接发展模式。

林殷和邱小文等（2006）以广东中能酒精有限公司为案例，通过调查发现酿酒厂产生的废弃酒精可用于发电，燃烧后产生的废渣可做肥料和造砖。吴卫国（2013）将混凝土砌块生产企业用水与多余蒸气循环利用，不仅是符合国家环保政策和可持续发展的战略需要，对于如何利用好企业废水与废气也是可推广示范效应的典型案例。

陈梅芳等（2018）从循环经济发展角度出发，介绍了“地浸采铀”[①]工艺特点，同时从浸出工艺方法与矿床的“适宜匹配”、浸出工艺的“减量化”技术、微生物浸铀及铀铼矿综合回收技术四个方面系统阐述新疆“地浸采铀”浸出工艺的循环经济技术创新举措及应用成果，总结出新疆“地浸采铀”浸出工艺具有低消耗、高利用以及综合回收的循环经济发展特点。

吴墨泉和牛法升（2017）研究指出，方圆有色金素公司循环经济产业链是以“氧气底吹工艺的无碳自热熔炼”为主体，以烟气制酸、余热发电、污酸污水处理、铜阳极泥处理、底吹渣再利用等产业链为补充的工艺标准体系。通过该循环经济生产模式，方圆公司将所投原料吃干榨净，过程中产生的废热、废渣、废气、废液实现了闭路循环，为企业摆脱环保压力，并得到可观的经济效益。

郑季良和彭晓婷（2018）认为，产业群的产业组织模式更有利于生态效率的提高，应适当延长高耗能产业群内的生态产业链长度，以促进资源和能源的循环利用、降低废弃物排放强度、提高生态效率水平，而生态工业园区是区域内产业集群的表现形式，是循环经济理念的实践。石磊认为，工业园区实行生态化转型，可以通过物料/能量/水的交换集成，提高资源利用率，降低单个企业污染治理的边际成本。

陈荔等（2007）以福建洛江经济开发区循环示范工业园区为例，研究了能源共享及综合利用发展模式，其中热电厂和燃气厂为工业园区生产生

① 地浸采铀是世界上十分先进的采矿技术，其基本原理是对可地浸砂岩型铀矿按一定网度布置工艺钻孔，从注液孔注入地浸液，使地浸液与铀进行充分反应，经抽液孔提出地表，在地表工厂进行萃取铀的过程。

活提供了集中能源供应。同时，通过某一生产企业产生的垃圾回收处理将生产、生活以及热电厂、燃气电厂产生的废物转化为电能、沼气能、燃料块，从而构成了洛江经济开发区能源循环利用网络，这是构建生产系统和生活系统循环链接实践案例之一。

姚爱华研究发现，北京经济技术开发区内有 5 个独立而共生的工业生态群落，包括电子信息产业、生物技术与制药、装备制造业、汽车产业和食品行业。这 5 个工业生态群落相互通过用生产用水和工业废水流动链接，深入剖析生态工业园区内企业之间的循环共生关系，不仅构建了生态共生企业的循环产业链，也有利于加快再生资源高效循环过程、提高资源综合利用效率。

刘丹丹等（2018）以江苏省苏北某开发区为例，介绍了以传统产业为主导开发区的生态工业园区建设路径。该工业园区已形成单个企业内生态工业链条，而集群企业之间也在建立且不间断完善循环链接产业链，主要包括：①酿酒企业已形成发酵沼渣生产有机肥、发酵沼气利用发电、发酵沼气利用供热、酒精副产物 CO_2 回收制干冰的四大生态循环产业链；②新能源电池生产基地内部形成废旧电池绿色再利用的生态工业链；③热电厂形成煤渣和脱硫石膏出售至建材厂生产建材的生态工业链。

赵宇（2016）通过对石化企业生产工艺流程的分析，把清洁生产、循环经济放在首位，设计了一条石化生态工业园区生态产业链。这条生态产业链采取点（装置层面）、线（公司层面）、面（园区层面）相结合，使企业、区域、社会多层次全面有序推进。通过对产生废气减量化和回收循环利用，废水循环利用，固废集中合理处置，达到“资源减量化，污染减少化，再利用，再循环”的要求，以实现资源的高效利用。

王琨等（2017）指出，在发展循环经济的理念下，浙江省乍浦经济开发区已初步形成结构合理的生态工业体系。该生态工业园区建立污水回用系统，针对重点用水和废水排放企业，将化工冷却用水、热力和工艺用水、洗涤用水三部分转变为循环冷却用水系统、串联用水和回用水系统，减少新鲜水的使用量。此外，该生态园区高度重视硫、氮、磷等废气回收利用，并利用废气余热发电的方式加强废物综合利用。

赵鸣（2015）研究了山西省同煤（集团）公司塔山循环经济园区，其根据物料平衡关系共有“一矿八厂一条路”等10个产业关联项目，以年产1500万吨煤炭塔山矿井为龙头，配套建设了1500万吨洗煤厂，从而实现了煤炭的清洁化生产。具体生产工艺案例如下：洗煤厂生产的精煤通过铁路专用线装车外运，筛分煤进入坑口电厂，洗中煤供资源综合利用电厂发电以及煤化工项目生产甲醇，洗煤产生的矸石输送到煤矸石制砖厂，另一种洗煤伴生物高岭岩进入高岭土加工厂，火电厂排放出来的粉煤灰作为日产4500吨水泥熟料的原料供应，煤矿井水全部实现资源化再利用，工业废水和生活污水全部集中回收进入日处理能力4000立方米污水处理厂，净化处理后再进入电厂和洗煤厂使用。最终，形成了以“采煤—发电—建材”和“洗煤—化工”两条循环经济产业链，进一步各个生产单位首尾相接；在实际生产过程中，充分利用上一个生产单位产生的废料作为下一个生产单位的原料，实现了逐层废弃物生产减量化，废弃资源综合利用最大化原则。

滕海峰（2014）系统分析了我国循环经济工业园区在建设规划、园区设计、生产运行以及园区定位等全生命周期中的几个普遍问题，并对这些不同阶段共性问题之间的相互关联性、周期性以及具体表现特征差异性进行了重点阐述。主要结论如下：①建设规划主要为园区产业发展构筑空间载体与发展平台；②园区设计主要解决产业规划与循环经济发展规划，这是工业园区规划设计实质性内容，也是塑造园区发展主题；③生产运行是要解决工业园区能否健康与持久运行的问题，在空间与产业规划的基础上，通过运行机制与保障体系的建立，为园区运行管理提供一些建议；④园区定位涉及工业园区自身性质与终极发展方向问题，以及工业园区所承载的经济社会发展与城市发展的期望。

（三）社区家庭

1. 国外学者研究

Van den Bergh等（2000）以家庭消费单元为研究对象，探索家庭生活行为之转变与发展循环经济之间的内在联系，进一步指出家庭之规模、消费方式，家庭成员的文化素质、教养及年龄等因素都可能与促进经济可持续发展有关。Aalbers 和 Vollebergh（2008）探讨了一般均衡模型下对混合垃圾进行拣选处理以降低家庭垃圾分类回收成本的最优政策措施选择及其合理性与可行性，指出押金返还制度是激励垃圾得到回收处置的最优政策措施。

Kipperberg（2007）选择了城市居民中的剩余食物、废弃玻璃、废弃塑料以及废弃纸张等固体废弃物为回收实证研究客体，研究了固体废弃物回收政策，主要包括征收废物处置费、提供便利的回收设施以及加强路边收集与丢弃回收方式等方面等，也对家庭废弃物回收行为的具有影响效力。研究结论有两个方面：①国家不同政策体系设计，对不同废弃物的回收影响强度则有较大不同；②除经济激励政策外，时间成本也是易被忽视但并非不重要的影响家庭废弃物回收的因素之一。

Ferrara 和 Missios（2012）从微观方面探讨了家庭回收行为与回收政策之间的关系，他以社区家庭统计数据为基础，以塑料、新闻纸、铝罐、玻璃、锡罐、板纸、有毒化学品等各类常见生活垃圾的回收为研究对象，分析社区个体住户的消费特征、回收对象属性、垃圾的收集方式以及垃圾处理的融资方式等，指出除有毒化学品之外，收取垃圾处置费的政策对一般生活垃圾的回收水平有较大影响，强制回收项目几乎对所有材料的回收都有影响，对路边放置垃圾进行数量限制及在收费制下提供免费垃圾堆放场所等政策对回收的影响则几乎可以忽略不计。

2. 国内学者研究

宾晓蓓等（2013）指出，由于我国未普及生活垃圾分类回收，导致许多可回收资源严重浪费，根据此情况提出了家庭—小区相结合的生活垃圾分类回收模式，项目要求居民将生活垃圾简单分为干、湿两类后，由工作人员将干垃圾中有回收利用价值的物品进行分拣并出售给相关回收部门。

李慧明等（2007）指出，日本公众把控制家庭生活对周边环境影响作为家庭生活中的重要内容。具体而言，家庭是废旧物品资源化回收体系的重要组成部分，主要通过家庭生活中产生的生活垃圾和家用电器等物资的分类收集向生产领域提供了源源不断的大量的再生资源，这也是废旧物品资源的回收体系的重要环节。薛庆庆和张鹏等设计了一种家庭洗涤废水循环利用专用设备，即可以将洗涤废水通过物理化学的处理方法使废水达到杂用水使用标准。该专用设备对于水资源严重匮乏的地区、城镇新建小区洗涤废水循环利用处理，有着很好的示范应用前景。

郭英祺等（2017）通过分析农村的实际情况，提出一种“厨余垃圾”处理方式，让农村居民能够亲自动手将“厨余垃圾”转化为能被植物吸收的肥料，一方面做到了废弃资源循环利用，另一方面实现垃圾源头减量化和干湿分离，其在设备质量大小、造价、保温功能等方面，均比原有的设备功效有所提高。魏泽能和龙元桃等就净化利用养殖废水栽培水生植物（莲藕、荸荠、水稻等），对养殖废水进行资源化循环使用，进一步做到鱼稻、鱼藕、鱼菜双丰收的技术进行探索。上述这两个农村居民生活垃圾和废水资源循环再利用技术是比较典型的生产系统和生活系统逆向循环链接案例。

金颖珊（2014）研究指出，家庭用废水主要由洗涤废水组成，可采用生、熟石灰作为化学沉淀剂去除废水中的磷成分，这种做法具有成本低、产生的杂质少等特点；此外，除去磷成分后的沉淀生成物可作为农业肥料或者提取磷的原材料，再加以循环利用，就具有较好的实用价值，去除有害物的废水可以作为灌溉中水继续使用，不仅可以提高水资源的利用率，还能产生很好的经济效益和环保作用。

五、研究评述及应用前景

本章前述系统梳理了生产系统和生活系统循环链接理论基础及其相关学科进展，主要包括可持续发展、生态经济学、资源经济学以及循环经济学等，以奠定本书学科理论架构。在学科理论综述基础上，针对资源综合利用的几类发展模式研究及进展情况进行了综合归纳，主要包括“C”模式、“2+4”模式、层次“3”模式、“3+1”模式、“5+1”模式以及区域循环经济发展模式等。同时，就生态效率、能值分析、物质流分析、生态足迹、系统动力学以及全生命周期评价等资源循环利用分析和评价方法进行了综合分析，从而为生产系统和生活系统循环链接方法论和数据管理体系构建提供拓展研究支撑。最后，从社会、企业、家庭不同层面、不同领域资源循环利用相关实践进行了归纳，这部分为生产系统和生活系统循环链接管理机制设计和产业实践提供了研究依据和实际案例参考。

基于上述研究进展，笔者初步提出本选题的理论基础和研究空间，主要包括生产系统和生活系统循环链接相关概念内涵、理论基础、研究方法论、管理机制以及产业链关联等几个方面，尤其是现代信息技术和数据体系需要投入更多研究，这也是循环经济发展的时代发展的必然。

（一）缺乏生产系统和生活系统循环链接理论体系支撑

就现有生产系统和生活系统循环链接基础理论成果以及相关研究工作来看，其主要依托基于生态经济、资源经济、环境经济、循环经济以及技术经济等理论架构，对资源合理配置、资源价值评估以及资源外部性等问题进行深入探讨，但对于资源循环利用的研究边界和分析层面缺乏明确的界定。

作为循环经济学科有待深化的重要研究领域，尽管国家在社会和产业实践层面给予了高度重视，但对其理论归属、方法体系、技术支撑以及管理层面的顶层设计研究还远远不够。具体来说，优化包括系统内部资源回收利用、资源利用效率以及清洁生产等，还包括企业生产过程中、行业内部、园区内部以及跨行业生产系统内部资源循环再生利用模式研究等；而对于居民生活消费端，更多的是基于末端治理或资源再生的角度出发进行研究，尚没有完全将生活系统放到与生产系统对等的层面进行深入研究，导致跨系统的循环链接机制和行为模式探讨不足。

（二）研究方法体系和量化模式针对性不够

近年来，针对循环经济的研究方法主要集中于单一系统中的微观层面以及具体产业领域研究探索和实证分析，主要包括生态效率、生态足迹、物质流、能值分析以及生命周期评价等，尤其注重资源循环利用过程中的效率和价值评估，对于系统层面的研究方法针对性不足。

随着研究视角的不断扩展和理论体系的不断丰富，资源循环利用模式和系统分析成为目前我国缓解自然资源压力、实现绿色可持续发展亟待解决的关键问题，而现有的针对循环经济研究基于微观、可还原的分析方法体系难以满足当今时代发展需求，需要从系统角度进行深入研究，尤其在循环路径链接、系统结构优化方面，而基于生态系统理论和信息工具技术研究能够较好弥补现有方法论的不足。就生产系统和生活系统循环链接而言，可初步将其划分为初期生产系统循环链接、弱循环状态下生产—生活系统循环链接、强循环状态下生产—生活系统循环链接等种发展模式，而这三类不同状态下循环链接模式之间归属关系以及这类具体研究对象如何量化界定，目前还是一个有待深入研究的问题。

（三）管理体制设计和政策体系研究不能满足发展要求

经过多年发展，我国已形成相对完善的循环经济政策体系和相应监督体制，主要体现在国家或区域城市（宏观层面）、产业园区或企业和社区家庭（中、微观层面）的全生命周期实施过程中。目前，我国在宏观层面以及中微观层面，在资源循环利用行为约束和制度设计等均取得了一定成果。

然而，与世界经济发达国家相比较，目前我国不同层面循环经济系统分析、产业实践以及跨系统对接等方面仍有一定差距。就本书研究对象而言，生产系统和生活系统循环链接管理制度设计、主体激励政策以及相关利益方责任规制等仍属于现行我国循环经济管理体制的薄弱环节。此外，对于涉及生产系统和生活系统两系统之间的责任归属、制度设计等方面，目前属于空白领域，如循环链接的路径管理、管理责任制延伸以及资源循环利用效率等，也为本书提供了相应的研究空间。

（四）现代信息技术和数据支撑体系基本空白

伴随现代大数据分析技术以及瞬时信息采集技术的发展，对于产品设计、生产、销售、消费、回收再利用等全生命周期的信息采集、分析不仅已成为社会现实，甚至提出了适应新时代通过再生资源产业循环链接路径优化和再生资源供需市场大数据集成等信息技术手段，提升再生资源产出效率和市场竞争力，从而为生产系统和生活系统循环链接的软件设计提供了新的信息支撑和技术需求。

当前，再生资源产业相关数据信息统计研究仍局限于单一系统资源利用效率、价值评估等微观层面，难以满足生产系统和生活系统之间构建资源循环链接以打通生产“冗余”关键节点和路径的实际需求。为此，作者建议从再生资源循环链接路径指标、流向、损益等角度进一步完善数据统计体系，本书也试图在这方面进行尝试性系统研制工作。

（五）深化循环经济发展的新时代要求

长期以来，大量生产的经济增长模式导致我国资源短缺问题持续加剧，在环境压力不断增大的同时，导致废弃资源急剧增加和资源废弃。与此同时，大流量的资源流通和产品生产所需求的大规模产能引发产能过剩，造成全社会的资源与产能冗余和浪费，不利于持续发展。在此背景下，我国循环经济发展思路也逐渐转变，结构调整和模式优化成为下一阶段循环经济的发展重点。因此，应打破生产系统和生活系统传统认知，探索解决生产系统产出和生活消费系统“冗余”。

生产系统和生活系统循环链接国家战略目标的提出，标志着我国循环经济理论和实践发展到新的阶段。随着国民经济发展，城乡居民收入和人民生活水平得到了较大改善，城乡居民生活购买力和日用消费品循环加快，尤其是手机、家电以及日常生活用品等，城乡生活消费总量和商品循环使用周期呈几何倍数快速膨胀，由此产生城市的“垃圾”和乡村“废旧品”给城乡生态环境和居民生活质量带来了沉重的压力，以往无人顾及城乡居民生活系统“堵塞病”也日益引起国家有关部门高度关注。

综上所述，基于系统学认知，从优化资源循环路径、提高综合利用效率以及减少生产系统和生活系统废弃“冗余”视角，构建我国生产系统和城乡居民生活系统循环链接机制，优化资源综合利用模式，转变资源利用和生产方式。这不仅是一个学术研究问题，而且对缓解我国传统制造业生产系统原料和能源“瓶颈”稀缺，减轻城乡生活系统“堵塞”，推动我国经济发展模式转型升级，为这一重大现实社会问题提供技术支撑和政策制定参考，这也是笔者撰写本书的主要动力和研究空间所在。

第三章

生产系统和生活系统循环链接基本概念及内涵界定

生产系统和生活系统循环链接机制是基于生产系统、生活系统之间物质、能量依存关系，通过物质、能量流动路径和产业链优化设计，促进生产系统和生活系统内部以及系统之间的物质循环、能量综合利用，进一步提高能源资源使用效率，以兼顾经济、社会、生态效益的一种新型产业系统组织形式。

本章对生产系统、生活系统及两系统间循环链接机制的基本内涵及其主要特征进行理论解析，并界定其研究边界和分类体系。在此基础上，基于生产系统和生活系统之间物质流“冗余”、能量流“溢出”之间的相互依存关系，系统阐述了生产系统和生活系统间的循环链接的强循环—弱循环链接、正向循环—逆向循环链接关系界定及其路径转化设计，同时从宏观和微观层面对已形成重大社会影响和社会认知的循环链接关联机制进行了阐述，以为后续章节研究奠定基础。

一、生产—生活系统循环链接基本内涵及特征

（一）内涵界定

生产系统和生活系统循环链接作为循环经济有待深入拓展的应用研究

领域，国内外循环经济研究领域专家学者和有关政府都给予了重点关注。2017 年 4 月 21 日，国务院印发的《循环发展引领行动》中首次明确提出建立生产系统和生活系统循环链接的共生体系，以推动生产系统和生活系统资源循环利用和能源共享，提高城市资源利用水平，这一定程度上加快了生产系统和生活系统循环链接学术研究步伐。2018 年 5 月 18 日，国家主席习近平在全国生态环境保护大会讲话中也特别强调“推进资源全面节约和循环利用，实现生产系统和生活系统循环链接”的时代必然性和急迫性。

与此相比，目前将生产系统、生活系统及其循环链接从概念解析、理论基础、技术支撑以及实践探索层面开展的相关研究工作并不多见，早期可查的中文文献资料是雪晶等（2011）提交的一份会议论文。该论文根据产业分工、功能建设以及应用区域，将第一产业、第二产业、第三产业以及社会生活等不同领域初步划分为生产系统和生活系统两部分，其中农业、林业、牧业、渔业为主的第一产业和以工业为主的第二产业划归于生产系统，以提高服务为主的第三产业和与居民生活消费相关的静脉产业①划归为生活系统，并重点对生产系统和生活系统内部以及系统间的废弃物、副产品循环流动和再利用进行了系统分析。尽管国内专家针对生产系统和生活系统循环链接进行了研究，但对于生产系统和生活系统内涵，尤其是其边界并没有给出明确的解释，对生产系统和生活系统按产业进行了类别划分，这与循环经济产业界的学术认识也基本相符。

综上认知，笔者认为生产系统和生活系统循环链接基础理论和方法论需要深入研究，尤其一些概念内涵、研究边界以及分类体系更需要进一步厘清。为此，本节依据系统科学、资源科学以及循环经济等相关学科理论，对生产系统和生活系统循环链接的基本概念内涵、研究边界以及分类体系进行系统梳理和有效界定。

---

① 静脉产业（Venous Industry）一词最早由日本学者提出，他们把废弃物排出后的回收、再资源化相关领域形象地称为静脉产业。静脉产业又被称为“静脉经济”或“第四产业”，其实质是运用循环经济理念，有机协调当今世界发展所遇到的两个共同难题，即“垃圾过剩”和资源短缺。

1. 生产系统

狭义而言，生产系统是指在一定空间范围内，由一定数量的生产性企业群体组成的，空间上相邻近、结构上交互接替、经济上相互关联、技术上协调发展并满足一定国民经济需要的有机整体及其生产过程①。广义来看，生产系统不仅包含生产单元（单一企业或群体企业）及其生产过程本身，而且包含承载企业的自然环境和人文环境。

生产系统在不同的地域范围内，区分为不同层次、不同规模、不同水平、各具特点的生产系统，如国家层级生产大系统、省域层级面的生产中系统、城镇层级生产微系统等，而不同层级生产系统又受区域特征、资源禀赋以及历史发展沿革等各种复杂因素影响，往往在产业发展定位、产业特征以及实际发展水平方面存在一定程度的差异。

2. 生活系统

狭义而言，生活系统是指在一定区域范围内②居民日常生活与其正常运转所需的公共交通、供电、供水、排水、燃气、热力、园林绿化、环境卫生、道路照明、垃圾集运和污水收集设备与场地等市政运营部门以及相关的生活性服务业组成的有机整体。广义而言，生活系统是以人为核心、以产品消费为主导、以满足人民基本生存条件为基本下限的复合大系统。另外，生活系统本身又受到当地地域文化和居民生活习惯等原因影响，因此生活系统的区域差异性特征更为显著。

从系统学角度认知，生活系统是一个以人为主导的复杂系统，它不仅涉及社会、经济、环境等多方面要素，而且包含了要素间相互作用、相互依赖、相互制约的繁杂关系③。一般来说，生活系统由三个部分组成，即

① 根据《国民经济行业分类》（GB/T 4754—2011），归为生产系统的通常有采矿业，制造业，建筑业，电力、热力、燃气及水生产和供应几大领域。此外，一些生产性服务，以及为生产活动提供的研发设计与其他技术服务、货物运输仓储和邮政快递服务、信息服务、金融服务、节能与环保服务、生产性租赁服务、商务服务、人力资源管理与培训服务、批发经纪代理服务、生产性支持服务也属于生产系统中。

② 除非特别说明，本书所界定的区域一般特指城市。

③ 对于生活系统的划分，从狭义上讲，指城镇、乡村区域内供居民日常生活的产品、基础设施、服务、自然环境等；从广义上讲，包括社会系统中与人相关的、非生产部分。

前端、中端和后端。生活系统前端又称接入端，用于对接流入生活系统的能量、物质等；生活系统中端是生活系统的主体部分，包括居民生活部门和生活性服务业，这也是保障居民基本生活的主要部分；生活系统后端则包含垃圾集运、污水排水等尾端处理部分（见图 3－1）。

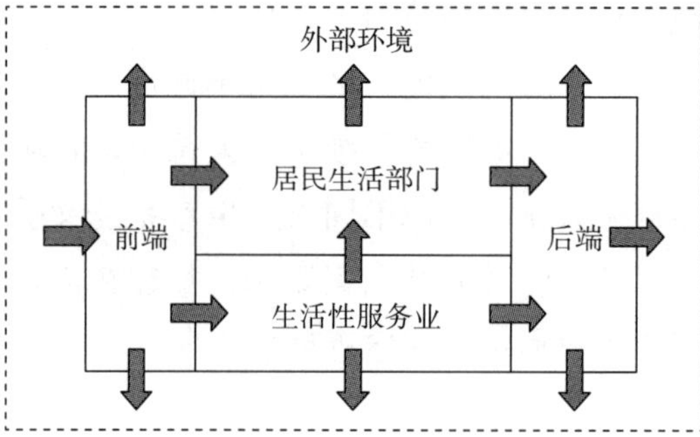

图 3－1　生活系统示意

需要说明的是，基于系统复杂性学术认知，生产系统和生活系统循环链接不一定是两个系统之间的简单并列或叠加，很多情况下是多系统互相制约并交互作用，甚至系统包含关系。有时生产系统和生活系统之间本身就互相交融，没有明显的系统边界。本书后续章节内容，尤其是系统内涵和类别界定，大多是在某些假设条件下，甚至故意“忽略”某些次要要素而展开的。

（二）基本特征

生产系统和生活系统是以功能属性进行区分的城市（子）系统。这是两个要素关联、结构多元、功能耦合的复合大系统，其系统间通过物质、能量的流入和流出，维持自身的生存与发展。

值得注意的是，生产系统和生活系统并非两个独立的系统单元，而是通过物质流、能量流、信息流交互联系的相互依存的共生体。一方面生产系统为生活系统提供生活必需的物质产品，另一方面，生活系统为生产系统提供企业生存的市场空间。依托于这一互相依存关系，生产系统和生活系统共同形成不同层级系统单元相互依存和发展的宏观表征。因此，两者在系统特征上既有共性特征又有差异性。

1. 共性特征

（1）系统性。无论是生产系统还是生活系统的内部要素都不是孤立的，而是由与之相关的内在系统单元和外部环境通过相互依存、相互作用而形成的复杂系统。这种相互依存、相互作用关系在不同系统内具有不同的表现形式，在生产系统内可以表现为同类型生产企业的竞争关系、不同类型企业产业间的产业依存关系抑或是产品替代关系等，而在生活系统内又可表现为社会大众对生活服务部门的消费行为或是邻里亲友间的互动行为等，尽管具体表现形式不同，但通过这种交互关联性将系统内部要素通过物质、能量、信息紧密联系，形成相互作用的依存关系，进而表现出复合大系统的特征。

具体来说，在生产系统中同类型生产企业通过市场竞争和演化博弈，鼓励企业生产更廉价、优质的产品；通过产业价值链的分工协作，不同企业在其中承担不同的角色，使企业生产专注于提高生产效率和技术创新。在生活系统中，集中规划管理的生活住宅区便捷了邻里交流，也提高了城市资源的有效利用，进而也催生了一系列新的市场需求和服务型产业等。显然，无论是生产系统还是生活系统，内外部要素间通过交互作用都达成了超越简单要素数目线性加总的效果。

（2）动态性。城市层级的生产系统和生活系统本身是一个多层要素的复合大系统，伴随技术进步、经济发展、自然环境变化、政治文化变迁而不断升级和适应外部环境，而生产系统和生活系统是城市系统两个重要的子系统，因此必然也是动态变化的。

近年来，技术进步和经济发展一方面促进了生产系统内部的变化，主要表现为生产效率的提高、生产过程更加绿色清洁以及文化信息产业的兴起，推动了传统产业结构转型升级和资源利用效率的提高；另一方面也显著改善了社会大众的生活水平和居民生活习惯。与此同时，随着城市化进程不断加快，不同层级的城市规划布局和结构改造建设升级持续推进，城市自身和城市间功能布局也在发生重大的调整，如“京津冀”发展一体化、国家级“雄安”经济新区建设、“首都经济圈”等发展规划和项目实施，所引发的城市系统结构发生重大变动。与之伴随的是，生产系统和生活系统是必然也随之不断发生变化，系统动态性特征也在不断动态变化和特征凸显。

（3）区域性。区域性是城市发展的重要特征之一，也是城市生产系统和生活系统的最基本特征之一。按照城市系统所在区域和空间范围的大小，可以初步区分不同层次、规模、水平的生产和生活系统。

一般来看，生产系统和生活系统的区域性特征主要体现在两个方面：

1）区域的广度特征。区域范围越大，系统所包含的要素多样性也就相对丰富，相应的系统特征也就更加显著。例如，国家层级生产系统（宏观大系统）所包含的产业链条一般比较系统完整，且系统诸要素的递补性较强。从生产资源的“上游”开发到产品设计制造所涵盖的系统内涵也更加丰富，一般比较侧重于宏观分析；企业生产系统（中、微观）往往涉及生产细节、工艺流程等，且比较注重中微观要素分析。至于生活系统而言，一般比较强调社会认知，其中国家生活系统则侧重关注社会大众消费中物质、能量消费的供给保障，居民小区生活系统则比较关心物质能量的高效利用和使用安全等等。

2）区域的空间特征。区域地理位置导致资源禀赋、历史文化、交通设施等差异是造成生产生活系统产业结构、生活习惯不同的重要因素之一，拥有天赋矿产自然资源的区域，如煤炭、石油、钢铁矿区，其采掘工业就有快速发展的必然条件，而地处广袤大草原的地区，生活居民就有条件多食用牛羊肉、穿纯毛皮衣，临海地区城市更易于发展港口和交通运输业，地处高纬度的城市居民发展太阳能供暖设施当然也是更好的选择。因此区域性空间特征也是导致城市生产系统和生活系统差异化发展的一个重要因素。

（4）开放性。无论是城市系统还是生产和生活子系统都是开放性的系统。从微观层面来看，城市建设的高速发展和集聚效应使一般普通家庭摆脱了自给自足和作坊式的生产生活方式，进入了社会分工和规模化生产时代，因此现代城市中不存在完全封闭的生产个体或单元。所有生产—生活个体单元必须依赖外部环境的物质、能量、信息流入生存和发展，同时对周围环境产生影响和交互作用，几乎不存在封闭孤立的个体系统。

随着科学技术和社会的不断发展进步，人类生活的物质文化生活将继续呈现向多样化、便捷化的方向发展，而广大社会大众的生活方式将更快、更多地依赖物质流、能量流、信息流的循环更替和交互作用，系统间以及与外部环境间的相互依存关系将会更加紧密，系统的开放性特征也会更加显著。从宏观层面来看，城市先天资源禀赋、经济发展以及社会文化等一系列内在因素的差异，将导致不同的城市系统在不同方面存在优势和城市类型的多样化，进而引起城市间基于物质、能量、信息的相互依存和城市系统的开放性。此外，随着城市群建设理念的发展，城市区域布局和功能定位的差异化和互补性将更加凸显，城市系统的开放性特征也会更加显著。

需要指出的是，生产系统和生活系统的开放性也是整个城市系统循环链接的重要前提，因为无论是孤立的封闭生产系统还是生活系统都是不可能存在的，只有开放的城市系统间才能通过物质、能量、信息等流动建立链接机制。而生产系统和生活系统的循环链接则不仅需要系统自身是开放的，更要求城市系统间的流入流出关系是同类型的。

2. 生产系统和生活系统的差异性

除了上述共性特征外，生产系统和生活系统在系统类型和系统要素等方面呈现一定的系统差异性。这种差异性一方面是因为系统结构演化产生的职能化差异，另一方面也有来自系统之间相互依存关系而导致的功能化差异。

（1）生产系统的职能差异性特征。生产系统，顾名思义就是以生产为主要职能的子系统。生产系统因为有层级、区位和结构不同而产生差异，可能具有不同的职能属性，但总体来说是一类资源/产品增值系统，即通过增加自然资源或半成品的附加值而受益的个体集合。

生产系统的独有特征，包括：

1）层次性。生产系统是生产企业的集合体，生产企业在整个产品生命周期的前半部分扮演了重要角色。由于社会分工和规模生产，生产企业往往只聚焦于整个产品生产的某个或某几个环节，因此从资源开采、产品设计、产品制造到产品销售，不同企业参与整个过程，并且企业的参与程度与参与顺序严格遵循上下游产业链工序，因此生产企业按照产品生产工序形成分工和分层，其意义在于使企业能够通过分工和相互配合提高生产效率和生产效益。

2）突变性。生产系统是效率/效益主导的，且具有典型的“机械”系统属性。这是由于生产系统的主要组成个体是生产企业，因此相对而言理性人属性更加明显且具有典型的逐利趋向。这导致当新技术产生时，厂商往往会集中采用新技术，继而出现“泉涌式”的技术普及以及“跳跃式”的生产效率提升。同理，政策法规的提出会明确地对生产企业的行为产生约束，因此也会出现类似的突变现象。

（2）生活系统的功能差异性特征。相对于生产系统，生活系统是以居民生活以及服务产业为主体的城市功能子系统。生活系统反映的是城市居民生活水平、宜居特征和幸福感指数，也是强调人为中心的社会系统。这不同于生产系统对物质需求是一个不断增值的过程，生活系统则是一个物质消费以及价值转化过程，通过消耗产品转化为生活必需的使用价值。

生活系统不同于生产系统最重要的特征之一，即要素稳定性。生活系统组成的中心单元是居民，居民的生活消费习惯主导了整个生活系统的行为、结构、特征。然而，由于居民的生活习惯与长期形成的历史文化、生活习俗紧密相关，这造成一方面居民的生活习惯具有明显的地域性，进而生活系统正常运转具有明显的地域性特征；另一方面生活习俗也具有较强的要素稳定性和时代传承性，通常不会在短期内发生巨大的改变，从而表征为生活系统的要素稳定性。生活系统具有稳定性和时代传承性的意义还在于，可以对未来系统演化特征进行相对准确预估和预判，从而对系统物质流、能量流以及信息的流动和消费进行深入的结构分析和量化预测。

（三）理论解析

生产系统和生活系统循环链接的关键在于系统因素的“循环”和结构的“链接”。循环，即系统因素周而复始地往复运动，而结构的链接，在循环经济生产活动中是指能源和资源以原料、产品、服务、废弃物等表现形式，通过信息引导、技术支持以及组织形式等，在单向线性的流动方式基础上进一步延伸。因此，生产系统和生活系统循环链接是通过促使生产系统和生活系统间循环流动方式的延伸，形成闭合的、循环的流动路径。显然，生产系统和生活系统循环链接是以节约能源、减少资源消耗为基本原则，以技术创新为主要手段，以经济合理性为发展准则，以提高能源、资源的生产率和再利用率为实现目标，兼顾经济、社会和生态效益三者关系，依据生态学和系统学原理对基于能源、资源流动路径的产业链进行设计和优化，探索形成一种新型的产业系统组织形式（见图3－2）。

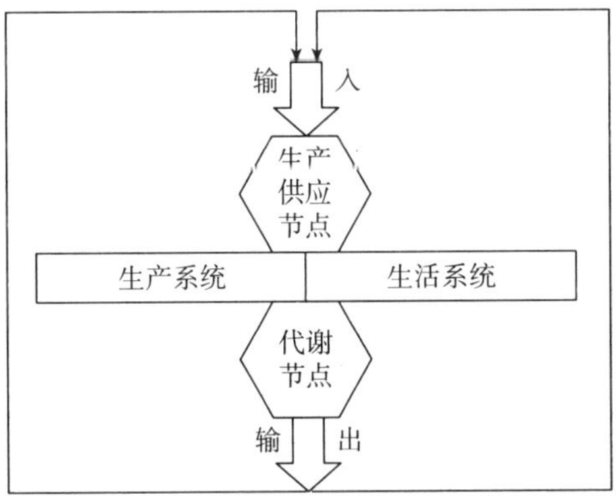

图3－2　生产系统和生活系统循环链接

基于上述理论认知，生产系统和生活系统的循环链接是以物质流、能量流以及信息的流动的交互作用和循环往复为重要关联，以实现生产系统和生活系统结构和谐、生态共生为发展目标。所谓结构和谐、生态共生是指自然界中生物为提高生存概率所采取的一种协同合作行为，这是一种较为普遍的自然生态发展现象，也是一种重要的生物进化方式[①]。把这种理论应用到生产系统和生活系统构建中，主要是通过循环链接在一定程度上形成以能源、资源流动为主要内容的联系紧密、相互依存的循环共生体系。这个循环共生体系是生产系统和生活系统单元之间在一定的共生环境中按某种共生模式形成的能源、资源、价值、信息流动关系的总体。

生产系统和生活系统的循环链接建立的关键在于构建共生系统间能源、资源生产供应和废弃物回收再生的关键循环链接节点。这些关键节点使生产系统和生活系统间的能源、资源流动路径得以进一步延伸、闭合循环，将生产系统和生活系统的循环链接体系形成类似于生物体的共生系统成为可能。

具体到区域产业经济领域，电力、热力、燃气及水生产和供应企业作为生产供应系统（见表3－1），环境治理企业、市政设施管理部门等就是其中的关键循环链接节点（见表3－2）。这些关键循环链接节点对生产系统和生活系统的正常运转和循环链接提供了能源、资源生产供应和废物代谢的功能。

表3－1　电力、热力、燃气及水生产和供应行业范围

代码				类别名称
门类	大类	中类	小类	
D				电力、热力、燃气及水生产和供应业
	44			电力、热力生产和供应业
		441		电力生产
		442	4420	电力供应
		443	4430	热力生产和供应
	45			燃气生产和供应业
		450	4500	燃气生产和供应业

① 随着结构和谐共生理论的发展，人们发现该理论在社会经济文化领域的研究中也存在着高度的契合性而将其发扬光大。

续表

代码				类别名称
门类	大类	中类	小类	
	46			水的生产和供应业
		461	4610	自来水生产和供应
		462	4620	污水处理及其再生利用
		469	4690	其他水的处理、利用与分配

注：根据《国民经济行业分类》（GB/T 4754—2011）梳理得出。

表 3－2 水利、环境和公共设施管理业

代码				类别名称
门类	大类	中类	小类	
N				水利、环境和公共设施管理业
	76			水利管理业
		761	7610	防洪除涝设施管理
		762	7620	水资源管理
		763	7630	天然水收集与分配
		764	7640	水文服务
		769	7690	其他水利管理业
	77			生态保护和环境治理业
		771		生态保护
		772		环境治理业
			7721	水污染治理
			7722	大气污染治理
			7723	固体废弃物治理
			7724	危险废弃物治理
			7725	放射性废弃物治理
			7729	其他污染治理
	78			公共设施管理业
		781	7810	市政设施管理
		782	7820	环境卫生管理

续表

代码				类别名称
门类	大类	中类	小类	
		783	7830	城乡市容管理
		784	7840	绿化管理
		785		公园和游览景区管理

注：同表3－1。

二、生产—生活系统循环链接系统学认知

顾名思义，生产系统和生活系统循环链接是系统构建及其相互作用关系的研究，具体研究对象是系统结构和系统行为。基于此，我们有必要从系统科学的研究视角，对生产系统和生活系统的实际内涵和学科内容进行深入探讨。

按照系统科学的定义，系统是由“相互联系、相互作用的诸元素构成的综合体”。系统科学强调要素间的相互作用和整合作用，这与一般简单加和有着本质的不同。生产系统和生活系统的循环链接是两系统间交互并整合构建形成更高层面复合大系统，这自然属于系统关系和行为的研究范畴。

事实上，运用系统科学方法论，研究循环经济问题已经有较长的研究历史。早期研究发现，循环经济的整体目标，即实现社会、经济系统与自然生态系统间动态平衡和良性互动循环，脱离不开系统的观点和认知（徐玖平，2011）。这是因为无论是自然生态系统还是社会经济系统都是脱离不了自然生态系统孤立存在的，两者存在依赖和改造的互动关系。同样的

道理，生产系统和生活系统也是脱离不了社会经济系统而孤立存在的。

综上可以看出，生产系统和生活系统循环链接存在缜密的系统“递阶性”，而这种系统“递阶性”可按层级划分，即将系统一级一级分解为更小、数量更多的子系统。同时，每一级系统又不是简单的子系统累积和简单叠加，而是通过一定的关联相互影响、交互作用。因此，生产系统和生活系统循环链接具有要素多元、结构多层、组分共生的系统学特征，是集经济、技术和社会为一体的系统工程。

（一）要素多元

无论是生产系统还是生活系统都是集合了多元要素的复杂系统。生产系统包含了不同职能的生产型企业以及与之紧密关联的支持单位，生活系统包含了不同偏好和生活习惯的家庭等。这些单元又可以分解为更多复杂的要素，如企业包含了生产部门、销售部门、人事部门等，家庭包含了各种电器、纺织品、木质家具等。显然这些单元又可以进一步分解，而且通常是难以用统一的测度体系进行度量的。由生产系统和生活系统循环链接构成的复合系统更为复杂，这不仅包含了生产系统和生活系统原本包含的要素，还囊括了宏观社会环境、产业环境和自然环境组成的外部保障系统，涉及农业、工业、服务业、家庭消费等人类经济社会体系的诸多领域。在这个新的复合系统中，生产系统和生活系统中多种不同属性、不同特征、不同行为的基本单元，相互交织链接、有机匹配、合理衔接，促使系统结构从简单到复杂不断演化（见图3－3）。

多元的系统要素组成决定了系统目标的多样性，不同的系统要素和个体由于自身的多维度需求导致发展趋向和行为决策的多维度特性。在实现生产系统和生活系统循环链接的过程中，一项重要的工作便是通过设计和构建多元要素间利益协调规则和机制，实现系统多重组元间的复杂关系协同。通过交互、双向甚至多向的要素反馈，使得系统的多重目标服从于系统的整体目标。具体来说，通过合理的生态设计，实现生活系统和生活系统冗余资源化、生产系统产能科学化、资源利用高效化等。

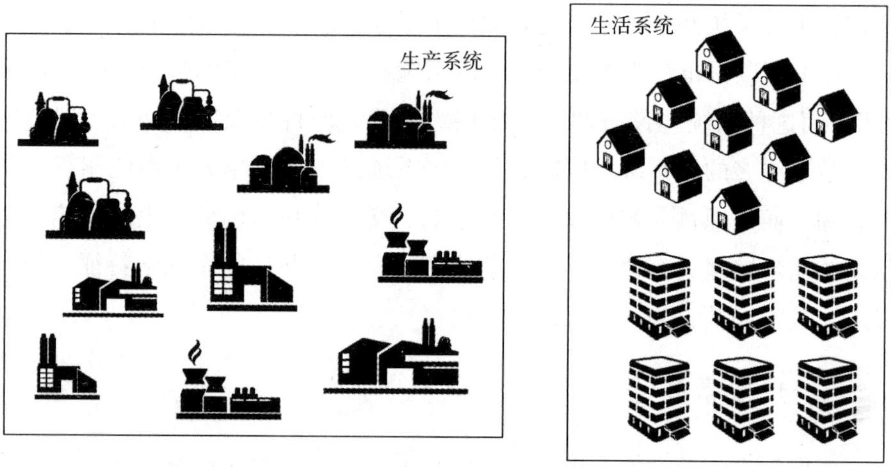

图 3-3 系统要素组成多元

总之，无论是生产系统、生活系统还是生产—生活循环链接系统都是集合经济、社会、文化、自然等一系列多维要素的复杂系统，因此应从系统整体的角度着眼，综合协调和控制系统整体和部分的关系，统筹整体功能和局部利益，各子系统不能只追求自己的分目标，实现自身的有序发展，而加剧其他子系统的无序化程度，从而影响系统整体的有序发展和整体目标的实现。

（二）结构多层

要素的多元性不仅体现在生产、生活系统的要素数量，还体现在系统结构的多层次性。生产—生活循环链接系统是生产系统和生活系统的复合系统，反过来即生产系统和生活系统可以视为其子系统。进一步地，生产、生活系统又包含了更多的子系统。以生产系统为例，粗略地可以划分为产业、园区、企业、部门等多个层次，每一个层次都可以视为一个独立的子系统。与此同时，各级子系统间，以及同级子系统间，通过特定的关联形成特定的功能结构，使每级子系统不是其自身子系统的简单加总。

结构的多层次性提升了生产系统和生活系统循环链接过程的复杂程度。显然，如何高效配置生产系统和生活系统间的资源，提高资源利用效率和经济效益，同时降低环境影响是生产系统生活系统循环链接的一个根本问题。通过干预两系统间，甚至多层次子系统间的反馈路径，制定目标协调的优先级顺序等，是控制论、系统工程理论中解决系统结构多层次性矛盾的重要思路，也是生产系统和生活系统循环链接过程中的主要方法论。这是因为，多级子系统必然带来多级系统间的目标协调和平衡，因此不可避免地需要运用系统递阶控制理论。生产—生活循环链接系统，即系统的递阶特性。生产—生活循环系统结构分层见图 3－4。

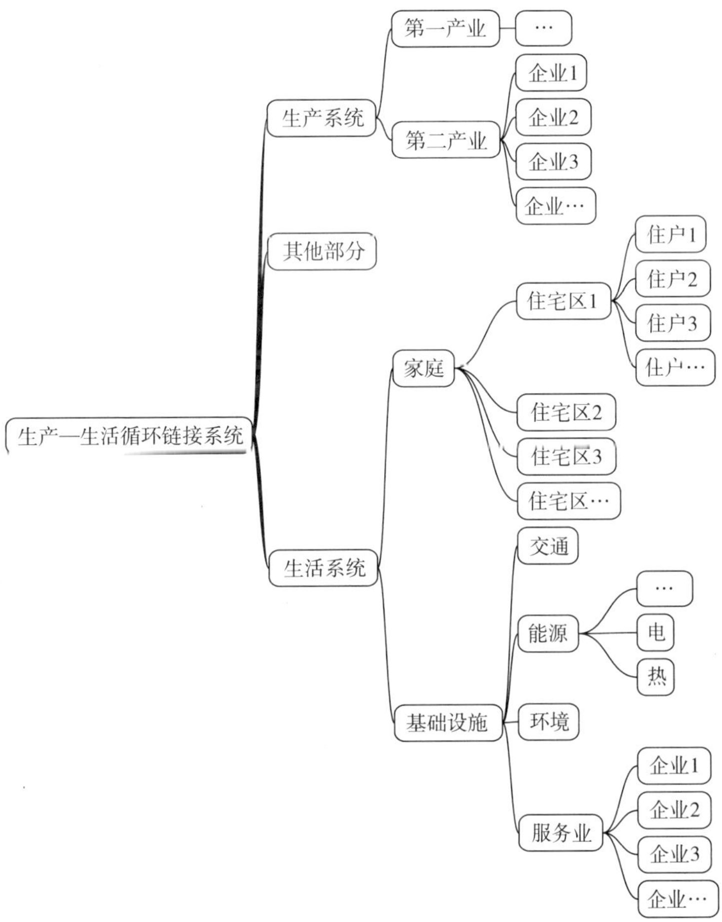

图 3－4　系统结构分层

生产—生活循环链接系统的递阶控制有两种思路，差异主要体现在高层次系统单元的功能：一种注重协调，即高层次系统协调子系统中目标不一致冲突，体现自下而上的管理思路；另一种注重分配，即高级别系统配置、制定子系统目标，体现自上而下的管理思路。这两种思路各有优劣，前者效率相对较高，后者秩序相对较高。在生产系统和生活系统循环链接过程中，针对不同的时期应采取不同的策略。

（三）组分共生

生产—生活循环链接系统本质上是一个共生系统，即生产系统和生活系统相互依存、相互制约，通过“互惠”的方式两者协调发展，“一荣俱荣”。系统共生更多地体现了循环经济的思想，即改变传统线性发展模式，构建互利共生的循环模式。生产系统和生活系统的循环链接体现的正是这一思想。

组分共生是提高资源利用效率、降低环境影响的关键，不仅存在于生产系统、生活系统的末端环节，而且存在于两系统的全过程。当两系统链接、系统边界扩大后，原本属于外部性的影响会纳入系统内部，形成更加复杂的共生关系。生产系统和生活系统的循环链接正是如此。

长期以来，循环经济视角的组分共生更多地体现在生产系统内部三大产业之间的共生，以构造三大产业内部或之间的循环链为核心。通过三大产业间多级联结，构建企业层面的共生组合，实现生产系统中资源的高效利用和生产的环境友好。生产系统和生活系统的循环链接不仅仅局限于此，其内涵更加宽泛。这不仅包含了将生活系统的要素纳入共生体系中，还包括冗余资源、产能的转型利用。显然，这一“共生”的理念，已经超越了单纯的资源循环利用。这里，“共生”不仅包含了基于物质的生产者与消费者，抑或消费者与分解者的供需关系，还包含了基于功能的需求者与供应者的行为关系。因此，在生产—生活循环链接系统中，共生关系体现在优化的流量路径，更体现在优化的存量结构（见图 3 – 5）。

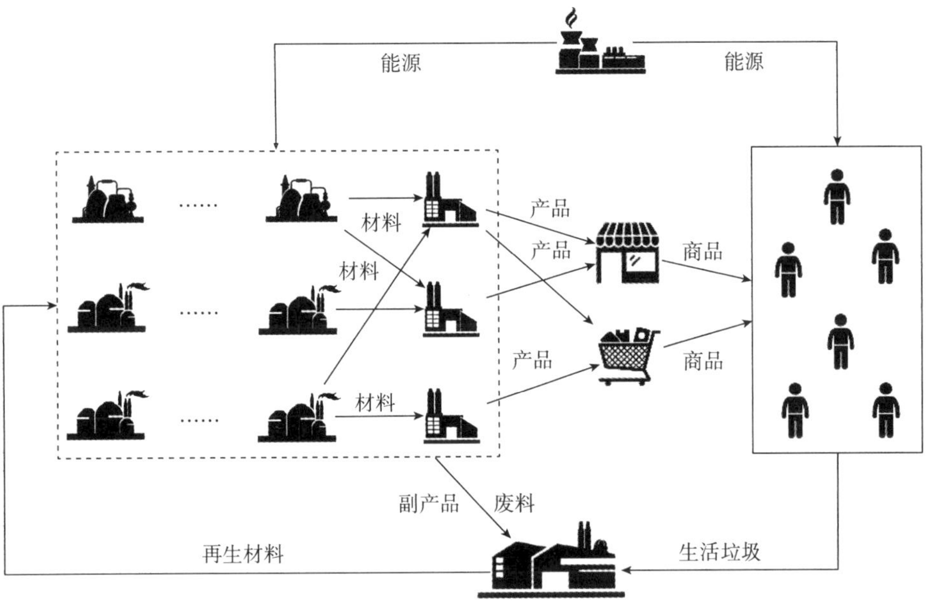

图 3-5　系统内部组分共生

三、强循环链接和弱循环链接

前些年，在循环经济领域有句俗语，即“循环经济是个‘筐’，循环不循环都要往里装”。尽管这句俗语有点不太恰当，也可以从不同角度去阐释，但至少说明两种情况：①从循环经济产业链分析，某些产业经济体系没有达到循环经济产业严格技术要求，即没有循环产业链条也归入了循环经济产业领域；②从循环经济自身分析，由于经济或政策管理不到位，某些产业经济循环路径有些偏差甚至造成了不良社会影响，也有些是因为节能排放指标不达标而出现“凑指标”现象。出现上述问题的主要原因，无非是循环经济评价标准问题，且伴随时代发展这个评价标准也需要由“粗放”向“精细”转变的发展演化的过程。

基于研究认知，生产系统和生活系统循环链接作为循环经济发展中的一个新领域，也有一个由“粗放”向“精细”发展的演化过程。为有效辨识和科学评价，我们暂且把生产系统和生活系统的循环链接区分为“强循环”和“弱循环”。

（一）强循环链接

循环经济“强循环”发展模式与“静脉产业”有些类似，既要求物质在系统内多次重复利用，从而达到生产和消费的“非物质化”，尽量减少对物质特别是自然资源的消耗，又要求经济体系排放到环境中的废弃物可以为环境同化，并且排放总量不超过环境的自净能力。

强循环约束了产品全生命周期的全过程资源开发、利用和排放，注重减量化利用、清洁生产、资源再生和循环使用，强调了人类活动对环境影响的边界，以谋求人类社会生存和发展的可持续性。有趣的是，强循环之“强”并非强可持续之“强”，而是同时立足于强可持续与弱可持续发展两者理论观点的。强循环一方面肯定了技术和管理因素在人类资本与自然资本替代过程中的作用，同时又强调了自然资源在发展过程中的重要性。因此，强循环的建立依赖于一定的技术与管理水平以及自然资源基础。

实现生产系统和生活系统的强循环是生产系统和生活系统循环链接的建设目标。需要注意的是，这种“强循环”并不等同于全社会层面的资源高效循环甚至完全循环，而是结合了清洁生产、减量化利用、环境保护、协同发展等一系列生态措施和模式设计。因此，生产系统和生活系统的强循环是一种发展模式和发展质量的提升，而非简单的资源循环利用。

（二）弱循环链接

循环经济“弱循环”是指在循环经济发展初期，从“排放废物”到“净化废物”再到“利用废物”的尝试与实践，虽说减少了污染物，但是未能从污染的源头即生产与消费环节来防治污染。

弱循环强调生产过程中的循环利用，注重发掘资源消费利用过程中的新的“循环点”。这种循环相对微观但主动，目的在于减少资源消耗、提高短期效益等。因此，弱循环的目标往往并非“循环”，亦非“可持续”。弱循环通常表现为具体的技术进步、管理创新抑或是模式升级，通过切实有效的实践推动资源的循环利用。弱循环可能相对局部，只侧重清洁生产、减量化利用的某一个或某几个方面，以提高资源循环利用效率，因此弱循环可能是有益的，也可能是不利的。但总体来说，弱循环是推动绿色发展和可持续发展的必要环节。

生产系统和生活系统的循环链接本质上是通过特定的模式和路径设计组合，将原本相对独立的生产系统和生活系统资源循环利用模式延伸、交叉和链接，配置资源循环利用路径，提高社会系统整体的资源利用效率、减少环境影响。这其中包含了污染治理、资源再生等多种关键技术的应用，也伴随了产业结构调整和环境规制措施制定，是多项技术、管理措施的结合应用，强调了“静脉产业”在社会大循环中的作用，但严格意义上来说，生产系统和生活系统的循环链接是一种弱循环。

（三）强循环链接和弱循环链接内在关系

1. 强循环链接和弱循环链接内涵关联性

生产系统和生活系统循环链接的强循环又包含两层含义，第一层含义是在数量上表现出高强度循环，指某一类物质以较高的循环效率在生产系统和生活系统间流动；第二层含义是严格意义上的强循环，指某一特定物质以较高循环效率在经生产系统流入生活系统后，重新回流到生产系统。需要说明的是，第二层含义是在第一层含义的基础上，更加注重某一特定物质而非某一类。

举例来说，对于钢铁的强循环第一层含义仅关注钢铁在数量上的生产性循环，而对于由生产系统流向生活系统的钢铁和由生活系统流向生产系统的钢铁是否为同一批钢铁产品并不关心，而第二层含义强调这一特定钢铁流的再循环。产生这一差异的原因在于，钢铁产品在任意系统中流动都是具有生命寿命周期的，在流入系统后会作为系统内要素沉积到系统内部直到达到产品寿命。这对于增长中的系统尤为重要，处于增长中的系统的物质流入量大于流出量，增长的部分来自物质流入流出的差值，这一部分物质转化为存量嵌入到系统内部，从而实现系统增长。

2. 强循环链接和弱循环链接目标差异性

相较于强循环，生产系统和生活系统循环链接的弱循环则指生产系统和生活系统间存在相互流动的物质流或能量流，而对于循环的强度以及是否为同一物质则并不关心，因此是广义上的物质/能量循环。此外，弱循环还包括系统间物质/能量的共用共享等。

在分析生产系统和生活系统间的循环链接时我们提到，无论是强循环还是弱循环，都涉及生产系统和生活系统间的物质/能量流动，显然，生产系统和生活系统间的物质/能量流动是有方向且存在区别的。

有趣的是，强循环与弱循环尽管都是“循环”，其目标却不是循环，只是在形式上表现出资源“循环”利用。强循环强调了宏观层面的资源循环利用模式，实质是涵盖了减量化利用、清洁生产、环境保护以及协同发展等一系列可持续发展的理念和内涵；弱循环则是通过新技术、新管理模式、新制度的不断尝试和实践，旨在降低经济/环境成本、提高效益等。可以看出，强循环和弱循环两者并不是对立的，只是对于循环经济模式发展进程中不同状态的区分。强循环是循环经济的发展目标，弱循环是循环经济不断探索、发展的途径，推动循环经济的不断进步，最终实现强循环。

3. 强循环链接和弱循环链接可转换性

强循环更多意义上讲，是一种状态，描述了循环经济发展最终形态应具备的形式，因此强循环具有更多积极、正面、有益的资源利用特征。相对地，弱循环偏重于探索和实践，故不可避免出现非期望的、意料之外的影响，但又反过来进一步推进相关技术、政策的优化和进步。例如，强循环明确界定了人类生产活动对环境影响的界限，以及具体反映在全生命周期的生产、利用、再生等各个环节；而弱循环则更注重微观的、局部的、短期的资源利用效益的提升。

随着技术、理论、视角的不断进步，强循环可能转化为弱循环。例如，在理论完备、技术成熟的理想体系下，生态工业园区可能成为生产系统实现强循环的重要标志之一，园区企业通过构建紧密的、不同形式的资源、产品供需关系网络，实现资源的高效循环和无害化处理。但随着系统边界外延，物料供需体系扩展，原本完备的“强”循环模式可能出现新的优化空间，如产量的精准控制以减少库存、原料的优化配置以提高经济/环境效益、跨园区配置的运送路径优化等。显然，系统边界的外延导致原本达成强循环的系统出现新的优化空间，从而转化为弱循环。

四、正向循环链接和逆向循环链接

按照循环的强度和方向，生产系统和生活系统的循环链接说表现出多种类型和性质，其中，按照循环的方向可以分为正向链接循环和逆向链接循环。

（一）正向循环链接

正向循环链接是由生产系统为起点向生活系统消费端的链接，是以生产系统为起点生活系统为终点的物质、能量以及信息的流动过程。具体包括，自然资源在生产系统内部转化为产品，再流入生活系统转化为具有用户实际效用且能满足用户需求的过程。因此，生产系统和生活系统的正向循环链接是以满足生活系统需求的过程。显然，这是围绕生活系统需求为核心的企业生产增值链条，其物流、信息流和资金流等运动整个链条实现了物料的转换并最终实现了系统整体利益最大化。

生产系统和生活系统的正向循环链接是一条价值增值链，它连接了从生产者、供应商到广大用户的物料链、信息链以及资金链，是通过加工、包装、运输等过程而增加其价值给相关企业带来收益的过程，包含了包括原料供应与采购、产品设计、生产计划、材料处理、订购过程、财产管理、运输、仓储以及客户服务，但是由于传统正向链接仅以生产系统整体经济利益最大化为目的并没有考虑社会效益和环境效益很难适应经济变化的需要，往往存在一定的局限性（见图3－6）。

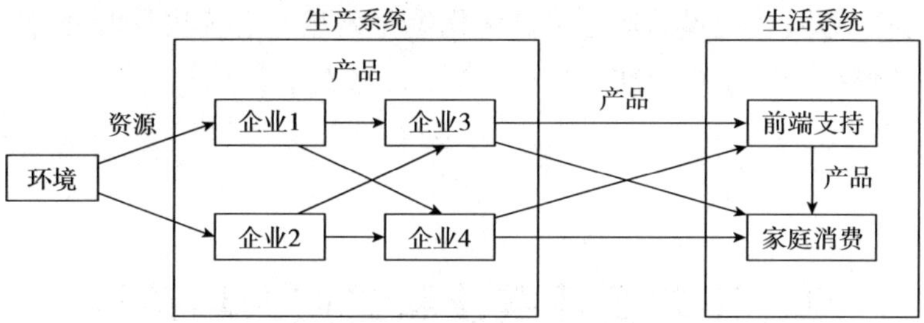

图3－6　生产系统和生活系统的正向循环链接

（二）逆向循环链接

逆向循环链接是由生活系统向生产系统的链接，是以生活系统为起点生产系统为重点的物质/能量流动。不同于正向链接以提供产品和资源增值为主，逆向循环链接是以废旧产品回收拆解和资源回收利用为主的链接。生产系统和生产系统的逆向循环链接包含了从两系统中回收废弃物/产品，并进行拆解利用的一系列活动。具体来说，逆向循环链接主要包含了废弃产品回收运输、废弃产品检验分类处理、再加工以及再生资源分销等（见图3－7）。

其中，废弃产品回收运输，主要是从生产系统和生活系统回收废弃产品并运输的过程，包含从生产系统回收生产过程产生的残渣、污染物等副产品和废弃物，还包含从生活系统回收废旧生活产品等，并对回收产品进

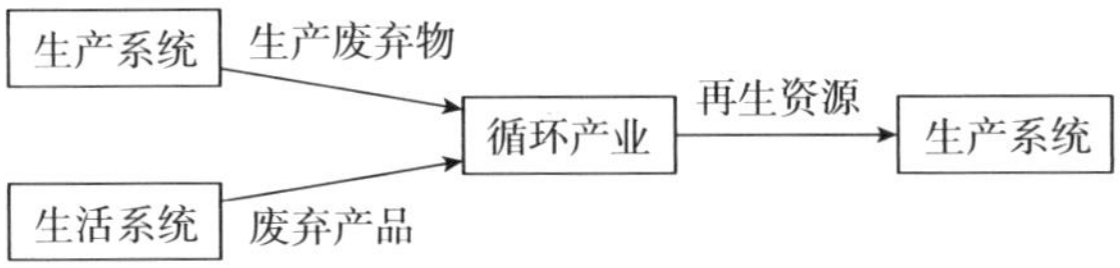

图 3－7 生产系统和生活系统的逆向循环链接

行仓储和运输的过程。废弃产品检验分类处理，包括根据回收产品的质量水平和类型进行检验和分类。再加工方面则是对经过分类的废弃产品经拆解处理加工形成再生资源的过程。再生资源分销则是将再生资源流入资源市场，并重新利用的过程。

（三）正向—逆向循环链接要素

生产系统和生活系统的循环链接是以生产系统和生活系统为联结点，将正向链接和负向链接联结组成的闭环回路，因此正向—负向循环链接要素涵盖了正向链接和负向链接涉及的要素，同时又表征出一些新的特征。

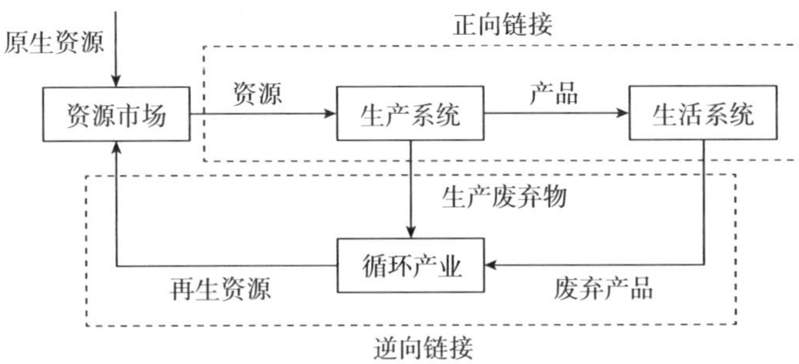

图 3－8 生产系统和生活系统的正向—逆向循环链接

从系统要素层面来说，生产系统和生活系统循环链接包括生产系统和生活系统两个核心端点，资源市场和循环产业两个关键发展节点，并通过资源、产品、生产废弃物、废弃产品和再生资源链接形成闭环流动回路，其中资源市场是指提供和销售生产过程必需的生产投入场所（见图3－8）。

在此，需要特别说明的是：①这里的资源特指如煤炭、钢铁、水等物质投入资源，而不包含劳动力、资本和技术等；②资源市场中的资源包含原生资源和再生资源两大类，原生资源是指直接从自然环境中开采加工以用于生产的资源，再生资源是指废弃产品/废弃物经过循环产业回收拆解处理形成的资源。

循环经济产业是指对生产系统/生活系统产生的废弃物和废弃产品进行回收、拆解、再加工处理形成再生资源的场所。一方面，生产系统为节约成本，提高资源利用效率和企业经济效益，在生产过程中会对产生的部分残余原料、副产品或加工试剂进行回收循环使用，但不可避免会产生难以回收的生产废弃物，对于这部分生产系统难以内部消化的废弃物会流出生产系统，如果不进行妥善处理必然会损害自然生态环境，危害居民健康。另一方面，生活系统产生的生活垃圾、废旧设备等同样需要处理。对于这两部分产生的废弃物/产品，需要循环产业进行集中处理，形成再生资源，并流入资源市场。

五、循环链接的有益—有害分析

探索生产系统和生活系统的循环链接机理，进一步引导建立城市生产系统和生活系统之间的循环链接系统是基于提高城市物质能量利用效率，降低两系统运行过程中对自然生态环境危害，推进城市绿色清洁可持续发展目的，因此应当对生产系统和生活系统循环链接影响进行评估和分析。

（一）循环链接路径走向的社会影响

近年来，绿色清洁和循环经济发展一直是城市建设的主要发展目标，也是区域自然生态环境保护的重点，而推动生产系统和生活系统循环链接机制建立是在当前企业资源“小循环”、产业资源“中循环”，进一步推进建设区域系统“大循环”的重要抓手。诚然，生产系统和生活系统作为城市系统中特色最为鲜明的两个关联子系统，能够实现两系统间的资源循环利用链接机制对于城市可持续发展和情节发展是非常有利的。然而，不可否认的是，当前现实经济大环境下，跨系统之间的循环链接有别于系统内循环，因为跨系统链接涉及不同产业、不同系统属性的部门或企业，实现其循环链接的要素多样、路径复杂，导致循环链接可能产生预期之外的结果。

按照对城市公共安全、居民身体健康以及企业自身运营可能造成的影响，笔者将生产系统和生活系统的循环链接划分为有益链接和有害链接。有益/有害循环链接直观上是指有益/有害的循环链接，显然这是一个非常模糊的概念，很难给出一个非常准确的概念界定。从损益视角对生产系统和生活系统循环链接的分类看似明确但实则非常困难，这是因为从构建生产生活系统循环链接机制的出发点而言，循环链接的初衷是节约资源、清洁生产，显然是有益于城市发展的。然而，这种跨系统的循环链接系统由于涉及利益众多，一方面很难从全体利益相关者层面保证利益不受损失，另一方面如果缺乏完善的监管机制，可能导致有益的循环链接产生有害的影响。

（二）循环链接关联机制及社会认知

综上所述，生产系统和生活系统的循环链接路径走向所产生的深层次社会影响和社会效应不容忽视。在此，本书仅从宏观和微观两个层面进行概略分析：

1. 宏观层面

按照利益涉及相关主体性质，可以把相关主体抽象为生产者（生产系统）、消费者（生活系统）、环境，在原始状态下，即不存在两个系统循环链接的状态下，即是循环经济发展初期常见线性发展模式（见图3-9）。

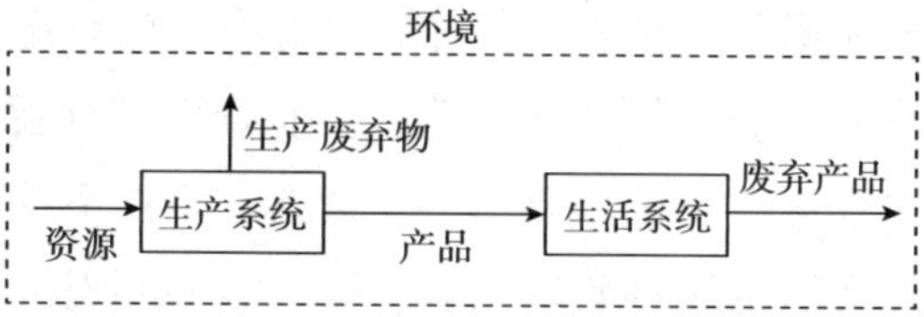

图 3－9　生产系统和生活系统关系初始状态

生产系统通过从外部环境流入资源形成产品并流入生活系统，同时产生生产废弃物排入外部生活环境，同时生活系统消化流入的产品“冗余”，并形成废弃产品进入自然环境系统，这里的自然环境系统是广义上的解释。显然随着生产能力不断提高和需求不断增加背景下，资源的稀缺性和环境自净能力限制下，外部环境能够提供的物质供给和生态承载力将不断下降，进而发展趋缓进而停滞。

当通过构建生产系统和生活系统循环链接机制以后，也就是当今循环经济最典型单一循环系统发展模式（见图 3－10）。

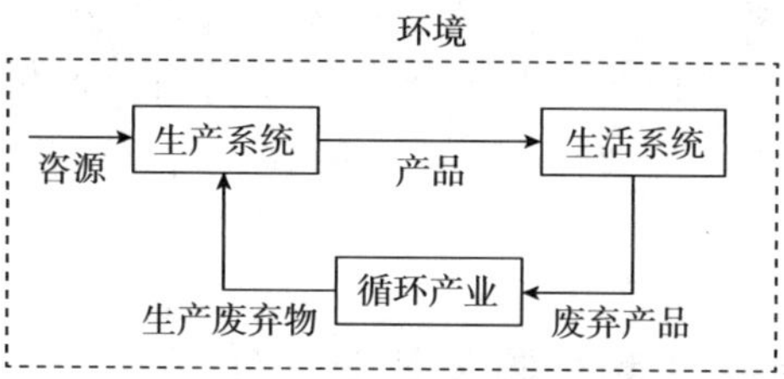

图 3－10　生产系统和生活系统循环链接机制

可以看出，生产系统和生活系统循环链接机制与资源循环利用模式具有很大的相似性，即通过资源循环利用提高资源利用效率，进一步降低自然环境损害，但跨系统的循环链接机制主要针对的是系统内部难以再循环利用的废弃物种类以及由于产能增加导致系统内部消化能力不足而产生的废弃物存余。

从宏观层面来看，生产系统和生活系统循环链接机制的构建能够在现有系统内循环利用基础上，进一步减少城市活动产生废弃“冗余”、降低对自然生态环境的影响。就社会影响而言，通过延伸生产系统和生活系统循环产业链也能够增加社会就业、促进和谐社会发展等，这无疑是有益的。

2. 微观层面

区别于宏观层面强调“循环”，微观层面的循环链接更加关注生产要素的“链接”。其生产要素链接的目的是为“经济利益”而循环，而对这种循环链接可能产生的社会效应和公共安全问题缺乏必要重视和技术检测。

针对这种强化“经济利益”的生产系统和生活系统的循环链接，尤其是牵扯跨系统链接时，不可回避的是链接节点以及链接路径的选择，这里仅分析由此可能引起的损益影响，对于链接节点路径将在下一节详细阐述。

从目前的实际案例和研究进展来看，在微观层面的生产系统和生活系统循环链接不良影响主要表现为再生资源质量不合格、资源浪费、法律法规不健全等。更具体地说，如涉及因缺乏对再生材料及相关添加试剂完善的质量安全检验标准导致生产的产品、混配原生再生资源冒充原生资源在市场销售、提前报废设备/废弃产品导致资源浪费、循环链接企业缺乏规范化管理和整治等（穆献中等，2018a，2018b）。

专栏3-1 有害链接案例——校园“毒跑道”事件

2014年以来，全国各地多起学校发生“异味塑胶跑道造成学生流鼻血、过敏、头晕、恶心等症状”事件。据不完全统计，“毒跑道”至少波及江苏、广东、上海、浙江、江西、河南6省份，具体城市则多达15个。本来应该是增强学生体质的场地，却成为损害孩子健康的“武器”。记者调查发现，“毒操场”“毒跑道”之所以一路“绿灯”查不出来，其背后是劣质产品盛行、低价中标、违规施工、标准缺失、验收不严，相关环节的监管形同虚设。更为重要的是，在多地集中出现“毒操场”事件后，却鲜有人被问责。

目前对于“毒跑道”产生来源的说法并不完全统一。主要由于聚氨酯跑道需要的原料多，生产铺设环节也比较多。基本原料是聚氨酯双组分（A、B）胶水，施工时按一定比例将A、B两种胶水混合，并加入黑色颗粒，铺设过程中还会使用溶剂。由于使用的双组分胶水、黑色颗粒和溶剂涉及多种化工材料，因此几乎每个部分都有出问题的可能。目前，普遍认同的是，“毒跑道”引发学生流鼻血、咳嗽和皮肤过敏是游离TDI（甲苯二异氰酸酯）造成的，而聚氨酯跑道普遍是TDI型，其胶水A成分是聚醚和TDI反应形成的预聚体。如果反应不充分就会有游离TDI存在。TDI被国家列为职业高级危害的化学物质，是有毒致癌物，对眼睛、呼吸道和皮肤都有刺激。

更为严重的是，有毒物质可能远不止这些。因为废旧橡胶的加工过程难以把控加上很多有害物质是没有气味的，利用再生橡胶生产的跑道产生的具体影响很难及时发现和准确预防。

可以看出，尽管从宏观层面来看跨系统循环链接是有益的，但在微观实施层面由于不当操作和缺乏科学合理的规划以及监管约束，导致循环链接可能产生诸多不利与城市健康发展的有害影响。

在实际工作实践中，生产系统和生活系统循环链接走向选择以及路径优化所产生社会效应更深层次的原因，在此不作过多阐述。

本章小结

本章分析了生产系统和生活系统循环链接的基本内涵以及共性和差异性特征，在梳理生产系统、生活系统、循环链接等相关基本概念基础上，探讨生产系统和生活系统要素冗余及特征。同时，基于两系统间物质、能量流动的相互依存关系，探讨生产系统和生活系统间的强循环链接和弱循环链接、正向循环和逆向循环、有害循环和有益循环内涵及其路径设计。

本章主要研究内容及结论要点如下：

（1）首次明确给出生产系统和生活系统内涵界定，在对生产系统和生活系统的共性特征（系统性、动态性、区域性、开放性）进行系统阐述基础上，也对生产系统（层次性、突变性）和生活系统（要素稳定性）差异性特征进行了对比分析。

（2）系统阐述了生产系统和生活系统循环链接构建及其相互作用关系，分析了要素多元、结构多层以及组分共生等特有属性，尤其对其要素多元体现的结构复杂性，结构多层呈现的系统复合性，组分共生所体现的集群效应进行了系统阐述。

（3）针对生产系统和生活系统循环链接的不同阶段发展目标，提出了“强循环链接”和“弱循环链接”，特别阐述了“强循环”具有积极、正面、有益的资源利用特征，弱循环偏重于探索和实践。

（4）结合国家循环经济行动计划对生产系统和生活系统循环链接发展要求，界定了正向循环链接和逆向循环链接的基本概念，其中正向链接以提供产品和资源增值为主，逆向链接以废旧产品回收拆解和资源回收利用为主。

（5）结合循环经济发展出现的一些重大社会影响问题，提出了有益循环链接和有害循环链接的分类标准，并从宏观和微观层面的不同认知进行了分析。

第四章

生产系统和生活系统循环链接管理理论体系

生产系统和生活系统循环链接是一项复杂的系统工程，其研究方法既涵盖诸多学科领域，也有内在规律可循。本章在前述文献综述和概念界定的基础上，系统阐述循环经济发展的三个“递阶”及其内在机理演化，构绘了中国循环经济不同时期三大创新发展模式，提出了中国数字循环经济创新发展模式。在此基础上，以系统科学和资源科学研究视角，结合生产系统和生活系统循环链接所涉及的系统构建、综合评价、过程优化及设计需求，针对弱循环状态下生产系统和生活系统链接系统设计和管理机制进行了重点阐述。

一、循环经济系统演化机理及创新发展模式

20 世纪以来，伴随多次全球性资源危机和区域性环境污染严重状况的发生，人类可持续发展模式一直被广大有识之士和学界精英所关注。在这种时代背景下，循环经济作为人类可持续发展的最重要经济模式之一，自 20 世纪 60 年代被提出以来，来自世界不同专业领域专家、学者和产业界

精英，从不同专业研究视角，不断探索并系统完善循环经济的发展模式及其理论框架。基于此，笔者应用生态经济和行为科学原理，系统阐述循环经济不同时期的“递阶”发展内涵，主要包括初期生产系统循环链接、弱循环状态下生产—生活系统循环链接、强循环状态下生产—生活系统循环链接等；同时尝试用“物质代谢”和“功能消解”形意图分析其内在运作机制和功能演化机理。在此基础上，结合中国循环经济发展历程，构绘中国循环经济从理念型到生产实践型，再到生产—生活系统循环链接型和数字型循环经济交互创新发展模式，以为后续理论研究做好铺垫。

（一）循环经济系统演化机理

1. 早期生产系统循环链接

21 世纪初，是我国循环经济发展的早期阶段，当时由于认识或出于用循环经济装饰“门面”的考量，把循环经济发展仅定位在企业生产活动层面，甚至出现了“循环经济是个‘筐’，循环不循环为了利益都要往里装”的认识误区。基于这种社会认知，早期循环经济生产方式不仅没有起到生产系统冗余“自我消解”作用，还在部分城市和乡村引发了垃圾如山、废水外溢、恶性循环等一系列环境污染问题。

早期循环经济发展的循环链接主要动力来自微观主体自身行为，参与者也主要是生产型企业，且驱动循环链接的动因大多是成本因素或社会压力等，导致链接的效率较低且参差不齐、循环路径大多不完整，循环对象也通常围绕经济价值较高的稀贵原生资源、副产品，以及社会危害较大的“危废”等，造成低附加值类型或处理成本较高的废弃物堆积，形成系统冗余，并由此产生不良综合社会、环境影响。而且，该类影响往往难以评估，加上缺乏完善配套的法律法规，因而不确定性风险极高。此外，早期循环链接模式往往只出现在生产系统的局部，或者产业链的部分环节，因而真正实现循环利用的资源种类和数量十分有限，生产原料仍然以原生资源为主，主要循环链接的类型以末端治理为主，循环利用为辅，所以并没有从根本上缓解资源瓶颈约束（见图 4－1）。

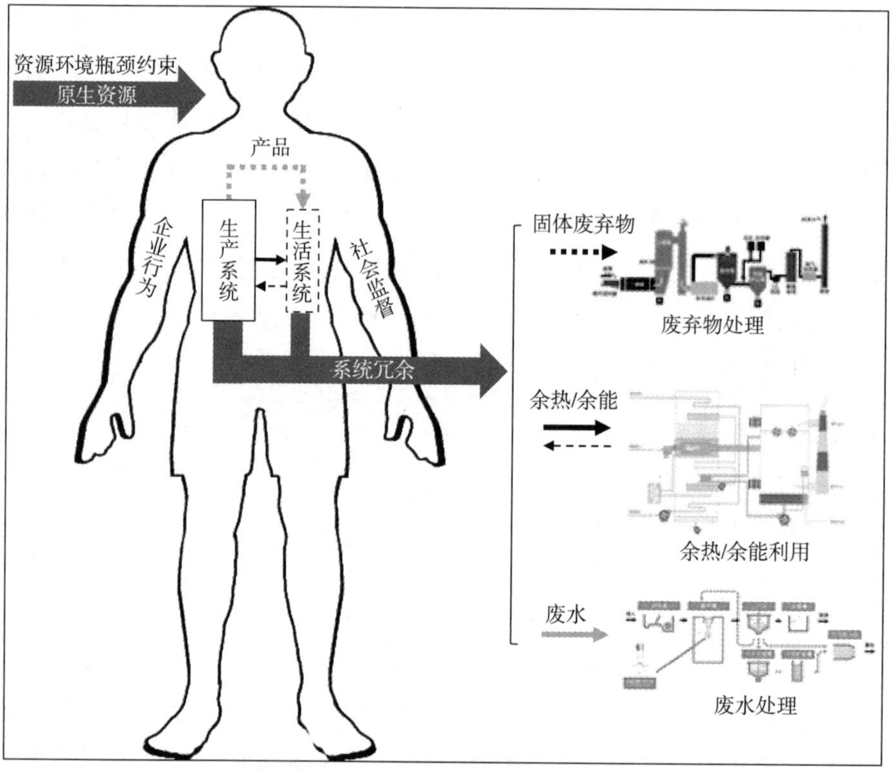

图4－1 早期经济发展模式下的生产系统

尽管如此，随着企业责任和社会监督力度的不断加大，技术不断完善，以及管理经验的不断积累，初期生产系统循环链接逐渐发展呈一定规模，形成了一些相对成熟的良性循环链接模式和案例，如工业园区和生态产业链等，并在末端处理、清洁生产到稀贵原生资源回收利用等领域形成相对完整的业务链条。

2. *弱循环状态下生产—生活系统*

随着早期循环经济发展集中的生产企业循环链接模式的不断完善，高附加值资源回收利用市场趋于饱和，循环再生产业产能过剩、循环技术模式单一、循环效率低下等问题不断暴露，因此一些专家、学者开始尝试探索生产系统与其他系统的循环链接模式。

生产—生活系统循环链接是生产系统内循环链接系统外延的发展模式之一，而弱循环状态下生产—生活系统循环链接则是生产—生活系统循环链接的初级阶段，是由早期循环链接系统向生产—生活系统循环链接转型的过渡阶段。在这一时期，两个系统间基于物质、能量、信息流的循环路径开始出现，并逐渐形成一定规模的循环路径网络。生产企业和家庭部门逐渐参与到两个系统循环链接活动中，上下游循环链接链条逐渐完整。与此同时，国家相关法律政策逐渐完善，开始出现自上向下的、具有一定规划性质的循环链接引导和发展计划。

与此同时，在全社会层面，物质循环在原有的单向（正向）循环链接路径的基础上，开始出现逆向链接，部分废弃资源开始得到利用，促进了社会系统内部冗余减少。循环再生资源类型逐渐丰富，再生资源开始进入资源市场，缓解了资源环境瓶颈约束。由于生活系统逐渐参与到全社会物质循环中，社会监督机制得到加强，政策调节的重要作用不断凸显，推动着配套设施、法规、标准不断完善、实施和强化。同时，信息技术开始与实体循环产业结合，企业、产业级数据库构建逐渐完善，为相关政策和决策提供支持。

然而，由于该时期仍属于生产—生活系统循环链接的过渡阶段，弱循环状态下的生产—生活系统存在的主要问题在于循环链接路径的优化设计、效率提升以及不确定性风险的识别和规避。一方面，弱循环状态下生产系统与生活系统循环链接属于社会层面物质循环利用的初期和探索阶段，因此相关的经验相对不足，导致在生产责任归属、生产标准制定、市场监管、政策激励等不完善，增加了相关管理风险；而技术的不确定性增加了技术风险。另一方面，弱循环状态下生产企业仍然是推动社会层面物质循环利用的主体，因此经济利益仍然是主要驱动力，因此无论是市场利润还是政府补贴，不可避免地存在由于企业逐利行为而导致的社会不良事件。弱循环状态下生产系统与生活系统循环链接如图 4－2 所示。

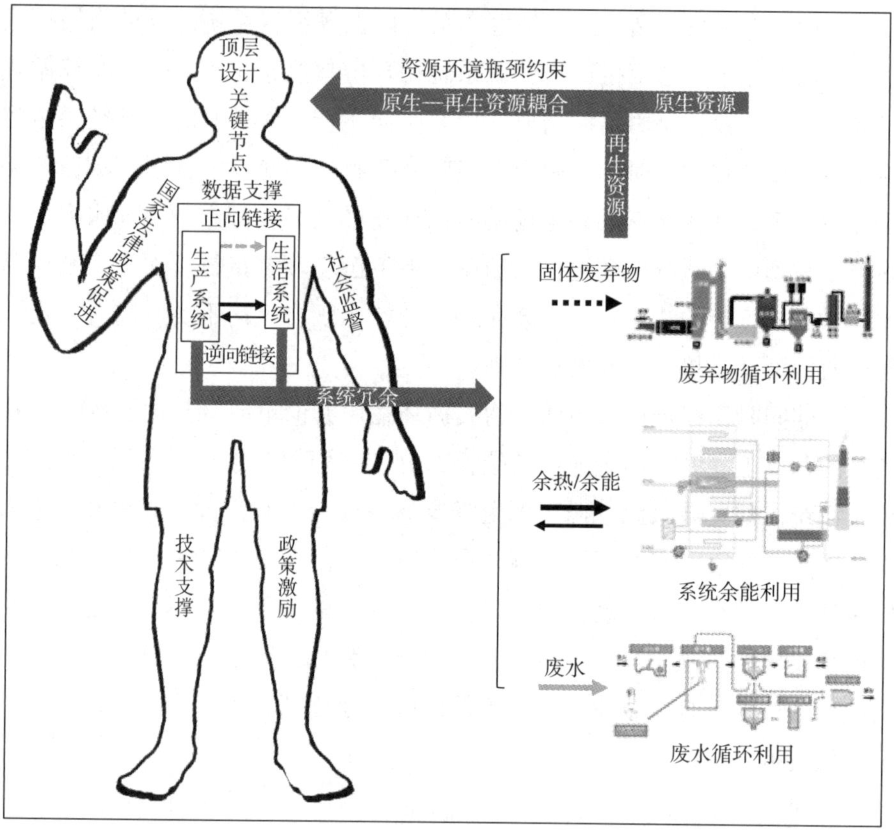

图 4-2　弱循环状态下生产系统与生活系统循环链接

3. 强循环状态下生产—生活系统

强循环状态下生产—生活系统循环链接是弱循环状态下生产—生活系统循环链接进一步发展后得到的全社会层面物质循环利用模式，其本质上是弱循环状态下两系统循环链接持续优化的结果，也是目前技术水平和理论认知范围内的理想型资源循环利用模式。

所谓“强循环”是指生产—生活系统循环路径的效率和强度达到满意的发展状态。在这种发展状态下，物质在“资源→产品→废弃物→再生资源”的循环路径流动过程中，所有资源都能够得到高效的循环利用，也就是能充分发挥物质的“载体”功能，生产消费服务呈现完全“非物质化”状态，从而实现在一定需求水平下，人类活动对环境影响最低，并不再增加新的环境负担（见图4－3）。

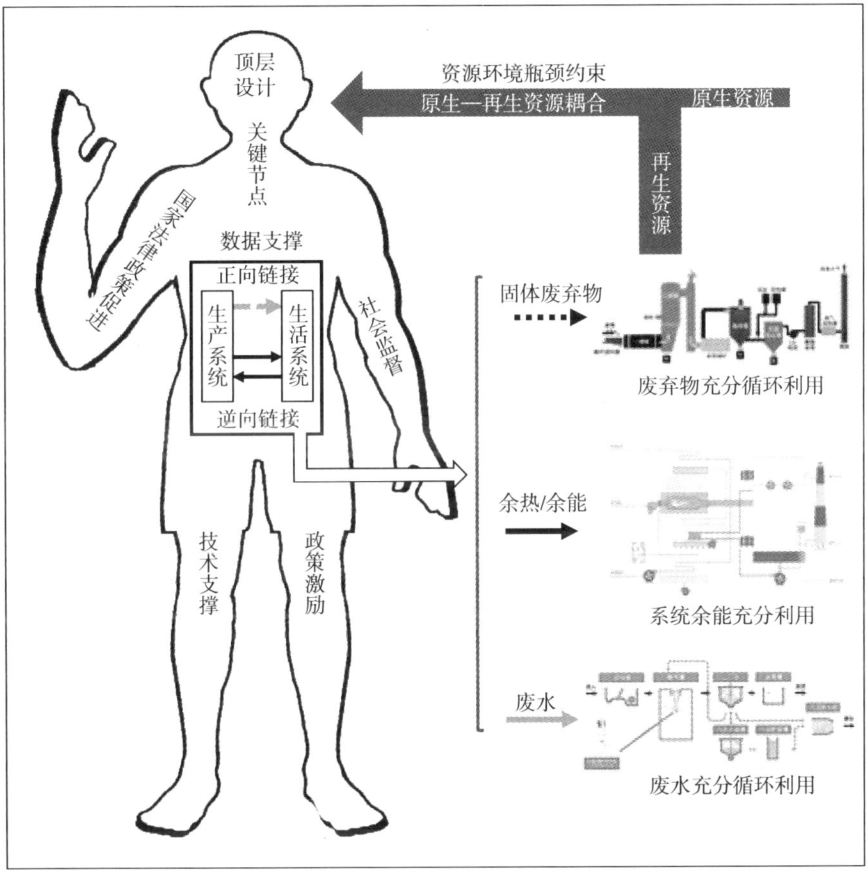

图4－3　强循环状态下生产系统与生活系统循环链接

可以看出，相较于弱循环，强循环状态下生产—生活系统循环链接的显著区别在于系统冗余的“消除”。因此，生命周期的概念在强循环状态下的两系统循环链接得到重视。与此同时，经过“弱循环”发展的积累，相关生产标准、法律制度已相对健全，因此管理不确定性、技术不确定性降到最低。显然，强循环状态下的生产—生活循环链接是建立在成熟的技术与管理水平和自然基础之上的。与此同时，信息技术与循环链接系统深度融合，大数据分析、物联网、人工智能等现代数据信息技术渗透到循环产业链全过程，实现生产系统与生活系统的强循环链接。

当然，从目前来看，强循环状态下的生产—生活系统循环链接模式过于理想化，短期内实现不够现实，并且随着理论和科技的不断发展而不断变化，因此是一个非常“模糊”“不明确”的概念。所以，强循环状态更多的是作为生产—生活系统循环链接发展的方向。

本书主要是针对弱循环状态下的生产—生活系统循环链接展开讨论①。

（二）中国循环经济创新发展模式②

综上所述，纵观中国循环经济二十余年发展历程，笔者在此提出中国循环经济四类“代际”“递阶”创新发展模式，即理念型循环经济、生产型循环经济、生产—生活系统循环链接型循环经济、数字型循环经济等（图 4 – 4）。

1. 理念型循环经济发展模式（1.0）

尽管循环经济相关理论的提出和进入中国可以追溯到 20 世纪 60 年代，但中国正式开始实施循环经济模式则是 1996 年国家经贸委、财政部、国家税务总局提出的《关于进一步开展资源综合利用的意见》。在这一时期，中国循环经济的重点主要是应对经济增长过程中资源消耗高、利用率低，废物综合利用和无害化处理程度低等问题。循环的对象主要包括：在矿产资源开采过程中对共生、伴生矿进行综合开发与合理利用；生产过程中对产生的废渣、废水（液）、废气、余热、余压等进行回收和合理利用；社

---

① 本书后续构建的循环链接理论及方法体系特指弱循环状态下的生产—生活系统循环链接。特此注明，后文不再赘述。

② 需要说明的是，在此所提发展理念型、生产型、生产—生活系统循环链接型以及数字型循环经济创新发展模式，仅是笔者相关研究工作的学术认知。目前而言，在中国循环经济发展历程中尚没有明确的发展节点以及判定标准。

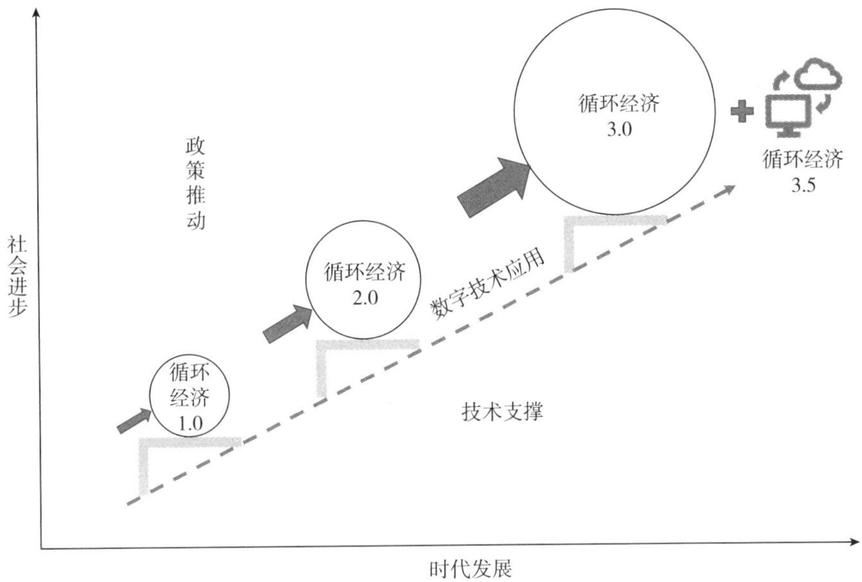

图4-4　中国循环经济创新发展模式

会生产和消费过程中对产生的各种废旧物资进行回收和再生利用等。

综上，中国理念型循环经济发展模式（1.0）逐渐从生产、生活过程的末端治理转移到“提高资源利用效率，减少和避免污染物的产生，保护和改善环境”的发展目标，被动应对生产过程的环境影响的处理方式转变为主动改善管理模式、优化生产流程等方式，从源头消减污染、提高资源利用效率、减少或避免生产过程中污染物的生产和排放，鼓励和扶持企业积极开展资源综合利用。相应地，中国理念型循环经济阶段的中国循环经济发展理念性质的探索多于实践，参与形式多依赖于企业自发参与，缺乏必要的保障机制和生产标准。

2. 生产型循环经济发展模式（2.0）

中国生产型循环经济发展模式（2.0），始于2008年中华人民共和国第十一届全国人民代表大会常务委员会第四次会议通过的《中华人民共和国循环经济促进法》，其主要标志是3R原则［减量化（Reducing）、再利用（Reusing）、再循环（Recycling）］的提出。这一时期，针对循环经济发展的配套法律法规、生产标准、管理条例开始完善，对于工艺、设备、产品、包装设计等资源消耗和废物产生、环境影响、潜在风险等的界定逐步明确，并通过产业结构调整和区域经济布局，推动促进企业资源高效循环和综合利用。

相较于理念型循环经济发展模式，中国循环经济2.0模式的发展重点主要集中在生产领域①，并开始着手构建具体的资源消费路径、利用模式、回收体系和适配的激励措施。同时，循环经济的重点范围逐渐从生产、末端环节延展到全产业链，发展重点由高附加值资源的再生利用逐渐推广到社会综合资源，参与模式也由企业自发参与转为政府宏观调控，但这一时期中国循环经济仍主要集中在生产系统。

3. 生产—生活系统循环链接型循环经济发展模式（3.0）

中国循环经济发展正式进入生产—生活系统循环链接型循环经济创新发展模式，其主要标志是国家《循环经济发展战略及近期行动计划》（2013）和《循环发展引领计划》（2017），而2017年10月召开的党的十九大，更是把实现生产系统和生活系统循环链接作为推进中国绿色发展国家战略举措。

相较于生产型循环经济发展模式，生产—生活系统循环链接型循环经济创新发展模式更加注重绿色循环低碳产业体系和城镇循环发展体系的建立，强调在继续完善生产系统循环发展模式的基础上，将以城镇为代表的生活系统纳入到循环经济体系中，促进生产系统和生活系统在能源共享、水循环、废弃物协同处理等方面的循环链接，构建城市循环发展体系，实现全社会的资源综合利用和绿色生态转型。同时，在推行生产者责任制度、促进再生资源回收利用提质升级、资源循环利用技术创新、强化循环经济认证和绿色信用管理等方面，循环经济创新发展的3.0模式有了更加

① 这里生产领域的含义，不仅包含狭义上以企业为主体的生产活动，而是从生产系统为关注视角，包括生产企业在内所有生产系统和生活系统所有要素的流动过程。

明确的制度保障。

4. 数字型循环经济发展模式（3.5）

20 世纪 90 年代中期，随着互联网技术的诞生，数字信息技术得到了快速发展和社会化普及，与之相适应，数字信息技术在中国循环经济不同“递阶”发展阶段也发挥了极大的助推作用。近年来，伴随中国国民经济的稳步发展，大数据和智能信息化技术也已进入到中国社会生产和百姓生活的方方面面。展望中国经济发展态势，庞大的经济体量、网民和智能手机用户群体基数成为我国发展数字循环经济的有力条件，数字红利逐渐取代人口红利和开放红利成为我国国际竞争的比较优势。

基于此，笔者提出数字型循环经济创新发展模式（3.5），暂作为中国生产—生活系统循环链接型循环经济的升级版。其基本内涵是，依托现代信息技术对传统循环经济产业进行全方位、全角度、全链条改造，以移动支付、5G 通信技术、人工智能物联网络、大数据分析、区块链等为代表的新一代信息技术与实体循环经济产业深度融合，在资源全生命周期精准减量、智能分类回收、清洁增值利用、智能精深拆解等领域取得重要进展，推动了我国循环经济进入 3.5 创新发展模式的发展。

需要说明的是，数字型循环经济尽管不是一种面向对象的循环经济创新发展模式，但现代数字技术对中国循环经济发展确实起到了巨大助推作用，甚至可以说现代数字技术所带来的技术革命对中国循环经济发展是一场“更新换代”。另外，现代信息技术一直是中国循环经济发展重要技术推手，只是在不同阶段所发挥的作用有所不同而已。笔者认为理念型循环经济（1.0）大多是描述性指标，即物质流、能源流路径定性描述，其数字技术应用只是“节能、减量”指标测算，实际生产过程中“效率”涉及不够；生产型循环经济（2.0）在一定程度上局限于生产系统本身，其数字技术应用基本还是指标性测度评价和监测，如资源消耗强度、废弃物排放强度、废弃物回收利用率和污染物处置率等。

在生产—生活系统循环链接型循环经济发展的今天，循环经济系统要素指标日趋复杂，单纯指标性测度和阶段性评价已无法满足实际发展需要，而应运而生的大数据技术和智能网络技术极大地促进了数字型循环经济的发展，如全生命周期实施方案的“数字化”设计、工艺流程的“瞬时”优化以及动态“三流”（物质流、能源流、信息流）的效率计算等。在产业链延伸和数据信息管理方面，数字循环经济在产品全生命周期过程具有更高的公众参与度、信息透明度和责任明晰度，通过信息交互、资源共享、精准控制等创新管理方式，有效提高资源利用率和回收效率。

二、循环链接管理理论框架

基于上述学术认知，本章试图构建弱循环状态下的生产—生活系统循环链接管理理论架构。

生产系统和生活系统循环链接是对生产系统—生活系统之间物质、能量、信息流动路径进行研究，探索构建两系统基于“三流”的高效对接、关联和协调的可行性和实现方案，以实现资源的高效循环利用，其本质是对资源循环机理由生产系统内部循环扩展到系统间循环，乃至社会大循环的模式延伸和推广。就研究对象而言，早期生产系统的循环链接本书不作过多涉及，而侧重研究弱循环状态下生产系统和生活系统链接系统设计和管理机制，即在当前城市生产系统内部资源循环利用理论与实践基础上，研究视角从企业、产业内部延伸到全社会、跨系统层面，这一研究的意义不仅在于城市资源循环模式的升级，更在于探索循环经济新的增长空间和发展模式。显而易见，这项研究依赖于全面的理论支撑和创新的研究视角。

（一）本章研究视角

本章尝试构建生产系统和生活系统循环链接管理理论体系，首先提出生产—生活循环链接系统理论框架，然后在后续章节中依次展开各部分理论阐述和方法介绍。在本章的构架描述中，从系统观点出发，将生产系统和生活系统循环链接理解为生产系统和生活系统通过协同耦合的方式形成更高层级复合循环系统。笔者认为，生产—生活循环链接系统是循环经济理论与实践发展到一定阶段的自我深化和学科内涵拓展，其本质是循环经济的模式延展和继续完善，是资源循环利用由小及大地不断推广。

值得注意的是，生产系统和生活系统循环链接研究尽管仍属于循环经济的研究范畴，但其更加侧重于生产—生活子循环系统内部和系统间的“链接组合”以形成由小循环、中循环向大循环的复合大系统，即生产系统和生活系统两个子系统间的跨系统对接。这不仅涵盖降低子系统内部资源循环冗余，还包括系统间的资源循环配置，实现大系统整体的资源高效利用。例如，子系统间的路径设计、效率优化、价值评估等一系列研究，以实现生产循环系统与生活循环系统高效对接。

显然，上述观点包含了两种管理科学研究视角的有机融合，即“自上而下”和“自下而上”研究视角。其中，“自上而下”研究视角从整个区域循环大系统出发，将区域内的生产系统和生活系统视为其子系统，因而生产系统和生活系统的循环链接应当包含两个系统间基于物质流、能源流以及信息流的接口对接、链接路径的设计、评价和优化；“自下而上”研究视角则从生产系统和生活系统出发，将两系统的物质流、能量流以及信息输入输出按照供需关系和功能定位进行配置和协调，构建两个系统间的协同耦合关系，因此侧重链接机制的解析和技术路径的实现（见图4－5）。

具体来说，“自上而下”的研究视角更侧重对生产系统和生活系统的模式对接匹配、资源优化配置、路径结构优化进行研究，因此其管理理论体系以综合评价、资源优化配置为主要支撑，其目的在于对从宏观层面，对循环大系统内部的资源配置、代谢路径、循环效率等目标进行研究。这一分析模式更加注重对“资源”层面的研究，因此从宏观政策分析来看，

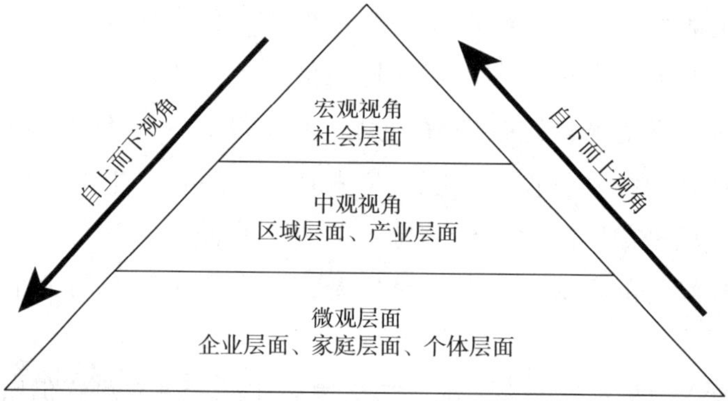

图4-5　生产系统和生活系统循环链接研究视角

“资源”层面的分析结论也更具参考性。例如，城市层面生产系统和生活系统循环链接的宏观研究，以钢铁、铜、煤炭、石油、天然气等资源为研究对象的分析能够为决策者提供参考。而具体到家庭、企业个体的资源消费行为分析往往不过多涉及，这是因为从宏观层面来看，家庭、企业个体的资源消费行为尽管在个体间存在区别，但根据大数定律的思想，大量个体的宏观表现是具有一定的稳定性状的。

此外，无论从数据可得性、研究可行性还是分析结果的可读性来说，将研究的精确度细化到具体的产品、消费者是不现实的。就两系统的循环链接来说，这种自上而下分析的一个重要切入点是基于物质（资源/元素）流的分析，即基于工业生态学的理论框架，将流经生产/生活系统的物质（资源/元素）流进行规划、整合和链接。自上而下的研究视角和研究理论方法体系得益于气思路直观且易于操作，因此目前发展相对成熟完善，尤其以工业生态学等为代表的理论方法体系提供了很好的基础支撑，目前对于两系统循环链接的重点在于实现两系统间基于物质（资源/元素）流的正向、逆向对接，以及链接路径的资源利用效率评价等方面。

“自下而上”研究视角与“自上而下”研究视角相比较而言，前者更侧重个体单位资源利用行为和偏好对整体系统资源循环利用模式的影响和作用机制，多基于因果逻辑关联以及大量微观主体行为方针模拟宏观系统整体特征和行为，因此其管理理论体系以系统科学和复杂系统理论为主干，结合多门类学科，相对灵活多变、复杂多样。具体到生产系统和生活系统的循环链接研究中，“自下而上”研究包含生产系统内部个体对于循环链接过程中涉及的资源循环利用生产行为、生产意愿、生产技术以及行为道德等，生活系统内部个体对于循环链接过程中涉及的资源消费行为偏好、公众意识等，还包括链接环节的参与者的行为、技术等。可以看出“自下而上”研究视角更加微观细致，其基本思路是首先对个体行为、意愿等方面的分析模拟，其次通过大量差异化个体进行宏观反应得出整体系统的一般特征。其优势在于分析的结果更加贴近现实，更易于揭示系统本质，从而有利于政策指导，但这一优势得以充分发挥的前提是个体行为分析的准确性以及大量个体间行为影响关联及反馈的准确表达以及个体行为细节描述数据的详细记录。在目前循环经济领域研究中，“自下而上”研究多集中在生产系统资源循环利用和废弃物处置中，分析粒度能够达到行业、企业，甚至生产单元，以分析企业资源循环利用效率及企业对再生资源的接受程度和支付意愿等，采用的分析手段包括系统动力学模型、基于主体建模等。在生活系统中，限于家庭数据的可获得性和准确性，“自下而上”研究相对薄弱，以家庭消费行为等较为多见。而在生产系统与生活循环链接的研究目前尚处于空白阶段，较为常用的理论方法体系包括系统工程、系统动力学、系统模拟仿真等。

在研究过程中，两种不同的研究视角并没有优劣之分，应当根据不同的研究目的和研究基础，采取不同的研究视角进行研究。相对来说，得益于较为直观、易于理解的研究思路，目前“自上而下”研究视角对国内循环经济研究者的接受程度较高，大量的相关研究也多基于这一视角开展。而“自下而上”研究视角由于较高的数据要求和操作门槛，因此相关研究相对薄弱。随着近年来研究理论不断成熟，分析方法、手段不断完善，越来越多的研究开始集中于“自下而上”的循环经济系统模拟和行为分析。

在本书对生产系统和生活系统的循环链接研究中，既涉及了宏观层面的循环链接分析，也包含了微观层面的系统对接和系统行为学研究，因此这两种视角的分析理论方法体系本书均有涉及。

（二）理论框架

根据生产生活系统循环链接的研究对象和研究内容，其理论体系不仅包含了可持续发展理论、生态经济理论、资源经济理论、循环经济理论等传统经济理论，还涉及诸多复杂系统科学、资源优化配置理论、生态价值评估理论等理论，因此是多学科理论交叉的复合理论体系。根据笔者认知，生产系统和生活系统循环链接本质上是探究当前我国城市发展进程中生产系统的内在循环系统与生活系统的内在循环系统对接路径和链接机理。因此从学科内在属性来看，其核心研究目标在于生产系统和生活系统间基于资源、能源、信息流动的路径“优化配置”以及系统间的“协同”匹配问题，以实现更高层次的循环配置。这其中不仅需要分别对生产系统和生活系统流入端和流出段的资源流种类、流量、入/出口、效率等进行分析，还需要两个系统间的匹配以实现大系统协调一致的问题。所谓“协调一致”，即在实现资源两系统间循环基础上，将两系统间由于供需不匹配、配置不合理、路径不科学等造成的资源浪费、冗余力求降到最低，构建整体系统自发、高效、顺畅的资源循环利用模式。毫无疑问，这依赖于多学科、多领域的理论方法支撑和模式机制创新。

总体来看，生产系统和生活系统循环链接研究的理论基础一方面来自生态经济、资源经济、循环经济的研究范畴，另一方面来自系统科学的研究范畴。当然，基于不同的理论视角和研究背景，不同领域的学者可能提出不同角度的见解，以上理论框架本书是笔者根据自身研究工作和经历总结的。此外，在一些具体问题上可能还牵扯其他学科的研究，如区域经济、工业生态等基础学科还有技术经济、运筹学等方法学科，考虑篇幅所限本书不详细阐述。

本书从生产系统和生活系统内部循环及两系统正向循环发展相对成熟的现实状况出发，试图基于系统理论视角探究两系统逆向循环路径可行性，以实现生产系统和生活系统完整循环链接。在明确生态经济/资源科学/循环经济的研究理论体系基础上，尝试深层次系统科学理论方法的结合，从资源配置、价值评估、系统优化三个方面对两系统建立完整循环链接。在对两系统循环链接机制探讨和分析过程中，本书侧重于对链接机制本身的驱动机理、激励约束机制以及链接路径优化和评估等方面的分析，因此一方面对两系统循环链接的驱动根源和形成理论进行研究，例如可持续发展和绿色清洁发展背景下城市循环经济发展模式的拓展探究；另一方面则侧重于当前环境下两系统循环链接机制构建的可行路径分析。

本书尝试对城市生产系统和生活系统循环链接理论方法进行深入探讨，以可持续发展理论、资源经济学、生态经济学以及循环经济学等学科理论为参考，结合其系统属性和特征运用系统科学理论方法进行深入分析，初步构建了生产系统和生活系统循环链接管理理论和运行机理。

综上所述，生产系统和生活系统循环链接理论框架及其研究脉络可用四层塔型图表示（见图4－6）。

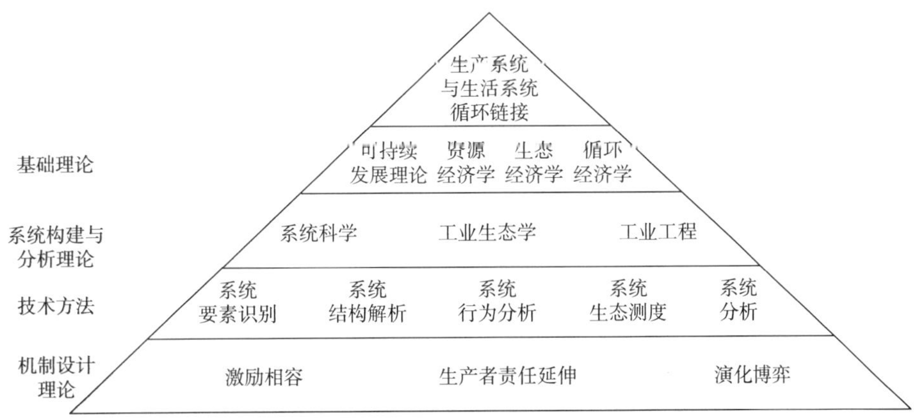

图4－6　生产系统和生活系统理论框架

本书将生产系统和生活系统循环链接理论框架分为四个层次：

首先，基础理论，包括可持续发展理论、资源经济学、生态经济学以及循环经济学理论。该层次理论主要形成生产系统和生活系统循环链接理论基础，阐述生产系统和生活系统循环链接出现的理论背景、发展进程、核心理念以及基本研究范畴。

其次，系统构建与分析理论层次，主要包括系统科学、工业生态学以及全生命周期评价理论，也是本书主要研究分析方法论。从系统科学视角出发，对生产系统和生活系统循环链接的系统学机理进行解析，运用工业生态学方法理论对两系统循环链接基于“流”的路径进行分析，并从全生命周期视角进行评价。

再次，技术方法层次，包含系统要素识别、系统结构解析、系统行为分析、系统生态测度以及系统分析。该层次为本书主要分析方法体系，基于基础理论框架，对生产系统和生活系统循环链接研究过程中的具体方法进行阐释，该部分将在第五章重点介绍。

最后，机制设计理论层次，包括激励相容、生产者责任延伸以及演化博弈理论，主要用于支撑两系统循环链接的路径设计和机制设计方面的研究。

三、循环链接基础理论

就发展形态而言，生产系统是人类得以生存的必要手段，生活系统是人类存在的载体，两者之间本来就是人类不同视角下的“命运共同体”。无论是生产系统还是生活系统，其最终目标都是为了发展，而发展前提是自然资源合理配置、有效供给以及适宜的自然生态环境。从学科研究而言，生产系统和生活系统循环链接与可持续发展理论、资源经济学、生态经济学以及循环经济学具有重要的承载关系，也是循环经济学科研究的延伸。

（一）可持续发展理论

生产系统和生活系统循环链接的基础和目标是实现可持续发展。尽管目前学术界尚未就“可持续发展”形成普遍认同的定义，但“既满足当代人需求，又不损害后代然满足其自身需求的能力”的理念还是被广泛认同的（张晓玲，2018）。显然，生产系统和生活系统循环链接系统的构建也是服务于这一目标的。

可持续发展理论的起点普遍认为是在1987年世界环境与发展委员会（WCED）的报告《我们共同的未来》，但其理念的提出和内涵的探讨自1962年Rachel Carson的著作《寂静的春天》便已产生。对于可持续发展理论的探讨和发展大致经历了三个时期：

（1）前斯德哥尔摩时期（1972年以前）。

这一时期，环境限制和发展的可持续性开始逐渐引起重视，环境保护的概念逐渐走上政治舞台。一方面，发展的代际公平和环境承载力的概念初步产生，人类活动导致的资源退化和经济增长放缓逐渐引起广泛的关注；另一方面，增长的不均衡性以及有害物质排放导致的健康问题引起政府重视。

（2）从斯德哥尔摩到WCED时期（1972～1987年）。

工业化发展带来的环境问题促使环境管理是这一时期的主题。与此同时，“罗马俱乐部”提出了“增长的极限”，在强调“无害环境的发展”的同时应注重自然资源对发展的约束。1980年，国际自然保护联盟（IUCN）首次尝试整合发展与环境问题，但并未提出“可持续发展”的概念。直到1987年WCED在《我们共同的未来》中提出“既满足当代人的需求，又不损害后代人满足其自身需求的能力”这一定义。

（3）后WCED时期（1987年至今）。

尽管WCED对于可持续发展的定义仍有诸多争论，但可持续发展理论自提出以来内涵不断丰富，1992年里约会议推动了可持续发展内涵更加深入、全面的研讨，引发在自然、社会、经济、科技、发展等多维度的探索。

可持续发展并不否定经济增长，而追求的是以减少经济活动外部性的，具有可持续意义的经济增长。可持续发展理论的提出在于克服人类发展需求与自然供应能力间的不匹配（Williams，2004），因此在探寻人类需求与自然供给间的平衡过程中，出现了“弱可持续发展”和“强可持续发展”两种类型。前者的核心在于“自然资本”与“人造资本”间的可替代性，后者则注重控制甚至减少人类对自然资源的索求。显然，强调资源循环利用的生产—生活循环链接系统属于“弱可持续发展”的范畴，因此增长方式应当以自然资源为基础，同环境承载能力相互协调，同社会相互适应，从而实现人与自然的和谐统一。生产系统和生活系统循环链接正是基于这一目标的。作为可持续发展理论实践的重要探索之一，生产系统和生活系统循环链接是针对人类生产活动中资源开发利用产生的环境压力，通过内部循环和重复利用的方式，构建人与自然相互适应、相互依存机制，以适应当前技术水平、社会水平和自然环境水平，协调三者关系。

目前可持续发展理论实践对生产系统和生活系统循环链接研究的主要贡献体现在四个方面：

（1）环境经济价值测算。基于经济价值评估理论，量化测算自然资源存量及人类活动造成的自然资源损耗和环境损失，作为循环链接过程中资源再生利用的环境影响、结构优化和价值评估的依据。

（2）弱可持续内涵及模式探讨。弱可持续概念的提出肯定了技术在资源替代过程中的作用，强调了技术进步对资源效率提升、环境影响降低的积极反馈。生产系统和生活系统循环链接作为一种管理技术创新，是弱可持续发展的重要实践。

（3）最低安全标准设定。最低安全标准是基于环境视角，探究人类活动环境影响的上限，即当前自然环境的生态承载阈值，以及在此设定下人类活动和自然资源配置的优化，以最大限度地保障发展的可持续性。因此，最低安全标准研究圈定了生产系统和生活系统循环链接环境影响的范围和界限。

（4）社会经济指标体系构建。可持续发展涉及经济、社会、资源、环境等众多因素指标，社会经济统计的指标体系构建保障了可持续发展的综合性和平衡性。生产系统和生活系统循环链接作为一项重要的社会资源配置和路径优化研究，脱离不开相关指标体系的选择和构建。

（二）资源经济学

生产系统和生活系统循环链接归根结底是围绕资源开展的循环利用、机制设计和路径优化研究，因此不可避免地需要涉及资源经济学理论。资源经济学是基于经济学理论，分析资源的合理配置、最优使用以及人类活动与自然环境协调等问题，主要针对人类生产、生活过程中对自然资源开发利用及其引发的经济问题进行研究，探求自然资源合理开发利用、重复利用和充分利用的可行之路。

自然资源根据取得和利用的特点分为可再生资源和不可再生资源，可再生资源包括风能、水能、地热、森林、草地等；不可再生资源主要包括各种矿藏等。按照在生产活动中的必要程度又可区分为可替代自然资源和不可替代自然资源，可替代自然资源主要指日常生活中常见的不同种类的植物、动物等；不可替代自然资源包含了专门生产或特需生产中的自然资源。

资源经济学的研究核心是资源的有效配置问题，本质是自然资源在不同用途之间以及同一用途不同使用者之间竞争使用造成的配置不当为题，显然这是一个优化问题。这也是生产系统和生活系统循环链接研究的重要研究内容之一。在生产、生活系统中的资源冗余在特定的技术条件下能够转化为资源投入，为系统内的其他生产者提供原料，如何实现跨系统的资源有效配置以提高资源利用效率、减少系统冗余正是生产系统和生活系统循环链接基于资源经济学的主要研究目标。

从资源配置来看，资源经济学的研究范畴涵盖了资源静态配置、动态配置、空间配置等多个方面，其中静态配置和空间配置是当前生产系统和生活系统循环链接的研究重点。通过同代的资源有效配置，减少环境影响，降低代际资源竞争压力；与此同时，通过合理的再生资源与原生资源的耦合配置，实现有限资源的高效利用并降低环境负载，实现可持续发展。

在传统经济体制下，我国经济是以高投入、高能耗为特征的粗放型发展模式，造成资源浪费大、环境污染严重。经济体制改革要求利用现代科学技术，使企业经济增长方式由粗放型向集约型转变，建立循环经济生产体系，使其在发展中保护资源、改善环境，促进经济和社会的可持续发展。目前，我国资源优化配置存在的问题主要包括：

（1）环境资源管理者与使用者的动机和信息不对称，环境资源的管理者无法确定环境资源使用者的最佳使用规模。

（2）不同地区、不同时期，环境资源的稀缺程度是不同的，但多数环境资源市场构成不完全，价值体现不充分，无法通过价格机制反映其稀缺程度，造成环境资源流动缓慢，甚至对流动方向判断失误，造成资源的低效或无效配置。

（3）某些特定环境资源，在实行有偿使用以后，刺激一些资源使用者个体转出部分闲置资源，提高了资源配置效率。但随着资源有偿使用范围的扩大，在市场拉动和利益驱动作用下，资源转换效率出现结构性失调，导致供给总量失控和供给结构偏差。

因此，生产系统和生活系统循环链接的主要任务是建立跨系统原生资源与再生资源配置的信息透明机制，改善信息不对称，使资源价值通过健全的市场机制有效反映。此外，构建完善的资源使用与环境责任对等体系，也是生产系统和生活系统循环链接过程中亟待解决的问题。

（三）生态经济学

生态经济学是研究生态系统和经济系统的复合系统的结构、功能及其运动规律的学科，即生态经济系统的结构及其矛盾运动发展规律的学科，是生态学和经济学相结合而形成的一门交叉学科。通过分析人类经济活动与自然生态之间相互作用的关系，对生态经济结构、功能、规律、平衡、生产力及生态经济效益进行合理评估，旨在促使社会经济在生态平衡的基础上实现持续稳定发展。生态经济学以生态学原理为基础、经济学原理为主导，以人类经济活动为中心，运用系统工程方法，从整体上研究生态系统和生产力系统的相互影响、相互制约和相互作用，揭示自然和社会之间的本质联系和规律，改变生产和消费方式，高效合理利用一切可用资源。因此，生态经济是一门兼顾生态原理和经济规律的经济学。生态经济学把人类经济社会发展与其依托的生态环境视作一个统一体，因而经济社会发展是遵循生态学理论和客观规律的。生态经济所强调的就是要把经济系统与生态系统的多种组成要素联系起来进行综合考察与实施，要求经济社会与生态发展全面协调，达到生态经济的最优目标。

经济发展要同其生态环境相适应，是一切社会和一切发展阶段所共有的经济规律。基于生态经济学理论研究生产系统和生活系统循环链接，是从其系统学特征出发的。无论是生产系统、生活系统抑或是两者链接构建的复合系统都是生态系统下的子系统，遵循生态环境的一般规律。基于这一前提，探索生产—生活循环链接系统的构建机理，寻求复合系统实施路径。

生态经济学将自然系统、经济系统统一成一个整体，注重两者的协调统一和发展平衡。生态系统和经济系统间是互相关联、互相制约的。生态系统是经济系统的载体，而经济系统推动生态系统中物质能量运动，产生生态经济效益。生产系统和生活系统亦是如此，通过两者基于资源和价值的交换，构建协调统一的复合系统，提高资源利用效率。生产系统和生活系统循环链接不可避免地需要设计资源评价、环境评价、结构评价、功能评价、效益评价等一系列生态经济评价的内容。通过分析系统内部活动投入产出的环境影响、评估系统循环链接产生的效益，对生产系统和生活系统循环链接效应进行研究。

生态经济的本质，就是把经济发展建立在生态环境可承受的基础之上，实现经济发展和生态保护的“双赢”，建立经济、社会、自然良性循环的复合型生态系统。

遵循生态规律和经济规律，合理利用自然资源与优化环境，在物质可持续利用的基础上发展经济，使生态经济原则体现在不同层次的生态经济形式上。正是基于此，生产系统和生活系统的循环链接即是在生态经济约束下的企业、家庭乃至全社会相互依存、互利共生的发展形态，满足各方利益要求，促进新型社会制度建立和运行，有利于实现可持续发展目标，建立生态和谐的社会系统。

（四）循环经济学

循环经济本质上是一种生态经济，是一种遵循生态学规律的经济学理论体系。其根本观点是将人类经济系统作为自然生态系统的一个子系统，与自然环境和谐共生的一种经济模式。循环经济强调协调人与自然的关系，把人类的经济活动视为自然生态系统中众多生态活动之一，是一项特殊又普遍的物质代谢过程。在此基础上，通过对现有的经济活动中涉及的物质资源代谢路径进行延伸和再造，构建一种“资源—产品—再生资源—再生产品”的资源循环利用模式，使整个经济系统从生产到消费的全过程基本上不产生或者少产生废弃物，最大限度地减少废弃物，以最小成本获得最大的经济效益和环境效益，降低经济活动中资源过度消耗导致的不良环境影响，以实现发展的清洁、绿色和可持续。可以看出，循环经济是在减量化的基础上，把上一个环节的废弃物变为下一个环节的原料，形成一个长链条的循环。需要注意的是，这一含义不仅覆盖了传统模式的经济、消费各个环节，还包含了社会系统的各个领域。

在生产系统和生活系统的循环链接研究中，循环经济理论是构建、衡量和设计两系统链接形成循环大系统的基础理论。可以说，整个系统的理念、视角、观点乃至整个系统的行为和发展方向都是建立在循环经济基本观点之上的。一方面，发展到当前阶段的生产系统和生活系统自身已经将循环经济理念和理论应用于系统内部，企业、家庭、社会活动中包含了循环经济、资源循环技术的诸多方面；另一方面，在当前循环经济已在国家政策、市场约束和人民观念中普遍形成的大背景下，基于循环经济理论将两系统的循环链接进而实现循环大系统亦是大势所趋。由此，循环经济理论的理论根基地位可见一斑。

循环经济强调尽可能降低经济活动对自然环境的影响，通过废弃物综合回收利用和再生利用，实现物质资源的循环再利用，最终实现可持续发展。在经济层面上，循环经济把自然资源和生态环境看成社会大众共有的、稀缺的自然福利资本，要求将生态环境纳入经济循环过程之中参与定价和分配；要求改变生产的社会成本与私人获利的不对称性，使外部成本内部化；要求改变企业治理生态环境的内部成本与外部获利的不对称性，使外部效益内部化，最终实现经济增长、资源供给与生态环境的均衡，实现社会公平和福利最大化。在社会层面上，循环经济要求从生产到消费的各个领域都倡导新的经济规范和行为，要求人类社会运用生态规律来指导人们的活动，倡导绿色消费，最终实现人与人、人与自然的和谐。从以上层面来看，循环经济能从根本上消解牧童经济[①]时代环境与发展之间的尖锐冲突。

由此可以看出，生产系统和生活系统循环链接是追求更大经济效益、更少资源消耗、更低环境污染和更多就业机会的先进型的经济形态。它以资源的高效利用和循环利用为核心，以减量化、再利用、资源化为原则，以低消耗、低排放、高效率为基本特征，是对大量生产、大量消费、大量废弃的传统经济发展模式的根本变革。其具体含义应当是：以可循环资源为来源，以环境友好的方式利用资源，保护环境和发展经济并举，把生产活动和生活活动的整个过程完整地纳入自然循环过程，所有的原料和能源都能在这个不断进行的经济循环中得到合理利用，从而实现在保证经济发展的前提下对自然环境的影响控制在尽可能小的程度。

循环经济理论在生产系统和生活系统循环链接的过程中应用与体现的方面很多。具体来说，涵盖了清洁生产、资源综合利用、生态设计、可持

① 牧童经济：原指牧童只顾放牧不管对草原的破坏，经济学上比喻追求高生产量而大量消耗自然资源，导致环境污染。

续消费以及经济活动生态化转型等诸多方面。通过融合生产技术与资源节约技术、环境保护技术，不仅降低了生产系统中污染和废弃物排放，并实现源头预防和全过程治理，同时提高了生活系统中生态环境水平，为生活系统提供了高质量的生态环境产品。值得指出的是，生产—生活循环链接系统构建的目的在于降低系统冗余、提高资源利用效率、降低环境影响，是实现人与自然和谐共生的一种途径，因此两个系统循环链接实现应当始终围绕这一目标，绝非为“循环”而循环。

四、循环链接系统构建及分析理论

在人们常识性认知中，生产系统和生活系统各自有其独立的系统架构和运行规律，要在相对独立的系统之间构建循环链接，不仅需要大系统视角下的科学认知，也需要从生产和消费路径优化及其生态结构重构开展系统化研究。基于上述研究认知，构建生产系统和生活系统循环链接则需要以系统科学为依托，研究生产系统和生活系统产业特征及其物质代谢要素，梳理并优化其物质流、能源流循环链接路径。

（一）系统科学理论认知

构建生产系统和生活系统循环链接机制的目的在于实现城市经济系统与自然生态系统间良性的互动关系和动态平衡。显然，作为循环经济发展的重要一环，这一链接机制的形成必须依赖于生态产业链的发展，通过产业项目链条延伸交互，生产系统和生活系统实现联动，才能达到节能减排、清洁低碳、资源高效利用和配置的目标。然而，随着发展的不断进行，无论是生产系统还是生活系统都发生了巨大变化。需求的增长以及多样化促进了企业和生产技术的不断进步以及效率的不断提高，由此带来的是生产企业数量的不断增长、企业分工的不断精细、投入和产出的多样化以及产业链条的延伸。这些变化进而促使节能减排、资源优化配置的目标难度持续加大。生产系统和生活系统循环链接研究是构建一种机制以实现生产系统和生活系统和谐共生的研究。这显然已经超越了单纯的经济—资源的二元分析，而是涉及人、经济、自然、社会的四元复杂系统。因此，这一研究不能脱离基于系统科学理论的研究范式。

按照系统科学的观点，系统是相互联系、相互作用的要素集合体，这一集合体通过特定的形式结构形成特定的功能。按照循环经济对不同层级物质/能量循环的分类，构建生产系统和生活系统循环链接属于全社会层级的“大循环”，显然这是一个包含众多要素，且具有特定功能的有机整体。这里的“功能”不仅包含了经济增长、福利增长、社会发展、环境保护等传统发展模式具备的功能，还包含了资源循环高效利用、清洁生产、可持续发展等新的功能，而这些新功能的增加必须依赖系统要素间的新的互动关系和结构。将系统科学理论作为主要理论分析工具的依据在于生产系统和生活系统不断表现出的复杂系统特征：

1. 开放性

从社会分工的出现开始，人类社会发展已经摆脱了家庭作坊式自给自足的生产方式，无论是人类社会整体还是国家、区域、城市系统以及其子系统，都不是封闭的系统，而是依赖于外界、存在于外部环境中的开放系统。在开放的生产系统中，企业通过把加工流入的资源形成产品流出系统，产生经济价值维持企业继续发展；在开放的生活系统中，通过消费流入的产品满足自身效用，并继续产生新的需求。显然，生产系统和生活系统的循环链接也是建立在两系统是开放的这一基础上的。当两系统建立循环机制后，经济系统从外界吸收的物质/能量经过转化，一部分在系统内部沉积和损耗，另一部分则通过反馈重新回到输入过程，形成一个不断转化的循环回路，从而建立起一种平稳有序的复合大循环系统，减少对外部自然生态环境的过度摄取，降低自然资源的耗竭速度，实现经济的可持续发展。

2. 动态性

经济系统的动态性表现为系统的结构、状态、行为是随时间变化的，因此其状态变量是时间的函数，而生产系统和生活系统作为经济系统的子系统也是时间的动态函数。无论是技术进步还是新的产品需求的出现都是推动系统发生变化的动力，而生产系统和生活系统循环链接机制建立的初衷也是人类对资源耗竭、环境恶化的恐惧以及对继续发展和繁衍的渴望。构建全社会层面的物质/能量大循环是一个渐进式的过程而非“一蹴而就”式的模式变更，更非发展模式的终点，在这个过程中链接的节点、路径、特征必须随着外部环境的变化而不断调整，在这一过程中涉及企业行为、社会责任、政策导向、群众参与等一系列监管与调控。

3. 巨量性

毫无疑问，经济系统抑或是社会系统都是由多种类型、数量庞大的要素构成的复杂系统，包括企业、园区、产业等组成的内部生成系统和外部保障系统，涉及企业的生产研发，园区的建设规划，以及工业、农业、服务业、环境产业等人类经济体系的诸多领域。循环经济系统内部各产业、各园区、各企业基本单元之间，按物质流向构造的循环链，形成人类复合生态系统“生产者”“消费者”“分解者”的功能结构。由于复杂的层次结构和网链结构，循环经济系统的基本组元之间通过有机匹配、合理衔接，促使系统结构从简单到复杂不断演化。由于系统内、外部的广泛互动和演化，系统在不断自我更新和自我发展中，壮大其组元，展现其在人类社会化生产中表现出的勃勃生机。

循环经济系统是一个复合系统和有机整体，其组元之间有着错综复杂的相互联系以一种复杂的交互作用、双向甚至多向的构建方式集成于循环经济这样一个复杂巨系统。在这个有机整体中，各子系统有着相互区别的分目标，如何综合协调和控制各部分间的相互作用，处理好它们的相互关系，使经济系统各组分间利益得以协调，整体功能得到最优发挥，实现自身的有序发展，从而达到系统整体的有序发展和整体目标的实现。

4. 涌现性

涌现性是指那些高层次具有而还原到低层次就不复存在的属性、特征、行为和功能。涌现，就是构成系统的各子系统依据一定的系统运行规则，相互作用并最终形成系统整体结构的过程。涌现的过程是一个自组织的过程，涌现简单地说就是"秩序形成"或"无中生有"的过程。由于其复合性、动态性和庞杂性特征，循环经济系统一方面受到来自系统外部的巨大影响，另一方面系统内部个体之间的相互作用产生的微小变化也有可能产生聚集、对冲等，因此其合力可以在系统内实现自组织、自加强、自协调，并随之扩大、发展，最终产生质变，这就是系统涌现产生的机制。

诸多研究和实践经验表明，产品共生、产业耦合、工业生态链网和生态工业园区等诸多循环经济的实现形式，都是在企业成员自主交互、协商、合作的基础上产生的，是自发涌现的过程。而单纯由政府主导的自上而下的规划由于不能把握系统涌现的特征在实践中往往困难重重，甚至导致失败。

（二）工业生态学理论应用

工业生态学是研究社会生产活动中自然资源代谢全过程的理论，是生态工业的理论基础。其核心观点是从系统观点出发，将整个工业系统视为一个生态系统，而对其中物质、能量和信息的流动与存储视为生态系统的代谢过程。尤其对于各个代谢过程间的相互关联，工业生态学认为是相互依赖、相互影响的复杂关联网络，由此形成复杂系统独有的组织行为与特征。因此，工业生态学研究多基于系统分析方法对系统要素、结构、功能和行为进行研究。生产系统和生活系统循环链接研究从某种意义上可以理解为由生产系统拓展到生产—生活循环链接系统。所以，工业生态学对于两系统循环链接具有较好的理论支撑。

生产系统和生活系统间跨系统的资源循环可以视为生态工业园区的扩大化，重点是破除传统生产系统和生活系统间的绝对壁垒，改变传统模式中生产系统和生活系统间单向的产品/价值流动关系。在工业生态学中，一个重要的研究方向是工业共生研究，即借鉴自然生态系统中物种间的共生关系，对产业系统中企业间基于物质交换关系进行研究。其中，工业代谢作为工业共生研究中的重要工具，通过分析工业系统中物质流、能量流的路径和方向变化，探究企业间基于资源节约和环境保护的合作潜力。可以看出，所谓工业共生的本质就是通过企业间副产品的交换为纽带，提高企业资源利用效率、降低成本和保护环境。显然，这一理论同样适用于生产系统和生活系统的循环链接。

根据工业生态学的观点，人类活动预期相关关系的总和是完整的生态系统，通过对其中物质流动、循环进行统筹分析，能够提高产品在设计、制造、使用和废弃过程的效率。因此，基于工业生态学理论对生产系统和生活系统的循环链接进行分析、设计和优化，能够在提高两系统循环的物质、经济效率的同时，减少人类活动对生态环境的影响，并使之保持在自然系统能够承受的水平之内，达到人与自然和谐共生的目的。

工业生态学理论的核心观点是对材料、物质、能量在一定地域范围的流动进行分析，并进行优化设计，提高资源流动效率、减少环境影响。生产系统和生活系统的循环链接本质上就是在城市区域内，通过一定的物质、能量流动路径的再设计，实现整个城市系统的高效循环。这一过程中，必然设计城市系统内多区域子系统间关联和路径的优化，这涉及一方面对传统资源消费模式的闭环系统进行再改造、再设计，使之成为开放的系统；另一方面需要对跨系统的资源代谢路径进行再规划和优化。这一过程必然是动态的，而且是根据人类活动产生的影响和自然环境的反馈进行实时监控、更新和处理。

随着发展的不断深化，人们逐渐意识到传统发展模式存在的诸多不良影响，如生活系统、生产系统的提出实际正是传统对“封闭系统”错误认知的遗留问题，如何在此基础上纠正以往错误，建立完整一体的生态系统正是工业生态学在这一过程的主要着力点。现有工艺技术的不断升级和优化以及环保意识政策的不断加强和严格，使得所谓两系统内部的资源循环利用效率和清洁化不断趋进阈值，进而越发不“经济”，因此探寻跨系统间的资源优势互补和优化空间互补是促进城市资源利用效率和降低环境影响的可行之路。

长期以来，工业生态学研究的领域主要集中在生态园区等同职能（生产）不同类型企业间的物质循环利用模式和组织形式等，对于不同职能（生产与生活）个体间的资源利用合作模式和代谢路径研究涉及不多。导致这一问题的主要原因来自传统对生产系统、生活系统人为划界，认为职能属性不同的个体间研究空间远小于同职能属性间研究空间。随着研究的不断推进以及社会意识的不断进步，这一局面正在逐渐改善。从广义来讲，将不同类型的生产企业、服务部门以及家庭部门等划归到统一研究框架，正是对传统研究模式的推广和拓展，工业园区规划构建的研究框架对于跨系统的循环链接机制研究提供很高的借鉴价值。因此，工业生态学的理论方法体系对于生产系统和生活系统的循环链接研究具有非常重要的指导意义。

物质闭环流动作为循环经济理论的核心理念，不断倡导生产过程中资源的减量化、再利用，使传统经济的线性单程发展模式有了很大的改观。生态工业园区可以看作循环经济的模式由企业内部的个体行为推广到企业间的群落行为，较好地弥补和改善了由于企业自身能力限制的循环路径和循环效率，拓展了资源再利用空间。随着循环经济研究的继续推进，企业间资源循环利用效率的不断提高、废弃物排放的不断降低以及资源回收的利润空间的不断压缩，导致企业间资源循环的经济驱动动力逐渐降低，资源回收循环企业利润空间逐渐压缩，必须寻找新的增长点。

（三）工业工程理论

生产系统作为生产—生活循环链接系统中的重要子系统之一，工业工程理论同样适用于生产系统和生活系统循环链接的研究中。一方面，从复合大系统递阶的角度，生产系统是生产—生活循环链接系统的子系统，其运作规律服从于高层次系统的规律和特征；另一方面，从生产者责任延伸角度，生产系统和生活系统循环链接系统是生产系统边界外延，与生活系统链接复合，是原有研究问题的深化。因此，工业工程理论方法仍是生产系统和生活系统循环链接研究的重要研究工具之一。

工业工程理论起源于20世纪初，是以大规模工业生产及社会经济系统为主要研究对象的一门交叉学科。工业工程涉及工程学、管理科学、系统工程等多门学科理论，目的在于通过工业流程的优化，实现对必要的人、物、设备、信息等资源进行有效合理配置，提高生产效率和社会经济效益。

根据美国工业工程协会1955年提出的定义："工业工程是对人员、物料、设备、能源和信息组成的集成系统进行设计、改善和实施的工程技术，它综合运用数学、物理学和社会科学的专门知识和技术，结合工程分析和设计的原理与方法，对该系统所取得的成果进行确定、预测和评价。"因此工业工程更多的是一门组织、配置资源以提高效率的方法学理论。

工业工程理论主要面向生产系统，研究内容包括了一系列生产系统中的过程设计、优化，如生产系统规划与设计、生产计划与库存控制、工程经济分析、作业计划等，其本质是围绕生产系统的生产成本降低以及生产质量和效率的提高。

工业工程理论是一系列控制优化工具方法理论与生产系统中生产过程的结合，强调通过微观管理和过程控制实现系统的整体优化。可以看出，除了与具体生产系统特性相关的技术类研究，工业工程的主要研究方法是以运筹学、系统工程、控制论、信息技术等为主的一系列理论方法。

具体包括如下几个方面①：

基于运筹学各分支的研究方法，主要包括线性规划、整数规划及混合整数规划、非线性规划、目标规划、动态规划、图论及网络分析、排队论、存贮论、决策论、对策论等。

基于随机理论及分支的研究方法，主要包括概率论/数理统计/随机过程、可靠性理论、灰色理论、模糊数学等。

基于计算机技术及相关交叉学科的研究方法，主要包括数值方法、系统模拟、系统动力学、管理信息系统/专家系统/决策支持系统、神经网络、遗传算法、CAD/CAPP/CE、计算机网络等。

---

① 工业工程.MBALIB智库百科［EB/OL］. https：//wiki. mbalib. com/wiki/工业工程.

工业工程理论作为重要的方法学理论，基本目标在于解决系统运作管理中存在的主要问题，尽管需要根据具体的问题“因地制宜”“见招拆招”，但并不是“随心所欲”，仍然要遵循一定的原理。尤其对于生产系统和生活系统循环链接，应遵循资源环境与循环经济基本规律，服务于可持续发展宗旨。

工业工程理论应用于生产系统和生活系统循环链接研究的十大原理包括：

（1）效益原理。工业工程是自然科学、社会科学、工程学、管理学的交叉学科，一切宗旨都是为了“效益”。这里的效益指综合效益，不仅包含了经济效益，还包括社会效益、技术效益，自然也包括环境效益。同样地，生产系统和生活系统循环链接也不仅仅追求经济效益或是资源效益，而是追求社会整体的综合效益和代际效益。

（2）效率原理。工业工程理论区别于其他学科理论的一个重要特征在于，工业工程是追求效率的理论。工业工程理论提出之初，便是通过优化工人工具、动作提高效率。在经历了工具、方法的不断革新后，生产系统和生活系统循环链接的提出使资源利用效率的提高成为工业工程理论研究的一个新的领域。

（3）人本原理。工业工程理论本质上是一门管理学理论，因此强调人的因素在管理过程中的重要性，尤其是以内在激励为主要手段的激励方式。生产系统和生活系统循环链接过程不可避免要涉及人的参与，而且“人”的重要性要更加突出。这是因为由生产系统扩展到生产—生活循环链接系统，外延的系统边界带来管理内涵的扩展，导致生产系统管理手段在系统外约束逐渐减弱，因此更加需要强调内在激励。

（4）简化原理。简化原理强调简化工作流程和工序内容。通过精简工作流程和工序内容，不仅能够降低经济成本、提高经济效益，而且可以降低工序的操作成本、工人的学习成本，提高新工艺的可执行效率。这一点在生产系统和生活系统循环链接中尤为必要，系统边界的扩大是系统中的“人”由受过专业训练的员工扩展成普通群众，过于烦琐的规章制度显然不利于两系统的循环链接。

（5）质量原理。质量是可以理解为“满足预期要求的程度”，生产系统对于质量的要求尤为看重。然而在现实中，由于要求的多样化和难以量化，质量也存在不同的理解。同样地，两系统循环链接并不存在“提高资源利用效率”的唯一质量衡量标准。换句话说，生产系统和生活系统循环链接并不是为了循环而循环，而是以可持续发展为目标的，在保障有利于社会福利和经济发展的一系列提高资源利用效率的措施和制度。

（6）标准化原理。提起工业工程就脱离不开标准化。根据ISO的定义，“标准化是对实际和潜在的问题作出统一规定……以在预定的领域内获得最佳秩序和效益的活动”。标准化是保障质量、提高效率的重要途径之一。生产系统和生活系统循环链接过程中一系列面临的工艺、流程、排放标准、应对方案等都脱离不开标准化。这也是我国目前循环经济产业发展亟待解决的问题。

（7）系统原理。无论是提高效益、提高效率还是提高质量，工业工程都强调系统的综合性，避免“顾此失彼”。美国工业工程师协会（AIIE）多次修改工业工程的定义，不断强调工业工程的多学科交叉属性和系统综合属性，而生产系统和生活系统的循环链接正是基于系统视角的。

（8）最优原理。工业工程强调系统的所有要素获得有效利用，从而降低成本、提高效益、保证安全。作为一门方法学理论，工业工程的宗旨是不断寻求探索和逼近系统的全局最优解，这是一个持续不断的过程，而非状态。从社会大系统的角度来看，生产系统和生活系统循环链接正是生产系统自我完善、自我优化的一个必然过程。

（9）革新原理。工业工程注重实践，而绝非仅仅是理论上的探索。无论是改良工艺降低成本，还是创造需求追求超额利润，都是从理论到实践的过程，是不断自我革新的过程。生产系统和生活系统循环链接研究亦是如此。两系统循环链接不是停留在纸面上的理论探讨，而是中国追求可持续发展的自我革新。

（10）通用原理。工业工程的基本理论和方法适用于所有的人类活动领域。生产系统和生活系统的循环链接始于我国对可持续发展和循环经济的模式探索，但也绝不止步于此，我国的两系统循环对接模式和经验对于其他地区、国家或社会同样具有推广和借鉴意义。

工业工程理论体现了工程管理、项目管理以及系统工程等一系列现代科学管理学理论方法在项目实践过程中提高效率、保障质量的重要作用。生产系统和生活系统循环链接作为提高资源利用效率、提高生态环境质量、提高综合经济效益的跨系统综合项目，工业工程理论及方法能够发挥重要作用。

五、循环链接管理机制设计理论①

当今，生产系统和生活系统循环链接仍属于循环经济生产论发展的新方向，无论学科理论基础还是管理机制设计都需要认真研究。基于初步研究成果，基于激励相容理论理论内涵，梳理利益相关者权益指标，并分别从生产责任延伸理论和演化博弈理论工具，初步构建生产系统和生活系统循环链接管理机制架构。

（一）激励相容理论

激励相容最早由哈维茨（Hurwiez）在机制设计理论中提出，指通过一种制度安排，使行为人追求个人利益的行为，与企业实现集体价值最大化的目标相吻合。“激励相容”是通过合理的机制设计，调整个人目标与集体目标的差异，使其向同一方向发展。激励相容能够有效地解决个体利益

① 本节部分内容参考北京工业大学研究生科技基金“学校‘毒跑道’事件的经济学机理及生产责任监管体系研究”（ykj－2016－00642）研究成果。

与集体利益之间的矛盾冲突，使个体行为方式、结果符合集体价值最大化目标。

在生产系统和生活系统的循环链接研究中，主要的链接对象是以个人、家庭、企业为单位的生产系统和生活系统个体，链接的方式是基于个体资源消费利用行为的供需关系和供需路径。通过合理的机制设计、利益分配和政策引导，驱动两系统个体间形成服务于系统整体目标的利益关联。显然，一种良性的关联机制的建立依赖于激励相容理论的支持。

激励相容对于生产系统和生活系统循环链接的意义更多体现在管理层面，主要手段是通过减少循环链接过程中监管方、消费方、供应方等多方参与者之间存在的技术不确定和信息不对称，对各方进行有效的利益捆绑，调整目标函数，以激励各方利益最大化。

在机制设计过程中，对于要素主体的激励手段主要包括正激励和负激励。正激励指鼓励性的措施，负激励指惩罚性的措施。前者多用于引导个体决策倾向，后者多用于约束个体决策范围，两者相辅相成，互相补充。针对链接过程中行为主体的决策选择和期望收益，通过合理的利益再分配和对不利于系统链接行为的惩戒，引导主体主动执行有利于系统整体的决策而不伤害个体利益，从而达到帕累托最优。

在生产系统和生活系统循环链接的机制设计中，激励相容理论的应用多基于自上而下的视角。首先明确两系统循环链接的目标，并进行逐级分解，细化到包括企业、家庭乃至行为人个体的决策目标；其次根据分解结果，圈定个体决策边界和期望范围；在此基础上，结合个体的决策目标和决策偏好对边界范围进行调整。在这一过程中，难点在于协调个体与整体、个体与个体间利益分配冲突，并根据冲突“自下而上”进行反馈和适当修正。经过多次协调，最终实现激励相容。

循环链接过程中最主要的风险来源是链接实施过程中的技术、管理、制度等不确定性导致的连锁反应。这种风险通常表现为突发性典型事故，社会影响较大且传播迅速，但多为“一次性”或持续时间较短，如以“毒跑道”事件为代表的再生资源不恰当使用等。可以看出，对于这类由于技术不确定、监管不完善导致的不良事件，其解决思路不能通过持续、长期的动态博弈来达到均衡，而要通过在事件发生前进行有效的预防。因此，对监管、政策体系的设计提出了较高要求。因此激励相容理论与生产系统和生活系统循环链接研究的契合点在于，通过形成完善的管理机制和制度体系，寻找有效的激励空间，使链接过程中不出现“钻空子”现象，确保在事件发生之前而非之后约束链接的过程。

根据激励相容理论的观点，基于传统博弈框架，对参与方决策空间的期望收益分析，寻找各方期望收益方向一致的激励相容空间，从而实现对参与者策略选择的引导。在现实案例分析中，激励相容多与博弈模型结合，主要针对不对称信息下的非合作博弈进行规则设计。诸多学者应用这一框架在质量监管、产品安全方面取得广泛应用，尤其在博弈参与方的决策空间约束、选择偏好以及制度设计等方面，对于生产系统和生活系统循环链接研究具有重要的参考价值。本书研究团队针对“毒跑道”事件，运用激励相容理论结合不完美信息博弈对废旧橡胶再生利用监管体系设计进行了研究（穆献中等，2018），能够为两系统循环链接提供借鉴（见图4－7）。

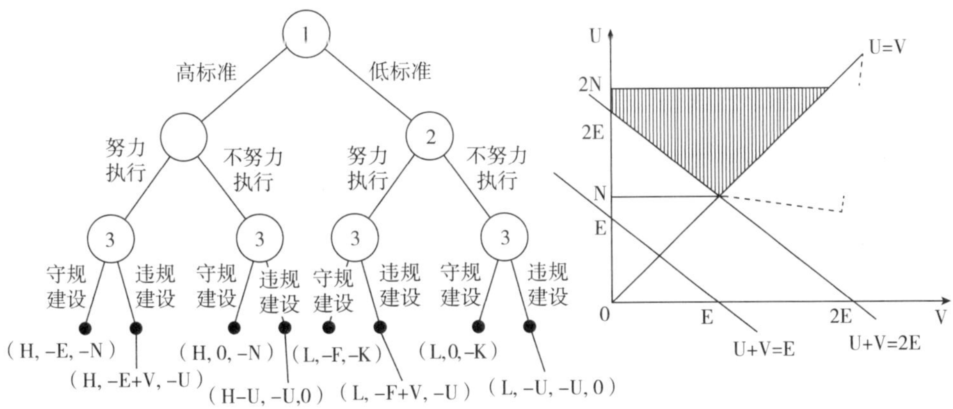

图4－7　“毒跑道”事件博弈树激励相容参数区间

资料来源：穆献中，胡广文，伊舟．“毒跑道”类突发性安全事件激励相容分析［J］．企业经济，2018，37（4）：171－178.

健全的资源循环利用技术驱动、市场运行机制和行为意识培养依赖于积极的机制和完善的监管，在初始设计中尽可能协调各方利益冲突，实现激励相容，引导决策主体主动建立良性的资源循环利用路径，避免“先污染、后治理”的局面。

（二）生产者责任延伸理论

生产者责任延伸的概念由1988年瑞典隆德大学（Lund University）环境经济学家托马斯（Thomas Lindhquist）提出，明确了生产者必须承担的五个责任（Lindhquist，2000）：

（1）环境损害责任（Liability）：生产者对已经证实的由产品导致的环境损害负责，其范围由法律规定，并且可能包括产品生命周期的各个阶段。

（2）经济责任（Economic Responsibility）：生产者为其生产的产品的收集、循环利用或最终处理全部或部分地付费。生产者可以通过某种特定费用的方式来承担经济责任。

（3）物质责任（Physical Responsibility）：生产者必须实际地参与处理其产品或其产品引起的影响。这包括：发展必要的技术、建立并运转回收系统以及处理他们的产品。

（4）所有权责任（Ownership）：在产品的整个生命周期中，生产者保留产品的所有权，该所有权牵连到产品的环境问题。

（5）信息披露责任（Informative Responsibility）：生产者有责任提供有关产品以及产品在其生命周期的不同阶段对环境的影响的相关信息。

生产系统和生活系统循环链接从资源角度表现为再生资源在初始生产投入段比重的提高，即资源生命周期的延长；从经济角度则表现为伴随着资源到产品传统代谢过程生产责任的延伸：生产者的责任由生产系统内部延伸到生活系统，再到生产系统。产权概念的提出对于明晰经济分析中责任的界限具有重要的推动作用，生产者责任的延伸即是对经济体系中产品生产者对资源的产权边界的延伸。显然，这对推动循环经济发展，尤其是对联通贯穿生产系统和生活系统的产品及其构成资源的处置责任的界定，具有十分重要的意义。

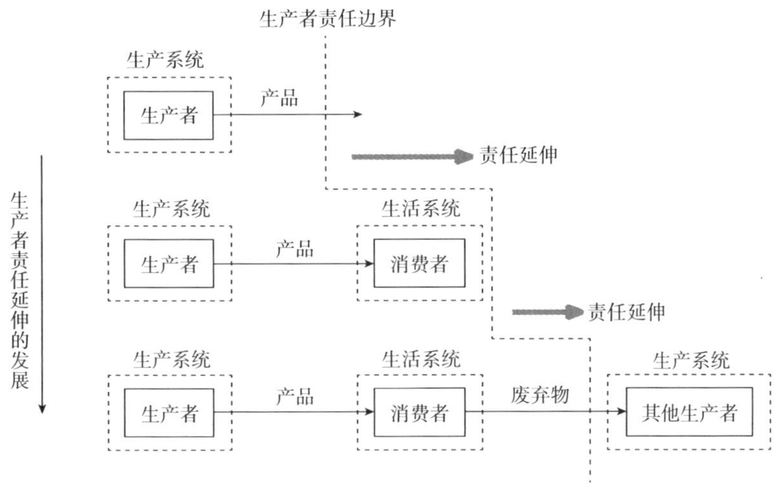

图4－8　生产者责任延伸的发展

从图4－8生产者责任延伸的发展过程不难理解，伴随着生产者责任在产品生命周期过程的延伸，消费者对于构成消费产品的资源的“所有权”正在逐渐弱化，而相应地，生产者对产品中资源的“所有权”正在逐渐地强化。换句话说，对消费者来说，其保有的是对产品的使用权和所有权，而非对资源的，因此其对资源尽是对特定时间段（产品消费时间段）的所有权。当产品达到寿命，或消费者放弃对产品的所有权后，构成产品的资源的所有权又返回到生产者手中。

当前阶段循环经济发展面临的主要问题并非技术上循环的可能性，而在于经济上的可行性。生产者责任延伸的意义在于，对产品生命周期末端处置归属的明晰和确定，也是目前循环经济理论在推动生产系统和生活系统循环链接的重要方向。

（三）演化博弈理论

在生产系统和生活系统循环链接研究中，博弈论主要用来研究不同行为决策者的行为决策在相互影响的状况下，如何根据自己掌握的信息知识实现自身利益的最大化，并能够使博弈参与者的决策组合形成稳定的行为决策均衡。因此，博弈论在分析和解决循环经济发展过程中，尤其是生产系统和生活系统循环链接机制的构建路径，具有很强的现实意义和应用价值。博弈论自提出以来，在诸多领域取得进展，成为经济、管理、工程等学科一个重要部分。

博弈论的基本要素包括参与者、策略、行为、信息、支付、结果和均衡，其中参与者、策略和支付是博弈分析中必不可少的三个最基本要素。在各个基本要素中，参与者是指与博弈的问题存在利益关系并参与博弈过程的个人或者集体，博弈参与者的唯一目的就是通过策略的选择来实现自身的利益最大化，在不同的情况下，博弈参与者会选择不同的策略以实现自身的利益最大化，这就是博弈的行为。信息是指博弈参与者在进行博弈的过程中对周围环境和其他参与者行为策略等方面知识的掌握，根据假设条件的不同，博弈参与者可能会掌握全部的知识，也可能会只掌握部分的知识。支付是指博弈参与者在选择行为策略时能够得到的期望效用水平，一般来说，选择不同的策略会有不同的期望效用水平，因此博弈参与者会在不同条件下选择支付最高，也是对自己最有利的策略。均衡是指满足所有博弈参与者实现利益最大化的博弈策略组合。在不同的情况下博弈可能会有一个策略均衡，也可能存在不止一个策略均衡。

在传统博弈理论中，无论是否完全信息、是否动态，通常是基于完全理性参与人的假设。显然，这些近乎苛刻的假设在现实中很难实现，结合复杂的现实问题，导致分析的结果通常过于理想。因此，“意欲合理，但只能优先大道”的有限理性在研究实际问题中更为合理，与此同时，博弈双方的学习和分析行为在决策过程中的作用开始不断被强调。演化博弈源于生物进化论，结合了传统博弈分析理论及博弈参与者动态决策行为，强调了博弈决策过程中逐渐达成动态均衡的状态。因此，演化博弈理论常用来分析社会习惯、规范、制度或体制的形成并解释其形成过程。

演化博弈理论注重决策行为的动态演化过程及其机理，因此可以用来解释系统状态的演化规律。演化博弈模型是分析这一规律的重要工具，包含以下特征：第一，以参与人群体为研究对象，分析动态的演化过程，解释群体为何达到以及如何达到目前的这一状态；第二，群体的演化既有选择过程，也有突变过程；第三，经群体选择下来的行为具有一定的惯性。

演化博弈的基本要素包含了群体、支付函数、动态以及均衡，其基本的分析过程为随机组合博弈—有限理性行为—动态演化方程—均衡稳定，即群体内拥有多名相同或不同决策空间的参与者通过随机组合博弈，确定相应收益；基于有限理性假设，形成群体内不同策略的比例分布；通过学习、模仿、突变等动态过程，形成策略比例分布的动态演化方程；分析演化过程的稳定性（见图4－9）。

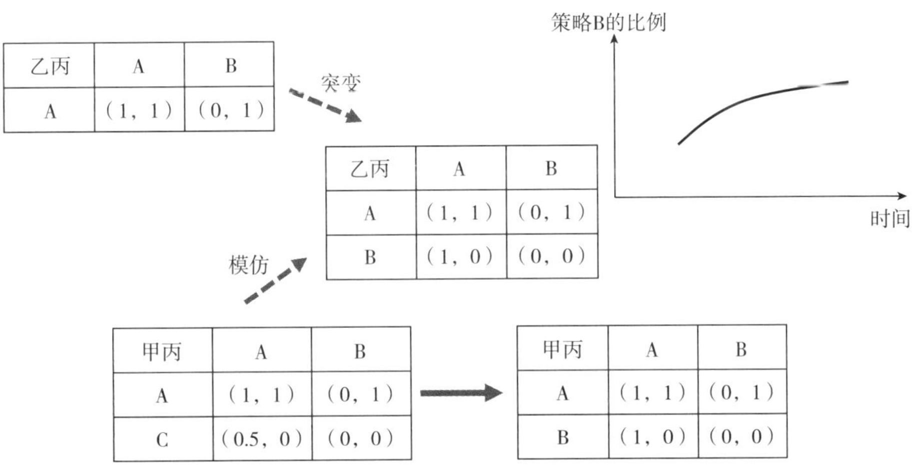

图4－9　博弈参与者的策略演化

事实上，无论在哪一领域，基于博弈理论解决和完善制度问题的一个重要思路是演化博弈。这是因为在考虑技术要素和“人”的主观能动性前提下，试图一次性解决这一问题几乎是不可能的。传统的博弈理论存在博弈参与者是经济理性人的前提假设，即任何一个博弈参与者能够掌握所有博弈参与者的行为决策的信息，而且自己的行为决策一定是能够实现自身利益最大化，不会出现任何错误。但是这个假设在现实中是不可能存在的。现实中的博弈参与者不仅难以掌握全部博弈参与者的决策信息，也可能会在行为策略选择时出现失误，难以在一次性的博弈中实现自己的利益最大化。

我国循环经济产业发展起步相对较晚，对于引导企业、社会清洁生产和资源循环利用等相关政策以及教育还不够完善，因此在建立全社会层面资源循环利用和环境保护体系的过程中必然面对企业、社会层面的机制、体制欠缺引发的不良影响。并且这种不良影响是多方面的，首先是企业利益和环境污染间的矛盾，这一矛盾由来已久，并随着经济发展和社会进步而逐渐弱化，但这一典型的由政府及环境监管部门介入企业与社会间的委托代理博弈模式，随着近年来博弈理论的不断成熟，其解决路径开始逐渐丰富和多样化；其次是再生资源与原生资源的选择矛盾，一方面为鼓励资源循环利用，政府通过补贴等手段对再生资源实现全社会推动，另一方面现行技术下再生资源加工的经济成本问题以及相较于原生资源的产品性能问题导致了消费者对原生资源产品的选择倾向，进而引起厂商对原生产品的生产倾向，显然这一矛盾很难由法律进行保障，往往更加依赖教育和宣传的影响；最后是再生资源生产加工过程中出现的污染、毒害等恶劣影响引发的社会对再生资源的质疑，这一矛盾是近年来普遍引发社会关注的一类矛盾，由于技术或标准、法规的欠缺或不健全造成再生资源加工过程有使用低廉甚至有害原料及添加剂的企业行为，导致消费者在使用过程中出现不适、中毒等问题，一方面现有生产质量标准对加工过程中未能识别的物质无法准确标示和制定标准，以及配套的治理措施；另一方面现行技术体系下生产合格再生材料利润微薄，导致企业不得不采取应对行为，显然这一矛盾也是当前循环经济发展过程中亟待解决的问题之一。尤其在构建生产系统、生活系统循环链接的跨系统大循环背景下，工业与生活产品质量标准差异导致这一矛盾尤为突出。

本章小结

本章系统地阐述了循环经济系统演化机理，提出了中国循环经济不同发展阶段创新发展模式，构建了生产系统和生活系统循环链接管理理论体系。从系统科学和资源科学等研究视角，阐述了弱循环状态下生产系统和生活系统循环链接系统构建、综合评价、过程优化、系统设计以及管理机制。

本章主要研究内容及结论如下：

（1）循环经济包括三个“递阶”发展阶段，即初期生产系统循环链接、弱循环状态下生产—生活系统循环链接、强循环状态下生产—生活系统循环链接，并基于“物质代谢”和“功能消解”形意图，分析其内在运作机制和功能演化机理。

（2）基于循环经济系统发展内在演化机理和我国循环经济创新发展阶段，构绘中国循环经济从理念型循环经济（1.0）到生产实践型循环经济（2.0），再到生产—生活系统循环链接型循环经济（3.0）和数字型循环经济（3.5）交互创新发展模式。

（3）从自上而下和自下而上两种研究视角，以可持续发展、资源经济学、生态经济学以及循环经济为理论基础，以系统科学、工业生态学、工业工程技术为切入，构建生产—生活系统循环链接四层塔型管理理论架构。

（4）基于激励相容、生产者责任延伸制、演化博弈等理论内涵，梳理利益相关者权益指标，初步构建生产系统和生活系统循环链接管理机制架构。

第五章

生产系统和生活系统循环链接方法论

在国家加大资源再生、清洁化生产以及促进循环经济发展的时代背景下，未来一定时期内生产系统和生活系统循环链接生产模式和运行方式在政策体系和管理机制层面会逐步落实到位，但其研究方法论以及相关技术支撑则还需要深入研究和实践探索。本章依据前述基本内涵和理论架构解析，基于系统科学、生态学以及经济行为分析角度，按照要素识别—系统分解—行为分析—仿真模拟—工程实验这一研究主线，初步提出生产系统和生活系统循环链接机制方法体系，以为后续研究提供参考。①

一、循环链接系统要素指标分析

推进资源全面节约和循环利用，实现生产系统和生活系统循环链接是我国循环经济往纵深方向发展的新标志之一，且具有时代紧迫性。然而，与之相适应的评价标准和数据统计则需要进一步改进和提高，即在循环经

① 本章所探讨的生产系统与生活系统循环链接机制方法体系，只是系统学视角下的方法论探讨，在具体实践中还需要结合实际问题作相应的案例补充及方法修正。

济统计指标体系是以资源开发、消耗、排放、治理、再利用和资源化的循环前提下，系统描述其资源与环境、经济发展的数量关系，强调把生产系统和生活系统循环链接组织成一个“资源—产品—再生资源”的反馈式流程，重点反映两系统之间的减量化、再利用、资源化的实物量，尤其要测算资源冗余率和能源综合利用率，以把经济活动对自然环境的影响降低到尽可能小的程度。

（一）系统要素评价指标体系构建流程

生产系统和生活系统循环链接指标体系一直服务于资源循环利用方案优化、产业链路径设计以及综合利用效率评价等，因此其评价指标体系的构建一方面应当充分结合评价目标的可实践性、可量化性、可操作性，同时还需结合切实反映资源综合利用和路径设计的实际需求。对于生产系统和生活系统循环链接研究，应当参考现有相关的循环经济权威指标体系，另一方面应切实结合循环链接的实际情况。

要素指标体系的构建流程如图 5 -1 所示：

指标体系构建流程包含了四个部分：

（1）目标需求分析及框架制定。指标体系的构建不是简单的指标堆砌，需紧密结合目标需求，有选择地对指标进行搜集、筛选和分析，以便服务于最终分析目的。因此即便是相同的领域，不同的研究目的，构建的指标体系也可能存在较大差异。根据研究目的，对目标进行分解，确定分析框架，圈定能够描述、反映、评价目标的相关指标范围。

（2）资料、数据调研采集。根据目标需求分析确定的指标搜集范围，对相关指标进行收集、查阅、调研等。对于已有的、相对成熟的领域，可以从相关权威机构发布的指标体系报告、市场调研报告、指标体系数据库、学术论文、统计年鉴等着手；对于现有数据资料比较薄弱的领域，需要通过实地调研、考察、换算等方式，对相关指标进行获取。

（3）指标相关性分析。指标精细化及相关性分析，着重从评价指标与研究目标的关联性、指标间的重叠性、指标的可测算性以及指标的公信度

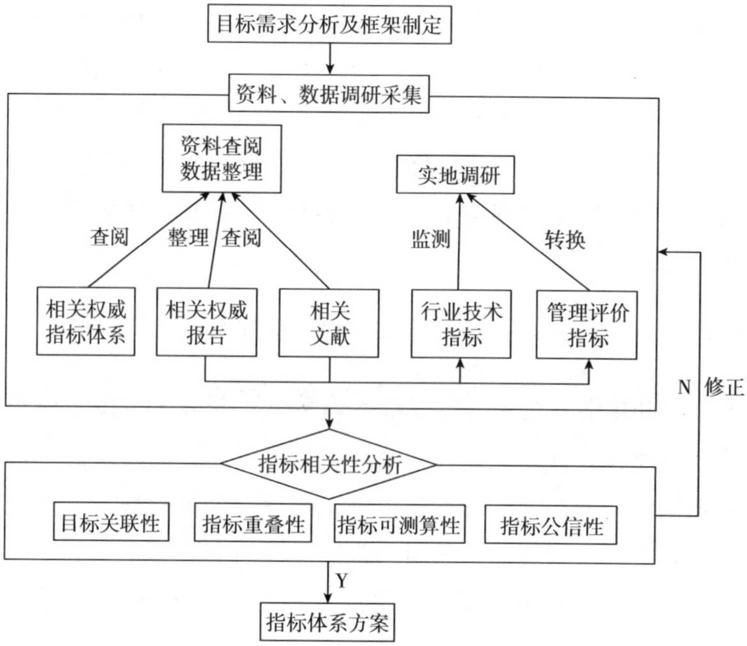

图 5-1　指标体系构建流程

等方面进行分析。目标关联性直接反映了指标能否服务于研究目标，即有效性；指标重叠性意思是指标间可能存在重叠或因果关联型，最终导致重叠的部分被过分强调，尤其对于指标间存在隐藏间接关联的处理，这是研究的难点；指标可测算性即指标能否进行有效表述，对于含糊的表征指标如何处理等；指标公信度的含义是主要指标是否具有说服力，一方面反映了指标体系的有效性，另一方面包含了指标体系的借鉴和推广价值。

（4）指标体系方案。根据评价指标体系测算结果，优选生产系统和生活系统循环链接设计方案，并对确定设计方案指标体系进行优化和信息发布。

（二）系统指标体系构建依据

目前尚没有针对生产系统和生活系统循环链接的系统指标体系，可供参考的主要是国家发展和改革委员会发布的2007年版《循环经济综合评价指标体系》以及2017年版《循环经济发展评价指标体系》。

其中，2007年版《循环经济综合评价指标体系》指标体系的基本框架包括资源消耗强度、废弃物排放强度、废弃物回用率和污染物处置率4个一级指标、16个二级指标。其中，资源消耗强度包括单位GDP能源消耗、金属消耗、非金属消耗、生物质资源消耗和水消耗5个二级指标；废弃物排放强度包括单位GDP废水排放量、单位工业增加值固体废弃物产生量、人均城市生活垃圾清运量和单位GDP主要污染物排放量4个二级指标；废弃物回用率包括能源回收利用率、工业用水重复利用率、废旧资源回用率和工业固体废弃物综合利用率4个二级指标；污染物处置率包括城市污水处理率、城市生活垃圾无害化处理率和主要污染物去除率3个二级指标。

（1）综合评价指标，如万元生产总值能耗（吨标准煤/万元）、生活垃圾综合利用率（%）、环保投入相当于GDP比例（%）等。

（2）基本统计指标：减量化指标，如主要能源品种消费情况、用水总量、用电总量、原材料节约总金额等；再利用指标，如“三废”综合利用产品产值、耕地复耕面积、工业用水重复利用率等；资源化指标，如城市生活垃圾无害化处理率、自然保护区覆盖率等。

2017年版《循环经济发展评价指标体系》包括：综合指标2项、专项指标11项、参考指标4项（见表5－1）。

表5－1　循环经济发展评价指标体系

分类	指标	单位
综合指标	主要资源产出率	元/吨
	主要废弃物循环利用率	%
专项指标	能源产出率	万元/吨标煤
	水资源产出率	元/吨
	建设用地产出率	万元/公顷
	农作物秸秆综合利用率	%
	一般工业固体废物综合利用率	%

续表

分类	指标	单位
专项指标	规模以上工业企业重复用水率	%
	主要再生资源回收率	%
	城市餐厨废弃物资源化处理率	%
	城市建筑垃圾资源化处理率	%
	城市再生水利用率	%
	资源循环利用产业总产值	亿元
参考指标	工业固体废物处置量	亿吨
	工业废水排放量	亿吨
	城镇生活垃圾填埋处理量	亿吨
	重点污染物排放量（分别计算）	万吨

2007 年版和 2017 年版侧重有所不同，因而涉及的指标也存在一定的差异。综合来看，2007 年版与 2017 年版对于资源利用类指标的设定相对一致，较大的差异主要体现在综合指标方面。前者侧重于对推动资源循环利用的投入水平，后者注重资源循环利用的实质成效。与此相对应，前者对于生产系统和生活系统建设进程的指标体系构建具有一定的借鉴意义，后者对于衡量两系统循环链接取得成效的指标体系构建具有一定的参考价值。

（三）系统要素指标体系辨析

系统评价指标本身并没有优劣可言，但当与研究目标关联起来时，不同类别、不同层次的评价指标便会产生出不同的影响，因此需要对评价指标“重要性”进行有效辨析。本部分指标辨析工作，则是针对评价指标的表征属性对于推动生产系统和生活系统循环链接的贡献程度，即重要性，以及与资源循环利用的趋同性进行研究。

按照生产系统和生活系统循环链接路径特征，指标体系的“重要性”辨析可以从以下三个角度进行区分。

1. 强循环—弱循环辨识分析

强循环与弱循环的辨识区分关键在于两者概念的界定边界。简单来说，强循环强调指标的长期指导性，包括清洁生产、减量化利用等方面，因此相关指标应当与这些方面紧密关联，相对比较宏观；弱循环评价指标注重指标的短期可操作性，因此比较直观和可度量，相对比较微观。

国家发展和改革委员会2007年发布的《循环经济综合评价指标体系》与2017年发布的《循环经济发展评价指标体系》都侧重于循环指标的宏观度量，对清洁生产、减量化利用等方面覆盖相对完整，因此属于强循环指标。弱循环指标由于侧重具体的生产指标，一般是基于现有生产工艺条件下的一些技术类指标。

2. 正向—逆向循环辨识分析

正向循环与逆向循环的区分标志在于是否属于静脉产业指标。正向循环侧重生产系统内部的资源循环利用，其中一个重要的特征在于资源的梯级利用，因此正向循环指标能够反映生产过程中资源的利用水平，如生产过程中的余能、副产品的再利用和产品化。与之相对应地，逆循环指标则是反映产品经由使用、消费后有废弃品重新变为再生资源的水平，如再生资源使用率等指标。

2017年国家发布《循环发展引领行动》指出："①推动生产系统和生活系统能源共享。积极发展热电联产、热电冷三联供，推动钢铁、化工等企业余热用于城市集中供暖，鼓励利用化工企业产生的可燃废气生产天然气、二甲醚等燃料供应城乡居民，鼓励城市生活垃圾和污水处理厂污泥能源化利用。②推动生产系统和生活系统的水循环链接。鼓励城市污水处理后的再生水用于城市生态补水、景观及钢铁、电力、化工等工业生产系统，开展再生水用于农业浇灌的示范应用。③推动矿井水用作生产、生活、生态用水。在沿海缺水地区、海岛积极发展海水直接利用和海水淡化，因地制宜推动海水淡化水进入生产和生活系统。④推动生产系统协同处理城市及产业废弃物，因地制宜推进水泥行业利用现有水泥窑协同处理危险废物、污泥、生活垃圾等，因地制宜推进火电厂协同资源化处理污水处理厂污泥。⑤推进钢铁企业消纳铬渣等危险废物，鼓励将生活废弃物作为生产的原料、燃料进行资源化利用，加强环境监管，确保安全处置。稳步推进有关试点示范，建立长效机制。”

3. 有益—有害循环界定

有益、有害循环的界定，受制于技术水平、应用途径、监管方式以及不可预见风险等，很难有明确的界定方式。判断循环的有益、有害通常需要长时间的实验验证、试行以及反馈修正，才能得出相对可靠的界定标准。一般地，有益、有害循环的指标判断依赖于资源循环再生利用过程中资源、工具、设备的理化性质以及与人、动植物接触途径和接触程度。尤其对于特定人群的影响能力判定是界定有益、有害循环的关键指标。

值得注意的是，由于指标自身的内在性质、测量方式、设计方法、参数阈值、技术水平、干扰以及其他因素，导致指标的属性可能在不同维度、不同数值范围表现出多样性，因此，体系辨析并非对指标的特征“一刀切”，在实际分析中需要根据具体问题进行具体分析。例如，废旧橡胶回收利用程度在直观上属于比较明显的宏观强循环指标和逆向循环指标，与此同时，“毒跑道”等由于再生橡胶不当使用导致的社会不良事件亦与这一指标正向关联，因此废旧橡胶回收利用程度可能会包含有害循环的不利因素。

表 5-2　典型指标辨析

	强—弱循环		正向—逆向循环		有益—有害循环	
	强	弱	正向	逆向	有益	有害
主要废弃物循环利用率	✓		✓	✓	?	?
城市餐厨废弃物资源化处理率		✓		✓	?	?
资源循环利用产业总产值	✓					
城市再生水利用率	✓			✓	?	?
农作物秸秆综合利用率		✓		✓	✓	

注：“✓”表示“确定”属性；“?”表示“可能存在”属性，即在不同范围或特定情况下变动。

二、循环链接系统结构解析

基于循环经济研究角度，生产系统和生活系统循环链接的结构解析是在对这两个系统循环链接要素辨析基础上，描述其循环链接结构特征，阐释其不同类别“物质”“过程”以及“流”基本内涵以及相应的测试方法，进一步构建生产系统和生活系统循环链接结构“图”模型，包括结构分层、系统边界、物质流以及要素识别图等。

（一）循环产业链链接结构分析

生产系统和生活系统循环链接是企业、家庭、社会等多主体依靠供需关联在时空上形成的一种相互依存的链式组织联结形式，循环产业链链接的重要形式之一。循环产业链链接以物质资源循环为主要技术手段，以物质资源的价值增值为主要生产导向，以满足全社会企业、家庭等多种用户对于物质和环境需求为主要目标。区别于一般的产业链接形式，循环产业链链接是紧密围绕资源的开发利用展开的，包含了资源减量化利用、资源循环再生以及资源充分使用等。

1. 循环产业链链接结构特征及主要类别

生产系统和生活系统循环产业链接的主要特征包括以下两点：

（1）循环产业链链接强调生态思维在产业链链接构建过程中的指导作用，注重产业链中能量流动和物质循环的自我调节和控制作用，突出资源的综合、反复、高效利用，降低对原生自然资源的依赖程度，力求对生态环境影响最低。

（2）循环产业链的设计应有利于资源的循环利用和清洁生产，必须有利于实现废物无害化并循环再生。

根据生产系统和生活系统循环产业链接动力机制，可以区分为以下三种主要类型：

（1）市场关联型。以潜在经济利润为驱动的循环经济产业链链接形式。市场关联型循环产业链通常关联依赖程度较高、资本利用充分、合作收益较高，因而链接驱动动力较强。同时，市场关联型循环链接对于推动技术创新具有较强的刺激作用。然而，该种链接形式由于是资本驱动的，因此如果缺乏合理管制和高效监管，极易出现不良社会影响，例如劣质产品、企业联盟、技术垄断等。

（2）资源关联型。围绕资源关联性或技术关联性形成的循环经济产业链条。资源关联型循环产业链通常注重对资源的深度加工和综合利用，降低生产过程中的原料浪费，注重针对该资源利用的生产工艺的持续优化，以提高资源原料利用效率。资源关联性循环产业依赖于严密的技术配套体系和物料给配体系，因此资源关联性循环产业链通常表现为大型企业、企业集团等形式，产品虽相对多样化，但产品种类限定于技术方案，且供给由上下游配给决定而非市场。

（3）生态化技术关联型。通过生态化技术对副产品、废弃物进行循环再生利用或无害化处理的循环经济产业链条。生态化技术关联性循环产业链是以生态化为导向的产业链接集群，区别于资源关联型产业链，生态化技术关联型产业链将清洁生产和末端治理同时纳入业务范畴，且更加注重资源的再生利用。同时，该类型的产业链接形式不受制于地域或所有权限制，由社会需求和市场机制驱动，因此生态化技术关联型产业链可以实现跨越生产系统和生活系统边界的资源循环。目前，生态化技术关联型产业链接的主要障碍在于完善的引导、规制、监管机制的建立。

生产系统和生活系统循环链接实际上是一种生态化技术关联型循环产业链接。然而，由于生产系统和生活系统循环链接超出了传统产业链接中限于生产系统内部、企业间链接的边界，因此又有所区别。尤其在与社区、家庭部门往往不具有明确的职能属性，且相对多样、随意和不确定，因此在这一环节需要更多的约束和灵活的设计。

2. 循环产业链链接构建形式

生产系统和生活系统循环链接主要通过生产系统和生活系统内部的企业、社区等建立关联链接，进而形成循环产业链条。循环产业链条的构建主要通过联通产业链以及延伸产业链实现。前者主要通过一定的业务关系或供给关系，联通一定范围内的产业或产业集群，后者则是在现有产业链条基础上向上或向下延伸拓展。两者区别在于“联通”在于连接现有产业，“延伸”在于拓展已有产业链。

产业联通主要基于技术、物料等依存或供需关系，建立链接关系。通常通过接通区域内资源产品供需网络中的孤立点或孤立结构实现网络联通，这种链接形式技术门槛较低、易于操作，但通常由于运输成本、环境影响等因素仅能局限于一定空间范围内，且容易出现产品种类单一、市场冗余等。因此，相对而言，产业联通偏重于优化，即在一定经济、环境发展目标下的路径优化或网络优化（见图5－2）。

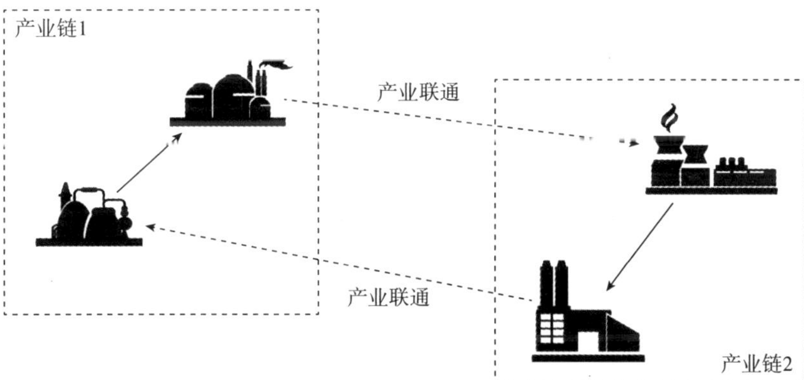

图5－2 产业联通示意图

循环产业延伸是通过向上下游进行关联延伸，或进一步拓展其现有产业链条。例如，向上游延伸进入基础材料加工环节或技术研发设计环节，向下游拓展进入市场销售环节或产品回收环节，进而接通产品回收和材料再生，实现循环产业链闭环。循环产业链延伸的优势在于创造新兴产业和市场，增加产业链附加值同时降低环境负载。此外，循环产业链延伸能够促使整体产业利益提升、风险分摊、降低“冗余”（见图5－3）。

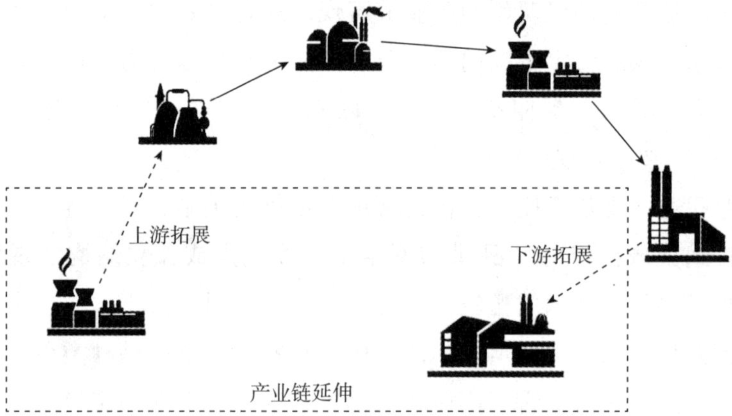

图5－3　产业链延伸示意图

显然，循环产业链联通注重优化，循环产业链延伸注重设计，两者各有利弊，难以区分孰优孰劣。对于现有基础较好的循环产业链链接，如生产系统内部，循环产业联通具有较好的适用性，对于现有基础较薄弱的环节，如生产系统和生活系统链接部分，产业链延伸相对更加适用。

无论是循环产业链链接的优化还是设计都依赖于目标设定和资源价值评估。本书之前章节介绍的理论方法为目标设定提供了参考，如关键指标选择、目标选择依据等，丰富的优化模型也为相关研究提供了方法支持。在资源价值评估方面，需要结合资源循环利用整个周期的经济价值、环境价值以及社会价值等，进行多角度评估。

（二）物质流分析

物质流分析是刻画特定物质（元素、化合物或一类物质等）在某一系统内流动状况的分析工具（Udo de Haes et al.，1997）。物质流分析基于物质守恒定律，通过量化物质在系统中的流入、流出以及流量、存量，建立系统中物质流动的定量关系。

物质流分析是在物质“代谢”基础上延伸出来的，基于社会系统与生态系统在物质层面的结构、过程相似性，物质流分析能够定量表征社会系统中物质流动、消费、贮存、排放等一系列活动的代谢路径和供需关系。生产系统和生活系统循环链接，可以理解为基于物质流的循环路径构建和链接，涉及流量配置、关键节点设置、循环路径优化等一系列研究，这其中主要的定量分析是基于物质流分析的。

在物质流分析中，涉及三个关键要素即物质、过程以及流。

（1）物质。物质流分析的对象是物质，且通常是化学意义上的物质，即所有不同形态的该物质的原料或产品，例如在铁流分析中，研究对象包含了铁矿石、钢铁以及各类铁制品等。需要注意的是，在物质流分析过程中，对于物质的测度和计算亦是针对该种物质的，即需要按照一定的技术参数对产品中该种物质的含量进行测算，从而实现物质计量的守恒定律。

（2）过程。过程包含了整个分析过程中系统中的流入、流动、转化、储存以及流出等。流入是指该物质由系统外部流入系统内部过程，该过程通常与研究范围、系统边界有关，同时涉及物质流入的形态、数量、方式等。流动主要指物质在系统内部空间位置发生变化的过程，例如由一个部门流向另一个部门等。转化主要指物质形态发生变化的过程，该过程通常伴随生产、消费等活动，具体的形式可能包含多对一、一对多、多对多等多种形式的物质流交互（见图5－4）。

图5－4　三种主要的物质流交互形式

存储是系统增长的主要途径之一。通常，当系统物质流入大于物质流出时，说明部分物质以存储的形式流存到系统中。需要注意的是，存储并不意味着系统一定会增长，物质可能会以库存的形式流存在系统中，而非转化为系统结构的一部分。反之（物质流出大于流入），系统可能衰退（或减少库存）。

（3）流。流是物质流分析中物质流动过程的主要表征形式，每个流包含一个流入端和一个流出端，联结系统中两个节点。流量是测度流的强度的主要测度指标，流速则是测度单位时间内流量的测度单位。

流是物质流分析中最能体现物质守恒定律的要素，对于系统中节点 i，总流入等于总流出、存储及增量之和：

$$F_i = F_{i-input} \equiv F_{i-output} + S_i + incre_i \tag{5-1}$$

其中

$$F_{i-input} = \sum_{k}^{n} f_{ki} \tag{5-2}$$

$$F_{i-output} = \sum_{k}^{n} f_{ik} \tag{5-3}$$

多个流以及流节点构成物质流的物质代谢网络。其中，对于只有流入没有流出的节点，称为汇；只有流出没有流入的节点称为源。

在生产系统和生活系统循环链接分析中，一项重要的任务是对于两个系统基于物质流的路径分配和节点设置。具体来说，为实现两系统间的高效物质循环，必须对两系统节点（尤其是生产系统和生活系统输入输出端节点）间物质流动路径基于流量和结构的延长、对接以及优化。与此同时，还需考虑多种物质流间的交互关系和影响（见图 5－5）。

（三）解释结构模型

解释结构模型（*Interpretative Structural Modeling Method*）是系统工程中一种常用的结构模型化分析技术。该模型可以基于分析者对系统要素关联的直观定性认识转化为具有严密定量逻辑的多级“递阶”关系矩阵，因此对于生产—生活循环链接系统这种多目标、变量多、关系复杂、结构不清晰的系统具有较好的针对性和适用性。

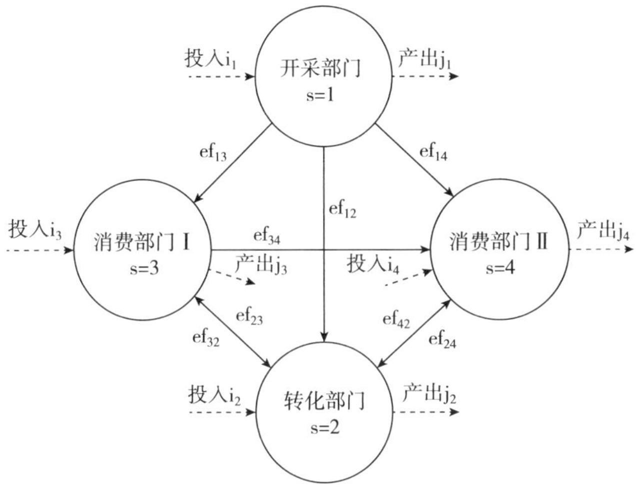

图 5－5　物质流动过程示意图

基于 ISM 法的生产—生活循环链接系统结构分析中，首先需要将系统进行逐级分解，得到若干字系统要素，然后对系统组成要素的关联进行逻辑描述，并构建和计算可达矩阵，最后将系统分解为层次清晰的多级递阶形式。

ISM 法的具体计算过程如下：

1. 系统边界及关键问题设定

ISM 法是针对系统分解的方法，因此必须事先规定系统边界以及关键问题。在生产—生活循环链接系统分析中，系统一般包含生产系统、生活系统以及两系统间的链接部分，核心问题在于链接部分中相关的要素以及要素间的关联。

2. 系统分解及要素识别

对系统逐级分解为若干子系统，进而分解为要素。这一步分解为粗分解，目的在于圈定系统分解目标的大致范围，因此可以尽可能地丰富要素。尤其难以把握的要素可以纳入分解系统中。对于生产—生活循环链接系统分析，由于可能涉及生产系统、生活系统中关联关系链条的延长，从而导致新的间接关联产生，因此应当尽可能地丰富要素体系。当然，要素体系的丰富意味着更加复杂和大量的计算。

3. 邻接矩阵构建

基于关键问题和系统要素构建邻接矩阵，判断要素间逻辑关系，绘制逻辑关联图。以点表示系统要素，以有向边表示要素间关联。需要注意的是，图 5 -6 中的逻辑关联为直接逻辑关联，即要素的变化只经过“一步”传导而影响另一个要素。

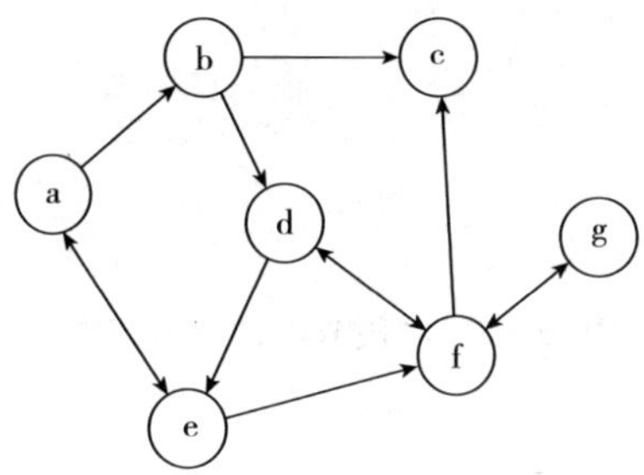

图 5 -6　系统要素逻辑关联

对于图中要素逻辑关联，可用邻接矩阵表达。例如，要素 a 可达要素 b，则两者关联表示为$v_{ab}=1$；要素 a 不可达要素 d，则两者关联表示为$v_{ad}=0$。由图 5 -6 得邻接矩阵 V：

$$
V=\begin{matrix} \\ a \\ b \\ c \\ d \\ e \\ f \\ g \end{matrix}
\begin{matrix} a & b & c & d & e & f & g \\ \begin{pmatrix} 1 & 1 & 0 & 0 & 1 & 0 & 0 \\ 0 & 1 & 1 & 1 & 0 & 0 & 0 \\ 0 & 0 & 1 & 0 & 0 & 0 & 0 \\ 0 & 0 & 0 & 1 & 1 & 1 & 0 \\ 1 & 0 & 0 & 0 & 1 & 1 & 0 \\ 0 & 0 & 1 & 0 & 0 & 1 & 1 \\ 0 & 0 & 0 & 0 & 0 & 1 & 1 \end{pmatrix} \end{matrix} \tag{5-4}
$$

4. 可达矩阵计算

邻接矩阵 V 表述了要素间的直接可达关系，在此基础上，可以计算可

达矩阵 M。可达矩阵 M 表示系统内任意两要素间通过一步或多步逻辑关系后，二者间的逻辑可达关系。例如在图5－6中，尽管要素 a 与要素 d 间没有直接的关联关系，但通过要素 b，要素 a 和要素 d 是可达的。可达矩阵的计算方法如下，运用布尔代数规则[①]对矩阵 V 进行自乘，直至得到的矩阵稳定为止，即

$V_0 = V$

$V_1 = V_0 \times V$

$V_2 = V_1 \times V$

…

$V_n = V_{n-1} \times V$

直到有 $i \in [1, n)$，使得

$V_i \neq V_{i-1}$ 且 $V_{i+1} = V_i$

此时，可达矩阵 $M = V_i$。

5. 系统结构分层

对于可达矩阵 M 中第 p 行中所有非零元素，其含义为由要素 p 出发经过若干次传递最终可达的所有要素集合，记为 $E(p)$。对于可达矩阵 M 中第 p 列中所有非零元素，其含义为经过若干次传递最终可达要素 p 的所有要素集合，记为 $F(p)$。

当

$$E(p) \subset F(p) \tag{5-5}$$

若 $F(p)-E(p)$ 非空，则有要素集 $F(p)-E(p)$ 可达要素 p，而要素 p 不可达该集合。显然，要素 p 在结构中处于较高的层级。此时，将满足该条件的所有要素 p，记入最高层级，并从可达矩阵 M 中删除要素 p 的行和列，然后重复步骤（5－5）直至不可进行。此时，按照每次步骤进行删除要素的顺序倒叙进行整理，并依据初始可达矩阵 M 中要素的可达关联对要素进行连线，即为系统结构分解关系。

---

① 布尔运算规则：$0+0=0$；$0+1=1+0=1$；$1+1=1$；$0\times0=0$；$0\times1=1\times0=0$；$1\times1=1$。

6. 要素驱动性分析

要素驱动性分析主要基于交叉影响矩阵相乘法（MICMAC），对 ISM 可达矩阵进行进一步分解，分析要素间驱动关系和路径依赖程度，判断和识别要素驱动属性。

MICMAC 分析过程如下：

对于可达矩阵 $M=(m_{ij})$，按要素间依存度关系分别计算要素驱动力向量D_i和要素依赖度向量R_j，即

$$D_i = \sum_{j=1}^{n} m_{ij},(i = 1,2,3,\cdots,n) \tag{5-6}$$

$$R_j = \sum_{i=1}^{n} m_{ij},(j = 1,2,3,\cdots,n) \tag{5-7}$$

MICMAC 分析根据要素驱动力向量D_i和要素依赖度向量R_j，绘制驱动力—依赖性矩阵，并根据要素驱动和依赖程度对要素群进行划分：

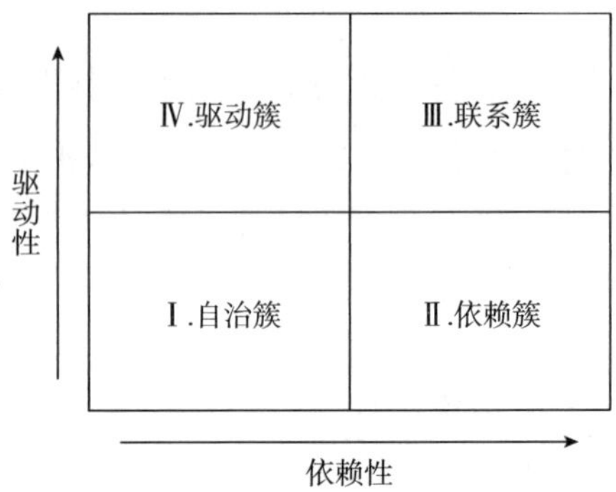

图 5-7　驱动力—依赖性矩阵

图 5-7 中，Ⅰ. 自治簇：要素对于其他要素驱动性和依赖程性都相对较低，要素相对独立。

Ⅱ. 依赖簇：要素对于其他要素驱动程度较低，但对其他要素有较高依赖性，即要素自身受影响程度高而影响程度低，该类要素多处于传导链末端。

Ⅲ. 驱动簇：要素对于其他要素驱动程度较高，但对其他要素依赖性较低，即要素自身影响程度高而受影响程度低，该类要素多处于传导链发端。

Ⅳ. 联系簇：要素对于其他要素驱动程度和依赖程度都较高，该类要素多处于传导链的中部，传导作用突出。

三、循环链接系统行为分析

基于生态系统角度而言，生产系统和生活系统循环链接其实就是一个系统行为促进及其要素优化的动态演化过程，系统行为分析的目的在于通过描述这一演化行为的过程，理解其内在机理。本节试图仿真模拟生产系统和生活系统循环链接的行为机制模型，在此基础上阐释其行为生态学和动态行为机理。

（一）系统动力学模拟

系统动力学是一种基于反馈控制的，针对复杂大系统模拟的计算机仿真技术。该方法以运筹学为基础，综合系统理论、控制论、信息论、决策论、系统力学、仿真与计算机科学等形成的新兴学科，是研究复杂社会经济系统的重要研究手段。

全社会层面的循环大系统构建，尤其是生产系统和生活系统循环链接，其主要形式是产业链的延伸、扩充和对接。产业链可以理解为资源通过若干产业层次不断向下游产业转移直至到达消费者的路径。从产业链入手，构建系统内反馈关联是运用系统动力学方法研究循环经济大系统的重要思路。

反馈系统是系统动力学中最基础和最重要的概念。系统可以分为“开环”系统和“反馈”系统。开环系统是指系统的输入决定系统的输出，而系统的输出对系统的输入不存在任何影响的系统。在开环系统中，系统过去的控制作用不能调节将来的控制作用，系统不观测其本身的行为，也不对其自身行为产生反应。反馈系统，也称为“闭环”系统，它本身过去的行为的影响有一个闭合的回路结构，后者使系统过去的控制作用的结果返回调节系统将来的控制作用，即系统输出对系统输入有影响的系统。反馈系统可以分为负反馈系统和正反馈系统。第一类反馈系统即负反馈系统，是在运行时寻求目标，若没达到目标就会不断产生反应的系统；第二类系统即正反馈系统，是在运行时发生一个持续增长过程的系统，这是因为在正反馈系统中，由控制作用引起的结果会导致发生更强的控制作用。负反馈系统中的控制作用是以发生在前时刻的控制作用的结果为基础的。图5－8为系统动力学运用到循环经济研究的概念图。从图中我们可以看出利用系统动力学方法可构建整个产业系统，可形成单环、闭环两种形式，并利用外部市场反馈机制对产业系统进行调节以达到最优模式。

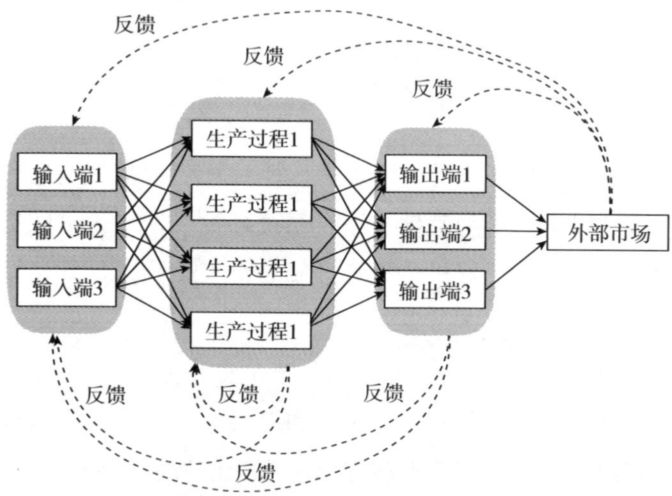

图5－8　系统动力学模型示意图

系统动力学通过反馈回路描述了复杂系统结构，把一阶反馈回路作为系统的基本结构，把耦合系统的状态、流量与存量的闭合通道反映为反馈。复杂系统中决策的产生依赖于信息反馈的自我调节。在社会大系统中，则由状态、决策、信息三个基本部分组成反馈回路。一个复杂系统可以理解为多个简单结构的子系统通过一定的层次组织方式组成，其子系统内部和系统间的反馈回路交叉、相互作用形成系统的总功能和行为。

$$S=(P,\ P_{jk}) \tag{5-8}$$

$$P=\{P_i \mid i,\ i\in I\} \tag{5-9}$$

$$R_{jk}=\{r_{jk} \mid j,\ j\in J,\ k\in K,\ J+K=I\} \tag{5-10}$$

其中，S 为整个系统；P 为子系统，R_{jk}为关系矩阵。

根据系统的整体性和层次性，系统动力学能把系统的结构形成体系与层次。首先，把系统 S 划分成若干个（p 个）相互关联的子系统 S。在此基础上对子系统作进一步的描述。子系统由基本单元和一阶反馈回路组成，一阶反馈回路包含三种基本变量：状态变量、速率变量和辅助变量。这三种变量可分别由状态方程、速率方程和辅助方程表示，除此之外还有一种方程是表函数。不论系统是静态的还是动态的，是时变的还是非时变的，是线性的还是非线性的，都可以用这些方程式来描述。

（1）状态方程。凡是能对输入和输出变量（或其中之一）进行积累的变量称为状态变量。在系统动力学中计算状态变量的方程称为状态变量方程。状态变量方程 L 的一般形式为

$$L.k=L.j+DT(IR.jk-OR.jk) \tag{5-11}$$

状态变量方程在模型中，须以 L 为标志写在第一列，

其中，$L.k$、$L.j$ 为状态向量；$R.jk$、$OR.jk$ 为输入、输出速率（变化率）；DT 为时间间隔。

（2）速率方程。通过对上式变形，可得：

$$\frac{L.k-L.j}{DT}=\frac{DL}{DT}=IR.jk-OR.jk \tag{5-12}$$

由式（5-10）可知，在状态变量方程中代表输入与输出的变量称为

速率，它由速率方程求出。在系统动力学中，速率方程以 R 为标志，速率变量时间下标为 KL。与状态方程不同，速率方程无标准格式。

（3）辅助方程。在建立速率方程之前，若未先做好某些代数计算，把速率方程中必需的信息仔细加以考虑，那么将遇到很大的困难。这些附加的代数运算，在系统动力学中称为辅助方程，方程中的变量则称为辅助变量。系统动力学中，辅助方程以 A 为标志，辅助变量时间下标为 K，没有统一的标准格式。

（4）表函数。模型中往往需要用辅助变量描述某些变量间的非线性关系，显然简单地由其他变量进行代数组合的辅助变量已不能胜任，而若所需的非线性函数能以图形给出，则可简单地以表函数来表示。系统动力学中，表函数以 T 为标志。

系统动力学解决问题的基本步骤包括以下四个方面：

（1）确定问题。问题是指系统内部各系统之间存在的矛盾、相互制约与作用、产生的结果与影响。建模的目的就在于研究这些问题，并寻求解决它们的途径。所以建模的第一步，应首先明确等待解决的问题是什么。

（2）确定系统流图，建立关系式。系统流图是整个系统的核心部分，它是系统动力学的基本变量和表示符号的有机结合，使系统内部的作用机制更加清晰明了，然后通过流图关系的进一步量化，实现政策仿真的目的。依据所要研究系统的主要问题，找出它们之间的相互影响。适当地确定系统的阶数，即状态变量的个数（一个反馈回路至少有一个状态变量）。再考虑状态变量、速率变量、辅助变量以及一些外生变量之间的关系，建立定量关系式。

（3）输入参数。系统流图只说明系统中各变量间的逻辑关系与系统构造，并不能显示其定量关系。因此，在模拟之前，应对模型中的所有常数、表函数及状态变量方程的初始值赋值。模型的参数选择是人们普遍关心和存疑或误解最多的问题，模型行为的模式与结果主要取决于模型结构而不是参数值的大小，所以没有必要将统计的方法用于系统动力学模型的参数估计。参数估计的方法有经调查获得的第一手资料；从模型中部分变量间关系中确定参数值；分析已掌握的有关系统的知识估计参数值；根据模型的参考行为特性估计参数。

（4）模型模拟。通过调整决策变量的值，设计不同方案，模拟各方案下的结果。

专栏5－1　Vensim软件可视化的建模工具

Vensim软件是美国Ventana Systems Inc公司生产的一个可视化的建模工具，通过使用该软件可以对系统动力学模型进行构思、仿真、分析和优化，同时可以形成文档。

Vensim软件主要有以下四个特点，这些特点将在后面的建模应用中逐渐予以体现。

（1）利用图示化编程进行建模。在Vensim中，“编程”实际上并不存在，只有建模的概念。在启动Vensim系统后得到的主窗口中，依据操作按钮画出简化流率因果关系图或流图，再通过Equation Editor输入方程和参数，就可以直接模拟使用。在Vensim中方程及变量不带时标，模型建立是围绕着变量间的因果关系展开的。

（2）运行于Windows操作系统下，采用了多种分析方法，使得Vensim的输出信息非常丰富。输出兼容性强，一般的模拟结果，除即时显示外，还提供了保存到文件和复制至剪贴板等方法输出。

（3）对模型提供多种分析方法。Vensim可以对模型进行结构分析和数据集分析。其中结构分析包括原因树分析（逐层列举作用于指定变量的变量）、结果树分析（逐层列举该变量对于其他变量的作用）和反馈环列表分析。数据集分析包括变量随时间变化的数据值及曲线图分析。

（4）真实性检查。对于所研究的系统和模型中的一些重要变量，可以依据常识和一些基本原则，预先提出对其正确性的基本要求。设定假设是受真实性约束的，将这些假设加到建好的模型中，专门模拟现有模型在运行时对于这些约束的遵守或违反情况，判断模型的合理性与真实性，从而调整结构或参数。

（二）动态行为模型

要素行为模型主要针对单要素或一组要素的行为进行描述和反映，着重刻画系统局部功能和行为，常用于简单系统或系统内聚模块，如核心功能模块的行为分析。要素行为模型能够反映研究对象的状态变化及作用传导机制，是系统行为分析的基础。

1. 状态机模型

状态机模型又称有限状态自动机模型，能够描述研究对象在有限状态间的转移行为，可以理解为要素或系统在特定触发（输入）条件下的特定转移行为集的映射模型。状态机模型是最简单的要素行为模型之一，但能够有效地分析系统行为和动作机理，诸多复杂的系统模型都是建立在这一模型之上。

状态机模型反映了状态变更及必须满足的条件，因此通过设置研究对象的进入动作，状态机能够记录要素或系统从一个状态转移到另一个状态的转移路径及触发条件，存储其历史信息、状态转换顺序以及工作流等（见图 5 -9）。

状态机模型是常用的描述状态机的工具，由状态、转换、判定、同步以及事件等组成：

（1）状态是研究对象在特定时间点或时间段内处于的一种状况，处于特定状态的要素或系统必定满足特定条件、具备特定的属性、执行过/正在执行特定动作等，包含初始状态、终止状态、组合状态、历史状态等。

（2）转换是研究对象在不同状态间转移的一种动作，通常转移需要满足特定条件。

（3）判定则是根据是否满足的相应条件进行判断，进而决定下一步状态转移行为。

（4）同步是对并发工作流的分支及汇合进行说明，确保整个系统工作流数据信息的一致性。

（5）事件指触发状态转换的信息、数据变化或输入，包括调用事件、信号事件、时间事件、改变事件等。

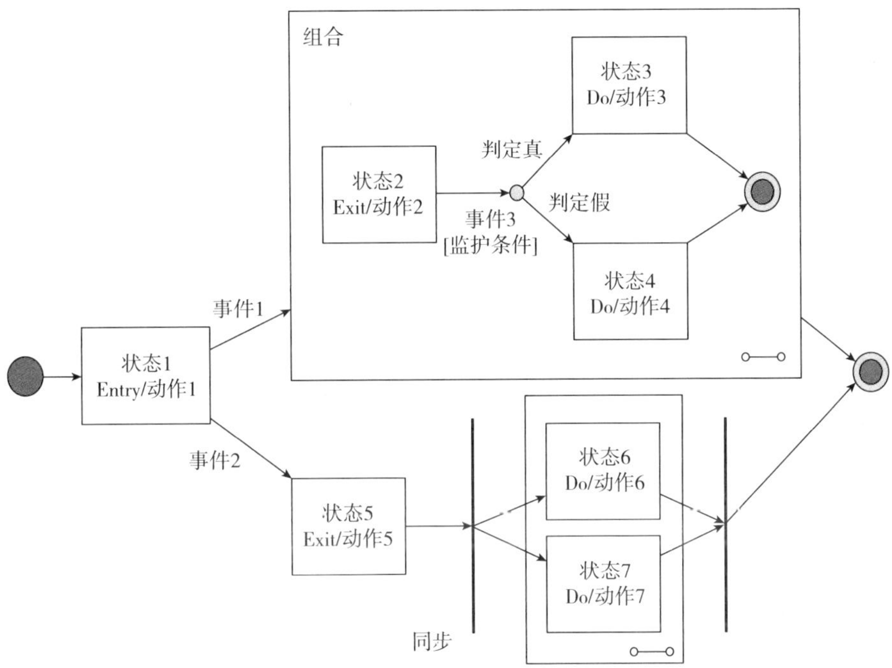

图5　9　状态机模型状态示意图

2. 交互图模型

交互图模型是描述对象之间的关系以及对象之间的信息传递的图模型，包含了序列图、协作图。其中，序列图描述对象之间消息发送的先后次序，协作图强调收发消息对象的组织结构。序列图是一种强调时间顺序的交互图，其中对象沿横轴排列，消息沿纵轴按时间顺序排列。协作图主要用来对单调的、顺序的控制流建模，但它也可以用来对包括迭代和分支在内的复杂控制流进行建模。序列图模型是一种二维图形模型，强调时间顺序，以时间顺序显示参与者向系统发起的事件及对象间的交互关系。其中对象沿横轴排列，消息沿纵轴按时间顺序排列。序列图模型中的对象生命线是一条垂直的虚线，表示一个对象在一段时间内存在（见图5－10）。

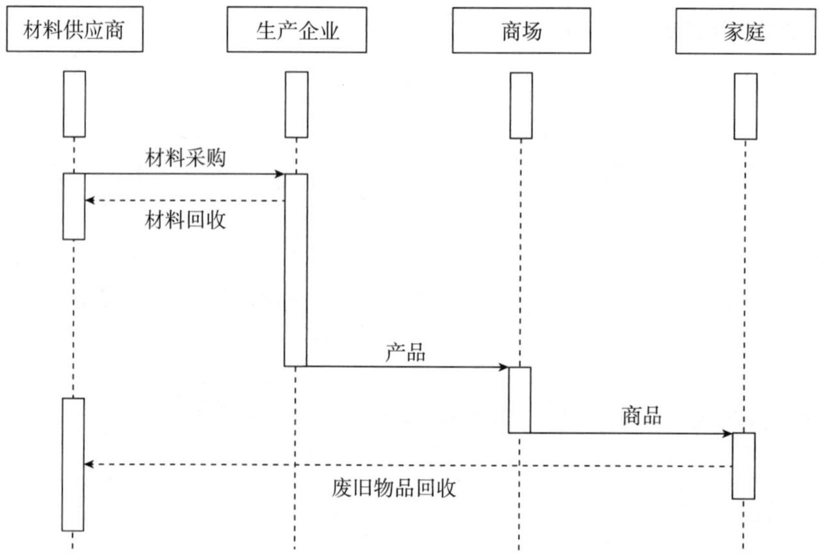

图 5－10　资源循环序列示意图

序列图中的一些主要元素：

——Object（包括 actor 实例）

——Lifeline（生命线）

——Focus of control（控制焦点）和 activation（激活期）

——Message

协作图模型也是一种交互图模型，它强调收发消息的对象的组织结构。协作图模型和序列图模型是同样的，它们可以相互转换。在多数情况下，协作图模型主要用来对单调的、顺序的控制流建模，但它也可以用来对包括迭代和分支在内的复杂控制流进行建模（见图 5－11）。

协作图模型中的组成元素

——Object（包括 actor 实例，多对象，主动对象）

——Message

——Link（链）

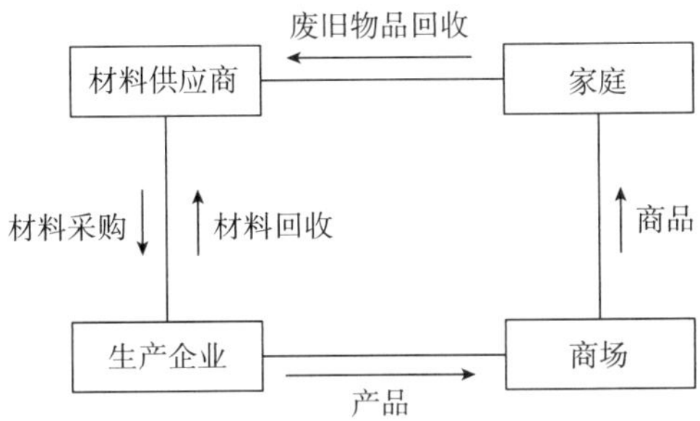

图 5－11 资源循环协作示意图

（三）行为生态学模型

所谓行为生态学模型源于生态学，它是以达尔文演化论为基础，突出环境适应性的观点，研究系统为适应环境做出的一系列行为及反应。行为生态学模型注重研究目标与环境的相互关系，涉及生态学、行为学、博弈论等诸多方法，其中诸多关于应激行为和自适应行为对于分析生产系统和生活系统循环链接行为模式具有重要的借鉴意义。

1. 元胞自动机

元胞自动机是相对简单的、能够反映研究对象复杂应激行为和适应行为机制的模型之一。元胞自动机一般不要求严格的方程或函数，仅依靠一定的规则即可完成，通过设计直观、简单的规则，能够使系统进行有效表达。由于不需要严格的数理表达和边界定义，元胞自动机对于生产系统和生活系统循环链接构建初期研究具有非常重要的实践意义。

元胞自动机方法的基本出发点有以下三个方面：

（1）复杂系统是由许多基本单元组成的。

（2）每个基本单元的状态为有限的几种。

（3）每一基本单元的状态随时间的演化只取决于相邻单元的状态。

元胞自动机采用典型的“自下而上”的建模方法，符合复杂系统的形成规律，也是大多数复杂系统研究采用的思维方式，是复杂科学所倡导的复杂性研究方法。元胞自动机的离散性使许多复杂问题得以简化，其统计测度也很容易计算，易于完成从概念模型到计算机物理模型的转变。

标准元胞自动机是一个由“元胞、元胞状态、邻域和状态更新规则”构成的四元组，用数学符号可以表示为：

$A=(L,\ d,\ S,\ N,\ f)$

其中，A 表示元胞自动机系统；L 表示元胞空间；d 表示元胞空间维数；S 表示元胞有限的、离散的状态集合；N 表示某个邻域内所有元胞的集合；f 表示局部映射或局部规则。

元胞空间：元胞是构成元胞自动机的最基本单元，而元胞空间是元胞所分布的空间网点集合。理论上，元胞空间是在各维向上无限延展的，但实际中无法在计算机上实现。因此，需要定义不同的边界条件。元胞空间的边界条件主要有三种类型：周期型、反射型和定值型。

元胞状态：通常在某一个时刻一个元胞只能有一种元胞状态，而且该状态取自一个有限集合，如 {0，1}、{生，死} 或 $\{a_0,\ a_1,\ a_2,\ a_n\}$。在生产系统和生活系统循环链接中，元胞状态可以用来代表个体所持的态度、个体特征或行为等。

邻域：在空间位置上与元胞相邻的细胞称为它的邻元，由所有邻元组成的区域称为它的邻域。一维元胞自动机中以距离某个元胞 r 内的所有元胞均被认为是该元胞的邻域（见图 5－12）。

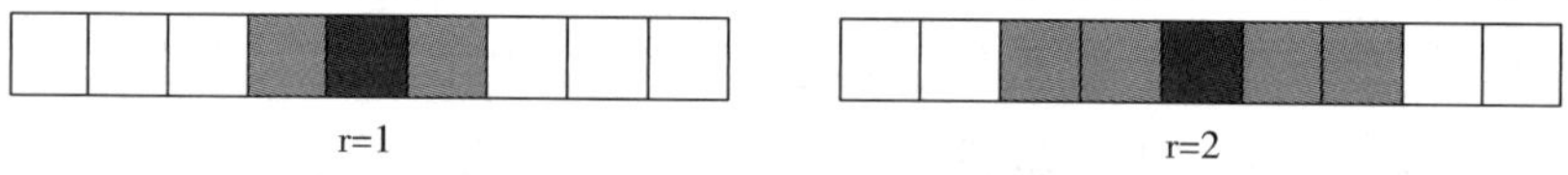

图 5－12　一维元胞自动机模型

在二维元胞自动机中，常见的有冯诺伊曼型、摩尔型（见图 5－13）。

状态更新规则：是指根据元胞当前状态及其邻域中元胞的状态决定下一时刻该元胞状态的状态转移函数。状态更新规则可以写为：

$$f:\ S_i^{t+1}=f(S_i^t,\ S_N^t) \qquad (5-13)$$

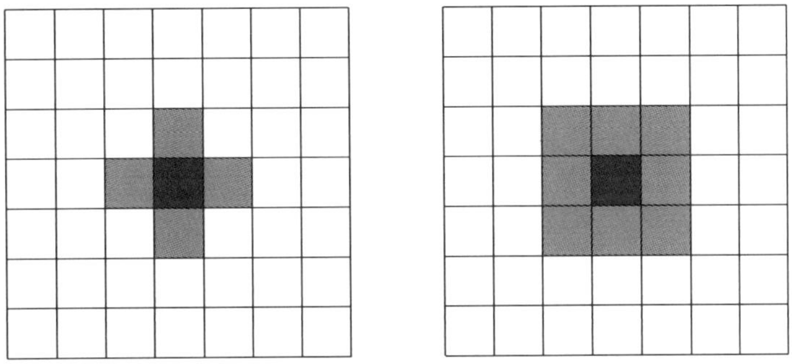

图 5-13　二维元胞自动机模型

其中，S_N^t表示 t 时刻的临域状态组合，即元胞自动机的局部规则。

元胞自动机方法是用元胞作为基本单元描述复杂系统的整体行为，演化的规则可以预设，许多过程可以通过计算机来完成，所以具有直观性及可控性。元胞自动机方法可以使微观层面上决策和机制如何产生一定的动态宏观效果的过程更加明晰和易于掌握。

元胞自动机具有应用的广泛性、灵活性和开放性。元胞自动机不是一种数理方程，而是一种方法框架：一方面，各领域的学者通过扩展元胞自动机的组成构件，提出和建立适合专题现象的扩展模式；另一方面，元胞自动机允许建模者在模型框架下，用各领域的专业规律构建状态更新规则，灵活地结合已有的相关专业模型，使元胞自动机具有应用的广泛性、灵活性和开放性。

2. 博弈模型①

博弈分析是系统行为分析和机制设计的常用研究方法，通过构建和模拟理性决策者之间的决策行为，对参与者间竞争、合作行为进行解释和分析。在生产系统和生活系统循环链接研究中亦是如此。在一般博弈过程分

① 本节参考王兆华的《循环经济：区域产业共生网络：生态工业园发展的理论与实践》及《区域生态产业链管理理论与应用》相关章节，并改写。

析中，一个重要的前提假设是博弈参与人是理性的，即博弈者做出的决策与其追求的目标是一致的，理性博弈者应做出使自身期望收益最大的决策。需要说明的是博弈分析框架下，尽管博弈参与者具有“智能”“理性”的特征，但现实博弈过程中更多是有限理性的决策行为分析，参与者也不局限于人、个体甚至组织。在生产—生活循环链接系统研究中，参与者既可以是生产商、消费者、监管者三者构成的经典委托代理框架，也可以是生产系统、生活系统、链接主体等宏观层面的子系统交互框架。

（1）博弈的分类。参与者、策略空间、博弈次序以及收益函数等要素构成了博弈的信息。根据参与者对其他参与者信息的了解程度，博弈可以分为完全信息博弈（Game of Complete Information）和不完全信息博弈（Game of Incomplete Information）。完全信息博弈是指每个参与者都完全了解其他参与者的策略空间及收益函数下的博弈；不完全信息博弈是指至少有一个参与者不能确切知道其他参与者的策略空间或收益函数等精确信息时的博弈。

从博弈的均衡结果来看，博弈可以分为合作博弈（Cooperative Game）与非合作博弈（Noncooperative Game）。所谓合作博弈是指参与者从自己的利益出发进行策略选择，所选策略对双方均有利；而非合作博弈是指参与者的策略选择对双方均不利。可见，合作博弈与非合作博弈之间的主要区别在于博弈的当事人之间能否达成一个有约束力的协议。例如，人们经过协调分工进行的经济活动就是合作性的博弈，而“囚徒困境”博弈便是典型的非合作性博弈。

根据参与者博弈的先后次序，可以将博弈分成静态博弈（Static Game）与动态博弈（Dynamic Game）。静态博弈是指参与者同时进行策略选择，或者尽管参与者按照先后顺序进行策略选择，但后选择的人不知道先选择人的策略信息。动态博弈指双方的策略选择有先后顺序。

除以上几种分类外，还可以根据不同的标准对博弈进行分类。例如，根据收益矩阵是否对称将博弈分为对称博弈和非对称博弈；根据博弈参与者数量将博弈分为单人博弈、双人博弈和多人博弈；根据参与者收益将博弈分为零和博弈、常和博弈以及变和博弈等。在研究不同问题时，合理选择博弈模型有助于对问题进行有针对性的分析。

（2）纳什均衡。设有 n 个参与者参加的一个博弈 G：

$$G=\{S_1,\ \cdots,\ S_n,\ u_1,\ \cdots,\ u_n\} \tag{5-14}$$

其中，S_i为第 i 个参与者的策略空间，略空间，记为$S_i=(s_{i1},\ s_{i2},\ \cdots,\ s_{ik})$，$k$ 既可取有限个值（有限策略博弈）也可以取无限个值（无限策略博弈）；u_i为参与者 i 的收益，是各参与者博弈策略的多元函数，则纳什均衡定义如下：

在包括 n 个参与者参加的一个博弈 G：

$$G=\{S_1,\ \cdots,\ S_n,\ u_1,\ \cdots,\ u_n\} \tag{5-15}$$

若策略组合$s^*=(s_1^*,\ s_2^*,\ \cdots,\ s_n^*)$ 对 $\forall s_{ik}\in S_i\ (i=1,\ 2,\ \cdots,\ n)$ 均满足：

$$u_i(s_1^*,\ s_2^*,\ \cdots,\ s_{i-1}^*,\ s_i^*,\ s_{i+1}^*,\ \cdots,\ s_n^*)\geqslant u_i(s_1^*,\ s_2^*,\ \cdots,\ s_{i-1}^*,\ s_{ik}^*,\ s_{i+1}^*,\ \cdots,\ s_n^*) \tag{5-16}$$

则称s^*是一个纳什均衡。即任一参与者 i 的策略s_i^*，都是对其他参与者策略组合$u_i(s_1^*,\ s_2^*,\ \cdots,\ s_{i-1}^*,\ s_{i+1}^*,\ \cdots,\ s_n^*)$ 的最佳对策。

如果取严格不等式：

$$u_i(s_1^*,\ s_2^*,\ \cdots,\ s_{i-1}^*,\ s_i^*,\ s_{i+1}^*,\ \cdots,\ s_n^*)>u_i(s_1^*,\ s_2^*,\ \cdots,\ s_{i-1}^*,\ s_{ik}^*,\ s_{i+1}^*,\ \cdots,\ s_n^*) \tag{5-17}$$

则称s^*是一个强纳什均衡。

实际上，纳什均衡陈述了这样一种决策组合状态：任何参与者在面对给定的其他参与者的策略时都没有改变自己的策略的意愿，那么这个策略组合就是纳什均衡。例如，参与者之间就某项事宜达成一致，在没有外部强制约束的情况下，所有参与者是不是都愿意遵守约定？如果所有参与者都愿意遵守约定，这个一致认可的约定就是一个纳什均衡。从纳什均衡的概念可知，如果某些约定或协议不是一个纳什均衡的话，那么它将不会得到遵守；如果是纳什均衡的话，每一个理性的参与者都不会有单独改变策略的冲动。

当一个博弈中存在不止一个纳什均衡时，称该博弈为一个多重纳什均衡博弈。在多重纳什均衡博弈中，如果某个纳什均衡给博弈参与者带来的利益大于其他纳什均衡，从而参与者都会倾向于选择该纳什均衡策略组合，则称该纳什均衡为帕累托上策均衡。

虽然帕累托上策均衡会让博弈参与者获得较高收益，但是并不代表它是唯一选择。当选择帕累托上策均衡会面对较高的收益损失风险时，博弈参与方会转向选择风险最小的纳什均衡策略，即使收益不像帕累托上策均衡那么高。当博弈参与者预计其他参与者会以相同概率选择两种纳什均衡时，更倾向于选择的那个纳什均衡称为风险上策均衡。

（3）动态博弈与重复博弈。在动态博弈中，把参与者进行一次策略选择称为一个阶段（Stage）。动态博弈至少由两个阶段组成，因此动态博弈也称为多阶段博弈（Multistage Game）。又由于动态博弈的参与者进行策略选择都是按次序依次进行的，因此动态博弈也称为序贯博弈（Sequential Game）。将动态博弈中满足博弈特征的次级博弈称为原博弈的一个子博弈（Sub game），显然，参与者在前一个阶段的选择将决定随后的子博弈的结构。当某一策略组合在每一个子博弈（包括原博弈）上都构成一个纳什均衡，这一策略组合称为子博弈精炼纳什均衡。

有一类特殊的动态博弈，同样结构的博弈重复多次进行，称这种动态博弈为重复博弈（Repeated game），其中每次博弈称为阶段博弈（Stage game）。虽然重复博弈在形式上是某基本结构博弈的重复进行，但是参与者的行为和博弈的结果却不一定是基本结构博弈的简单重复，这种重复博弈整体不等于阶段博弈累加的特征充分反映了重复博弈的复杂性，博弈重复次数是影响重复博弈均衡结果的一个主要因素，重复次数往往决定着博弈参与者必须在短期利益和长期利益之间进行权衡，当博弈只进行一次时，每个参与者都只关心一次性收益，但是，如果博弈会重复很多次，或者不能预测何时会停止，参与人可能会为了长远利益而牺牲眼前利益，从而选择不同的博弈策略。

根据重复次数可以将重复博弈分为有限次重复博弈和无限次重复博弈。有限次重复博弈意味着所有参与者都可以预测到的最后一次博弈，并且很清楚如果在最后一次博弈中选择了对自己占优的策略就会获得更多收益，这样即使给其他参与者造成损失，其他参与人也不可能再有报复的机会。通过从最后的阶段博弈开始向前逐阶段推理可知，在每个阶段博弈有唯一的纳什均衡时，N 次重复博弈的唯一子博弈精炼纳什均衡就是阶段博弈的纳什均衡重复 N 次，即每个参与者都始终采取最后一阶段博弈的纳什均衡策略。

无限次重复博弈是阶段博弈的无限次重复。由于无法验证一个博弈是否会一直重复下去，因此通常把结束时间不可预见的重复博弈视作无限次重复博弈。与有限次重复博弈不同，无限次重复博弈中，参与者往往为了长远利益而放弃眼前利益。例如，邻居之间由于要长期居住在一起并经常打交道，因此大家往往不愿意因一些小事而破坏邻里关系。

还有一点值得注意的是，在一般博弈分析过程中（见图 5 - 14），往往侧重于对主体Ⅰ与Ⅱ间的策略选择和产生的影响进行分析，如企业（Ⅰ）与政府（Ⅱ），而事实上在这一层次的分析上，无论是企业和政府都是由无数个企业个体和政府部门个体组成的，所谓的企业（Ⅰ）与政府（Ⅱ）间的博弈过程是由企业个体（A，B）与政府部门个体（C，D）间的博弈过程组成。这意味着参与博弈的个体理性程度可能存在很多情况，理性程度较高的个体其策略选择与预期目标一致程度较高，理性程度较低的个体其策略选择与预期目标一致程度较低。此外，另一个不能忽略的现象是有限理性的动态博弈过程是一个不断演化的过程，每个个体在博弈过程中会尝试学习和模仿其他相对成功个体的策略以修正自身的决策，当然这一过程与个体的学习程度和学习速度等因素密切相关。

（4）演化稳定策略。演化稳定策略是在研究生物进化现象时提出来的，将每一个生物种群为了生存而表现出的行为看成是一种策略选择，就可以将生物种群视为个体之间进行着博弈的群体。如果一个群体中的所有参与者都采用了某种策略，而此时其他任何一个小群体的突变策略都不能

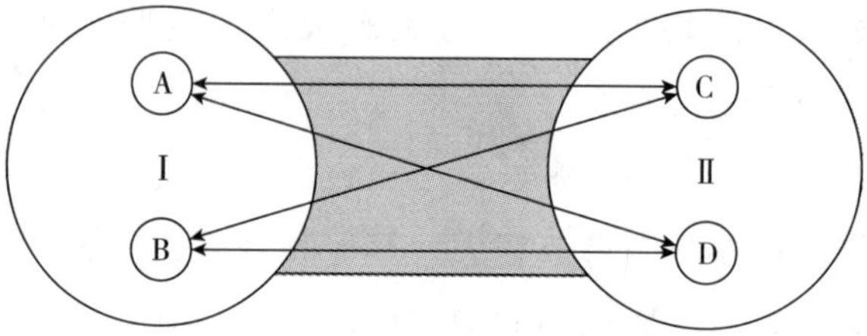

图 5-14　一般博弈关系

入侵这个群体的话，则此策略就被称为演化稳定策略。也就是说，在自然选择的压力下，突变者要么在进化过程中被淘汰，要么选择演化稳定策略以适应环境。

演化稳定策略是演化博弈理论最基本的均衡概念，它在演化博弈中具有广泛的应用。随着演化博弈研究的深入，演化稳定策略的定义也在不断完善。下面仅给出对称博弈情况下的定义。假设在一个由 N 个个体组成的群体中，如果对任意 $y \in A$ 并且 $y \neq x$，存在一个 $y \in (0, 1)$ 使不等式：

$$u[x,\ \varepsilon y + (1-\varepsilon)x] > u[y,\ \varepsilon y + (1-\varepsilon)x] \tag{5-18}$$

对任意 $\varepsilon \in (0, \bar{\varepsilon}_y)$ 都成立，则称 x 是演化稳定策略。其中，A 是群体中个体博弈时的支付矩阵，y 表示突变策略，$\bar{\varepsilon}_y$是一个与突变策略 y 有关的常数，称为侵入界限。$\varepsilon y + (1-\varepsilon)x$ 表示选择演化稳定策略的群体与选择突变策略的群体所组成的混合群体。

生产系统和生活系统循环链接的博弈分析一个重要特征是动态，并最终形成稳定状态。因此，演化博弈是一个重要思路。即博弈参与者对自身策略不断进行更新，即通过重复博弈，不断向邻居个体进行模仿学习，并最终达到稳定均衡。演化博弈一个重要的前提是，参与者面对复杂事物或情形理性是有限的，这与现实情况更加相符。结合本书的研究内容，在生产系统和生活系统循环链接机制构建过程中，涉及的企业、家庭、政府等多个利益相关主体始终面临信息不对称、信息不完全、多重选择等问题，使决策难以综合考虑完整的全局信息，很难做出所谓的“理性”决策。

四、循环链接系统生态性分析

基于生产系统和生活系统循环链接生态学研究基础上，本节试图阐释其循环链接的全生命周期研究过程，并进一步阐释其生态足迹和生态效率测算方法。

（一）生态足迹分析

生态足迹分析由加拿大生态经济学家 Willian Rees 于 1992 年提出，用以度量可持续发展程度的生物物理测度方法。生态足迹通过土地面积量化研究对象的资源需求，与提供该服务地区的生态承载力进行比较，从而评价研究对象的可持续发展状况。生态足迹分析方法通过将供给和需求量化为土地面积，构建了测算和比较研究对象可继续发展状况的计算工具。因此，生态足迹分析常用于分析某一项特定服务或产品的环境影响分析。

生产系统和生活系统的循环链接，依赖于两系统间基于物质流、能量流和信息流的供需路径优化调整和供需关系对接。其中重要的工作即是对链接的可行性和环境影响进行分析评价，运用生态足迹分析方法测算链接的环境影响及是否有利于系统可持续发展等是两系统循环链接路径设计的主要分析手段之一。生产系统和生活系统循环链接涉及大量供需路径对接、优化设计等，还包含了多种链接路径的性能对比和综合影响评价，属于典型的多维度、多尺度、多目标的复杂多目标优化问题。生态足迹能够将这一庞杂的指标体系换算到统一量化框架中，使其转化为一般性的目标优化问题，极大地简化了计算和分析过程。

首先运用生态足迹分析将各种资源和能源消费项目折算为耕地、草场、林地、建筑用地、石能源土地和海洋（水域）6 种生态生产性土地面积类型；其次根据6类生产性土地面的生产力不同，将其转化为具有相同生态生产力的土地面积；最后基于土地功能的空间互斥假设，加总计算生态足迹和生态承载力。

生态足迹计算的步骤如下：

（1）计算各类消费所用土地S_i：

$$S_i = \frac{C_i}{Y_i} = \frac{(P_i + I_i - E_i)}{Y_i} \tag{5-19}$$

其中，C_i表示对第i项土地的消费总量，Y_i表示第i项土地生产力，P_i表示第i项土地的当地生产量，I_i表示第i项土地的进口量，E_i表示第i项土地的出口量。

（2）计算总消费量S：

$$S = \sum S_i = S_1 + S_2 + S_3 + S_4 + S_5 + S_6 \tag{5-20}$$

其中，S_1表示耕地，S_2表示草地，S_3表示建筑用地，S_4表示林地，S_5表示海洋，S_6表示化石能源用地。

（3）折算生态足迹EF：

$$EF = \sum (f_i \times S_i)/P \tag{5-21}$$

其中，f_i表示各类土地的均衡因子，均衡因子分别为：耕地2.82，草地0.54，建筑用地2.82，林地1.10，海洋0.20，化石能源用地1.14；P表示人口。计算得生态足迹需与生态承载力比较，生态承载力计算公式为：

$$EC = N \times ec = N \times \sum (a_i \times r_i \times f_i) \tag{5-22}$$

其中，N表示区域总人口，ec表示人均生态承载力，a_i表示人均生物生产面积，r_i表示产量因子，f_i表示均衡因子。均衡因子分别为：耕地1.66，草地0.19，建筑用地1.66，林地0.91，海洋为1，化石能源用地为0。

对于一定区域生态承载力和生态足迹的差异，当生态足迹超过生态承载力，即生态赤字；当生态承载力超过生态足迹，即生态盈余。生态盈余和生态赤字是判断区域可持续发展能力的重要指标，也可作为生产系统和生活系统循环链接路径设计和路径优化的主要依据之一。

作为推进可持续发展的重要途径之一，链接生产系统和生活系统、提高资源利用效率依赖于资源循环利用路径的可持续性指标，即各类服务的资源消费与提供该项服务的区域生态承载力间的差距。生态足迹分析提供了量化这一差距的方法。

（二）生态效率分析

生态效率于1990年由德国学者Schaltegger和Sturm提出，旨在联结“商业与可持续发展”，反映为经济增长量与环境影响变化量之比。这一概念于1992年世界可持续发展工商业联合会（WBCSD）里约地球峰会上规范化为通过提供具有价格优势的服务和商品，在满足人类高质量生活需求的同时，将整个生命周期对环境的影响降低到至少与地球的估计承载力一致的水平（Hoffren，2001）。在后来的WBCSD会议中，这一定义中又补充了达到环境与社会协调发展的目标（胡巧玲，2015）。

生态效率作为联结经济发展与生态质量间关系的有效度量工具，自提出便引起重视，世界经济发展合作组织（OECD）、欧洲环境署（EEA）、国际金融组织环境投资部（EFG－IFC）以及联合国贸易与发展会议（UNCTAD）等重要经济、环境组织相继对生态效率的内涵和测度方法进行了规范、补充和修改，但其基本内涵没有脱离测度经济发展与环境影响间关系的理念。

生态效率 EE 测算的基本公式为：

$$EE = \frac{EO}{EC} \tag{5-23}$$

其中，EC 表示环境影响，EO 表示经济产出。

根据ESCAP对生态效率测算的指导文件 *Eco-efficiency Indicators: Measuring Resource-use Efficiency and the Impact of Economic Activities on the Environment*[①]，环境影响的主要测算内容包含：有害气体排放（二氧化碳、二氧

① ESCAP，Eco-efficiency Indicators：Measuring Resource-use Efficiency and the Impact of Economic Activities on the Environment［R］．United Nations-Greening of Economic Growth Series，2009.

化硫等气体排放、生物化学需氧量等)、资源消费（能源及水）以及与环境负载相关的资源消费等。经济产出则包含了：经济附加值、产品或服务以及与环境负载相关的经济产出等。

除 WBCSD 对于环境影响计算方法外，一些其他组织根据相应的目的也规定了环境影响的计算方式。其中，广泛应用的 ISO14031 标准规范了生态效率计算中环境评价参数的选择方法，主要考虑的范围涵盖了材料、能源以及服务的输入；所需的运行设施以及相应设施的运作状况；生产活动产生的相应产品、服务以及伴生产品和排放物等。

此外，环境影响的计算由于涉及多方面物质排放和影响测算，难以直接相加计算，因此需要对其进行赋权。由于研究目的差异，目前尚没有统一的环境影响计算赋权方法，因此多借鉴环境经济学中基于确定物品环境价值的调查方法（吕彬、杨建新，2006）。

相较于环境影响的计算，经济产出计算方式直观性较强，常用计算方式多基于两种：效益成本和生命周期成本。后者计算了产品整个生命周期内的市场成本，前者在后者基础上还包含了环境外部性经济成本。

可以看出，生态效率的计算和分析与选取的指标体系、采用的测量方式以及赋权计算方法有密切关联，但总体上是基于经济产出与环境影响的对应关系。生态效率区别于生态足迹在其兼顾了经济产出与环境影响，能够更有效地通过经济效益撬动环境保护，达到提高资源利用效率、提高经济效益的目的。显然这对于引导生态效率生产系统和生活系统的循环链接、实现以经济利润驱动的生产—生活循环链接路径具有重要指导意义。

（三）全生命周期分析

全生命周期评价（LCA）是评估与某一产品（或服务）相关的环境因素和潜在影响的方法，它是通过编制某一系统相关投入与产出的存量记录，评估与这些投入、产出有关的潜在环境影响，根据生命周期评估研究的目标解释存量记录和环境影响的分析结果来进行的。生产系统和生活系统循环链接的评价分析是一项综合性的、长期性的工作，基于全生命周期视角进行研究能够有效识别链接过程中潜在的不利因素，避免风险。

LCA 强调全面认识物质转化过程中的环境影响，这些环境影响不但包括各种废料的排放，还涉及物料和能源的消耗以及对环境造成的破坏作用。将污染控制与减少消耗联系在一起，这样既可以防止环境问题从生命周期的某个阶段转移到另一个阶段或污染物从一个介质转移到另一个介质，也有利于通过全过程控制实现污染预防。LCA 的目标不仅是实现“达标排放”，而是改善产品的环境性能，使其与环境相容。因此，我们可以说 LCA 的思想原则导致了新的环保战略——推行清洁生产。首先，LCA 可促进企业认识与企业活动相联系的所有环境因素，正确全面理解自己的环境责任，积极建立环境管理体系，制定合理可行的环境方针和环境目标。其次，LCA 可协助企业发现与产品有关的各种环境问题的根源，发现管理中的薄弱环节，提高物料和能源的利用率，减少排污，降低产品潜在的环境风险，实现全过程控制。

生命周期评价的四个步骤分别为：

1. 目标与范围定义

该阶段是对 LCA 研究的目标和范围进行界定，是 LCA 研究中的第一步，也是最关键的部分。目标定义主要说明进行 LCA 的原因和应用意图，范围界定则主要描述所研究产品系统的功能单位、系统边界、数据分配程序、数据要求及原始数据质量要求等。目标与范围定义直接决定了 LCA 研究的深度和广度。鉴于 LCA 的重复性，可能需要对研究范围进行不断的调整和完善。

2. 清单分析

清单分析是对所研究系统中输入和输出数据建立清单的过程。清单分析主要包括数据的收集和计算，以此来量化产品系统中的相关输入和输出。首先是根据目标与范围定义阶段所确定的研究范围建立生命周期模型，做好数据收集准备。其次进行单元过程数据收集，并根据数据收集进行计算汇总得到产品生命周期的清单结果。

3. 影响评价

影响评价的目的是根据清单分析阶段的结果对产品生命周期的环境影

响进行评价。这一过程将清单数据转化为具体的影响类型和指标参数，更便于认识产品生命周期的环境影响。此外，此阶段还为生命周期结果解释阶段提供必要的信息。

4. 结果解释

结果解释是基于清单分析和影响评价的结果识别出产品生命周期中的重大问题，并对结果进行评估，包括完整性、敏感性和一致性检查，进而给出结论、局限和建议。

首先辨识和量化整个生命周期阶段中能量和物质的消耗以及环境释放，其次评价这些消耗和释放对环境的影响，最后辨识和评价减少这些影响的机会。生命周期评价注重研究系统在生态健康、人类健康和资源消耗领域内的环境影响。

随着工业化的发展进入自然生态环境的废物和污染物越来越多，超出了自然界自身的消化吸收能力，对环境和人类健康造成极大影响。同时工业化也将使自然资源的消耗超出其恢复能力，进而破坏全球生态环境的平衡。因此，人们越来越希望有一种方法对其所从事各类活动的资源消耗和环境影响有一个彻底、全面、综合的了解，以便寻求机会采取对策减轻人类对环境的影响。

目前生命周期评价是国际上普遍认同的为达到上述目的的方法。它是一种用于评价产品或服务相关的环境因素及其整个生命周期环境影响的工具。以 LCA 的定义出发，阐述 LCA 的技术框架及主要内容，进而提出将生命周期评价作为环境管理的有力工具，从而促进整个社会系统的可持续发展。

五、循环链接系统综合应用分析

单就产业本身而言，生产系统和生活系统循环链接是一个产业链重构经济投入，或可称为扩大再生产，那么对这个扩大再生产行为的经济效应进行综合评价和系统分析就是一项非常必要的研究工作。基于此，本节试图提出生产系统和生活系统循环链接经济行为分析模型，同时构建相应工程技术分析、产业链条优化以及相应的诊断、纠偏方法体系。

（一）投入产出分析

投入产出分析（Input Output Analysis）由 Wassily Leontief 于 1973 年提出，最初用于分析经济系统中各部门间商品及资金流动的分析方法。投入产出分析基于记录经济系统中各部门间投入产出状况编制投入产出表，并运用基础的线性代数计算方法，测算分析单一部门需求波动对其他部门以及经济系统产生的影响。目前，基于投入产出的分析方法已经延伸到环境、资源等多个学科领域。依托强大的投入产出数据库和成熟的分析工具，可以精确地计量和分析部门间物质、能量流动的全生命周期影响。

生产系统和生活系统循环链接一定程度上可以理解为生产系统部门与生活系统部门间的对接，因此基于投入产出分析方法研究生产系统和生活系统间的互动影响机理和链接机制具有较好的针对性。同时，现有的投入产出数据库及换算体系为研究提供了数据支持。

投入产出分析的核心是投入产出表（见表 5 - 3），传统投入产出表一般基于生产各部门间流通物品的实际价值，而在生产系统和生活系统循环链接研究中，通常分析的对象为实物，因此涉及投入产出表的换算。目前，国内外研究机构和研究团队已经开展针对碳排放、能耗以及具有重要经济价值的特种资源等实物投入产出表编制。此外，还可以利用一些相关技术手段，从实证数据（如能源平衡表、国民账户分析等）对投入产出表进行处理。

其中，部门 1，2，…，n 表示系统中的 n 个部门，如钢铁、造纸、金融、交通等；z_{21} 表示从部门 i 到部门 j 间的物品价值，在一般投入产出表中，通常单位为人民币，在实物投入产出表中，通常为该实物的计量单位。

表 5－3　投入产出表的基本形式

部门	1	2	…	n	最终需求	总产出
1	z_{11}	z_{12}	…	z_{1n}	b_1	s_1
2	z_{21}	z_{22}	…	z_{2n}	b_2	s_2
…	…	…	…	…	…	…
n	z_{n1}	z_{n2}	…	z_{nn}	b_n	s_n
附加值	a_1	a_2	…	a_n		
总投入	t_1	t_2	…	t_n		

在表 5－3 中，满足三个恒等式；

（1）总量平衡。公式如下：

$$\sum_{k=1}^{n} t_k \equiv \sum_{k=1}^{n} s_k \tag{5-24}$$

（2）中间量平衡。公式如下：

$$\sum_{i=1}^{n}\sum_{k=1}^{n} z_{ik} \equiv \sum_{j=1}^{n}\sum_{k=1}^{n} z_{kj} \tag{5-25}$$

（3）部门行列平衡。公式如下：

$$t_i \equiv s_i \tag{5-26}$$

其中，

$$t_i = \sum_{k=1}^{n} z_{ki} + a_i \tag{5-27}$$

$$s_i = \sum_{k=1}^{n} z_{ik} + b_i \tag{5-28}$$

即对每个部门都有总投入等于总产出。

为了简化计算，投入产出表可以转化为直接消耗系数矩阵：

$$l_{ij} = \frac{z_{ij}}{s_i} = \frac{z_{ij}}{t_j} \tag{5-29}$$

$$p_j = \frac{a_j}{t_j} \tag{5-30}$$

$$q_i = \frac{b_i}{s_i} \tag{5-31}$$

得到系数矩阵（见表5－4）。

表5－4　转化系数矩阵

部门	1	…	j	…	n	最终需求	总产出
1	l_{11}	…	l_{1j}	…	l_{1n}	q_1	1
…	…	…	…	…	…	…	…
i	l_{i1}	…	l_{ij}	…	l_{in}	q_i	1
…	…	…	…	…	…	…	…
n	l_{n1}	…	l_{nj}	…	l_{nn}	q_n	1
附加值	p_1	…	p_j	…	p_n		
总投入	1	…	1	…	1		

通过表5－4中间转换部分的任意一列，可以计算相对应部门生产一单位产品需要的来自其他部门的产品，见表5－5。

表5－5　转化系数矩阵中的生产关系

部门	1	…	j	…	n	最终需求	总产出
1	l_{11}	…	l_{1j}	…	l_{1n}	q_1	1
…	…	…	…	…	…	…	…
i	l_{i1}	…	l_{ij}	…	l_{in}	q_i	1
…	…	…	…	…	…	…	…
n	l_{n1}	…	l_{nj}	…	l_{nn}	q_n	1
附加值	p_1	…	p_j	…	p_n		
总投入	1	…	1	…	1		

表5－5中灰色的一列表是了部门j生产一单位产品需要的来自其他部

门的产品量分别为l_{1j}，l_{2j}，…，l_{nj}。

显然，对于以上生产关系，可以进一步计算生产l_{1j}单位部门1的产品需要的其他单位产品，即（l_{11}，l_{21}，…，l_{n1}）$\times l_{1j}$。

同理，其他的产品投入可以以此求得。

显然，通过表5-5计算1单位部门j产品需要的整个系统投入，即

$$l_j \times (I + L + L^2 + \cdots + L^r) \quad (5-32)$$

其中

$$l_j = (l_{1j},\ l_{2j},\ \cdots,\ l_{nj})^T \quad (5-33)$$

$$L = (l_1,\ l_2,\ \cdots,\ l_n) \quad (5-34)$$

I为单位矩阵，$r \to \infty$。

根据等比数列求和公式，

$$X = I + L + L^2 + \cdots + L^r = \frac{I - L^{r+1}}{I - L} \quad (5-35)$$

由于$0 \leqslant l_{ij} \leqslant 1$

$$\lim_{r \to \infty} X = \frac{I}{I - L} = (I - L)^{-1} \quad (5-36)$$

其中，$(I-L)^{-1}$又叫Leotief逆矩阵。

投入产出分析方法常作为主要分析工具用于生命周期评价中。基于清单分析，运用Leontief逆矩阵计算产品全生命周期直接和间接影响及其累计效用。

（二）工业工程分析

工业工程分析是针对研究对象的具体问题开展的，基于一系列方法的工作流程。工业工程的一般研究步骤见图5-15。

1. 确定研究主题及研究问题

确定研究主题及研究问题是实施工业工程分析的基础。许多工业工程分析失败的案例始于不能准确识别研究对象及研究问题。

在工业工程分析中，确定研究对象通常需要具体到一个具体的过程或环节。例如，两系统循环链接过程中某一材料加工过程中一个具体的工序

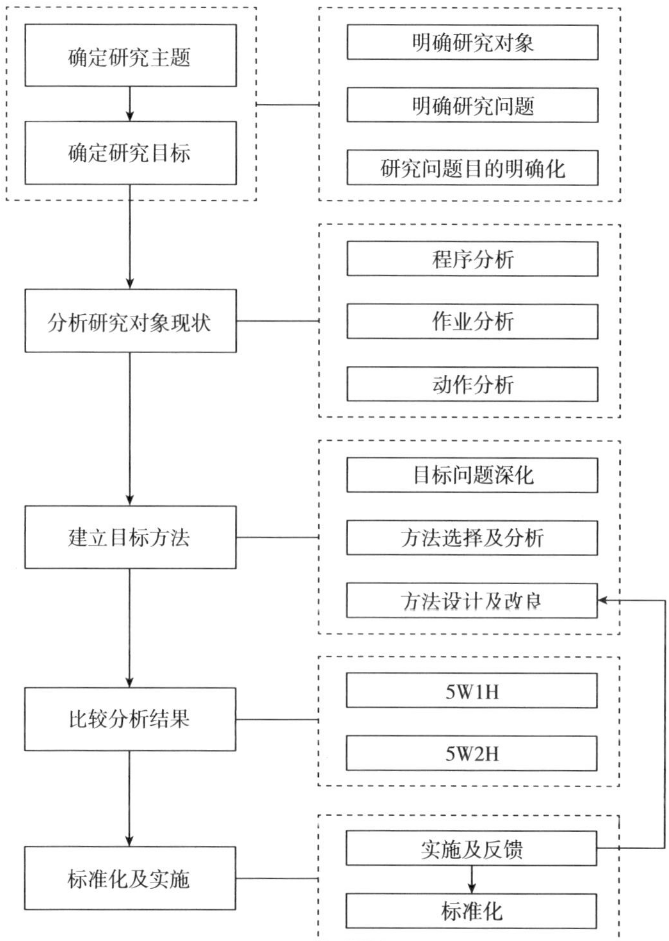

图 5－15　工业工程分析步骤

或工艺。确定研究问题通常需要从三个方面考虑：一是基于现有资料寻找可能的问题点；二是预测潜在的问题点；三是应该解决的问题点。三个方面结合问题的严重性、紧迫性等进行排序。

明确的研究对象和问题应形成一个可以具体量化的目标，例如提高某一生产环节的资源利用率、降低某一环节资源浪费率等。

2. 分析研究对象现状

现状分析通常从程序、作业、动作三个角度切入：一是程序分析侧重分析现有工序在流程上现状分析；二是作业分析侧重分析在每个工序上的横向分析，如联合作业、人机作业等；三是动作分析侧重微观分析，具体到机器、人的行为动作分析等。三个角度从宏观到微观，互为补充。

3. 建立目标方法

基于研究对象、研究问题以及现状，进行研究对象的深度分析和问题挖掘，根据具体问题选择针对性的分析方法。在实际分析中，针对问题可能并不存在对应的分析方法，需要根据问题特征进行选择性组合和改进，尤其对于生产系统和生活系统循环链接研究，可能面临很多不可预见的问题分析以及方法需求，涉及经济、环境、管理等诸多方面。

例如，生产系统和生活系统循环链接的量化研究分析中，不可避免信息处理、数据分析等问题。然而，在面对尚未建立标准化的指标体系，或者统计资料缺失、量化体系模糊的情况，难以避免需要对指标量化处理。可以采用相关的灰色理论、模糊数学方法进行相关处理和计算，提高分析结果的准确性。在此基础上，根据后续步骤反馈，对分析方法进行修正和改进。

4. 比较分析结果

比较分析结果是将分析结果与预期及现状进行比较，使差异明确化。常用的探讨比较方法为“5W1H”或“5W2H”方法。

What：做什么？有必要吗？

Why：为什么要做？目的是什么？

Where：在哪里做？这是不是最适合的地点？

When：什么时候做？这是不是最恰当的时间节点？

Who：谁来做？这是不是最合适的人选？

How：怎么做？这是不是最好的方法？

How much：这么做的成本是多少？有没有更少的成本方案？

通过比较分析结果，对分析方法和分析结果进行优选、试行和改良，并将结果反馈到前序步骤，进一步对方案设计进行改进和逐步修正，并最终定案。

5. 标准化及实施

对改良方案试行、反馈、修正，并最终定案后，经认可即可做成作业标准书，并基于此进行标准化训练和实施。

（三）系统不确定性诊断及纠偏

系统不确定性表现在循环链接路径实施过程中不确定因素的产生，以及相关不可预见的经济、环境、社会影响。尤其对于生产系统和生活系统的循环链接，诸多管理、技术方面的不确定性可能导致链接过程中产生风险。因此，如何及时有效地感知、修正影响，是循环链接路径构建实施过程中的关键。

1. 不确定因素分析诊断

不确定因素分析及诊断是建立在链接路径实施过程中对不确定因素的识别，以及其影响传导路径的监测基础上。例如，循环链接过程中有害循环路径的产生往往难以提前预知，因此需要对潜在风险进行分析诊断和及时修正，避免不良影响产生。

对于生产系统和生活系统循环链接的不确定因素分析诊断，可以运用风险树分析方法。风险树分析流程如下：

（1）明确链接目标。循环链接的具体目标一般包括生态目标、经济目标、社会目标等，如生产系统和生活系统循环链接的强循环链接注重资源利用效率、可持续发展等生态目标和社会目标；逆向链接路径注重价格、成本等经济目标和再生资源利用率等生态目标。

（2）不确定要素识别。不确定要素主要来自新的再生技术应用过程中的不确定性、技术的不规范应用、现有监测治理技术缺陷、市场的波动、监管程序和相关政策的不完善以及社会接受程度等。

（3）整理识别结果并进行专家反馈。将识别结果进行整理，并进行专家审阅、研讨和修订，形成识别报告。

（4）风险树绘制。以废旧橡胶回收利用为例，绘制风险树如图 5－16 所示。

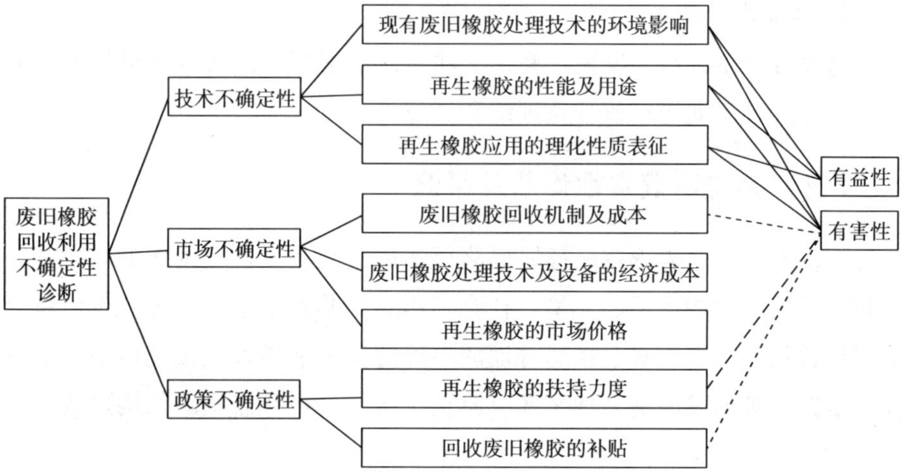

图5－16　废旧橡胶回收利用风险树

2. 纠偏分析

循环链接路径的纠偏是对现有路径中的不良结构识别和修正。纠偏分析的基本思路是对不良影响进行分解，由不良影响沿传导路径倒推，从而识别出问题根源并进行修正。纠偏分析可以运用偏离份额模型，分解和倒推循环路径产生的不良影响。

偏离份额模型分析（Shift-Share Model Analysis）由美国经济学家Daniel和Creamer于20世纪40年代提出，由Dunn于80年代初总结完善并引入我国。该方法主要应用于区域经济学及城市经济学领域，是对特定区域发展的经济结构优劣和自身竞争力的强弱进行评价的定量研究方法。该方法通过将某一地区某一时期的经济总量分为份额分量、结构偏离分量和竞争力偏离分量，分析区域经济发展原因，找出具有相对竞争优势的产业，进而确定产业结构调整的方向。

偏离—份额模型视区域产业发展变化为一个动态的过程，并以其所在国家或地区为参照系，将该地区不同产业在一定时期内的变动加以分解，从而得到增长的偏离分量：

$$\Delta X_{ij} = X_{ij}' - X_{ij} = X_{ij}r + X_{ij}(r_i - r) + X_{ij}(r_{ij} - r_i) \tag{5-37}$$

$$r = \frac{\sum_{i=1}^{S}\sum_{j=1}^{R}(X'_{ij} - X_{ij})}{\sum_{i=1}^{S}\sum_{j=1}^{R}X_{ij}} \tag{5-38}$$

$$r_i = \frac{\sum_{j=1}^{R}(X'_{ij} - X_{ij})}{\sum_{j=1}^{R}X_{ij}} \tag{5-39}$$

$$r_{ij} = \frac{X'_{ij} - X_{ij}}{X_{ij}} \tag{5-40}$$

其中，$X_{ij}r$ 表示份额量，表示该地区基期某部门或产业按国家平均增长速度的增长量；X_{ij}（$r_{ij}-r$）表示结构性偏移量，表示该部门增长率与全国平均水平差异产生的变化影响；X_{ij}（$r_{ij}-r_i$）表示竞争性偏移量，表示该区域实际增长量产生的影响。

偏离—份额模型作为分析区域经济增长的有效分析工具，其基本思想是通过对变量的增长进行分解，从而实现对变量的时间变化和空间变化进行描述和分析。对于生产系统和生活系统循环链接，通过对循环经济产业的关键经济变量指标增长动态进行分解，反映区域资源循环利用过程的区域再生资源份额、循环产业竞争优势等，为政策制定者提供决策参考。

本章小结

本章针对生产系统和生活系统循环链接过程中涉及的主要分析模型和方法，从要素分析、结构分析、行为分析、生态性分析以及综合应用分析五个方面进行梳理，提出生产系统和生活系统循环链接机制方法体系。

本章主要研究内容及结论要点如下：

（1）明确生产系统和生活系统指标体系构建流程，参照国家发改委

2007年和2017年循环经济发展指标体系，按照两系统循环链接强弱、方向以及产生的影响进行辨识和区分。

（2）生产—生活循环链接的系统结构解析从循环产业链接的结构和链接形式入手，对两系统循环链接的结构进行分解，把握系统结构特征，并着重介绍了物质流分析和解释结构分析两种常用方法。

（3）生产—生活循环链接的系统行为分析是对生产系统和生活系统进行链接过程中子系统的行为进行分析，反映两系统循环链接的反馈机制和作用机理。常用的分析方法包括系统动力学、动态行为模型和行为生态学模型等。

（4）系统生态性分析主要针对生产系统和生活系统循环链接的生态学特征进行解析，反映两系统循环链接的成效。主要的分析方法为生态足迹分析、生态效率分析以及全生命周期分析等。

（5）系统综合分析主要针对生产系统和生活系统循环链接综合应用研究，包括针对循环产业关联的投入产出分析、产业综合实践的工业工程分析以及循环链接过程中不确定性因素诊断以及纠偏。

第六章

城市生产—生活系统循环链接数据信息管理及系统设计

随着现代数字信息技术发展，现代数据信息科学和互联网技术在国民经济各个领域发挥了巨大的技术支撑和助推作用。本章以城市生产—生活系统循环链接为切入，依托第四章笔者阐述的数字循环经济理论内涵，概要分析生产—生活系统循环链接数据信息管理体系，同时介绍笔者团队研发的城市生产—生活系统循环链接数据管理软件（以下简称数据管理软件），主要包括功能架构、模块设计、过程控制等。

一、城市生产—生活系统循环链接数据信息管理

城市生产—生活系统循环链接的数据信息管理基于现代信息技术对生产系统和生活系统资源循环链接相关联的数据、信息进行整合分析，构建服务于现代循环经济发展的数据信息平台，以实现产品全生命周期的精准控制，提高资源循环利用效率。城市生产—生活系统循环链接信息管理所涉及的研究领域和实施对象主要分为三个方面：

（一）数据信息结构

数据结构是存储、组织、分析数据的基础形式，也是根据特定分析目的对数据元素之间的逻辑关系进行专门整合，以提高运算效率和存储性能。城市生产—生活系统循环链接的数据信息管理主要针对生产—生活系统内部水、能源、固体废弃物等的数据、信息等资料，包含了从基础指标体系构建、数据搜集、数据逻辑整理、基础数据库构建等一系列工作，具体来说：

（1）在基础指标体系构建方面，目前生产—生活系统循环链接指标体系主要参照国家发改委颁布的《循环经济发展评价指标体系（2017 年版）》及其核算办法①。该办法主要从能源、水资源、建设用地等方面进行考察，兼顾农业、工业、城市生产生活等方面，其部分指标及核算方式如表 6 – 1 所示：

表 6 – 1　城市生产—生活系统循环链接指标体系、计算方法及数据来源

指标类别	具体指标	计算方法	单位	数据来源
产出率类	主要资源产出率	国内生产总值/（化石能源 + 钢铁资源 + 有色金属资源 + 非金属资源 + 生物质资源）	元/吨	统计部门
	能源产出率	国内生产总值/能源消费量	万元/吨标准煤	统计部门
	水资源产出率	国内生产总值/总用水量	元/吨	统计部门、水利部门
	建设用地产出率	国内生产总值/建设用地面积	万元/公顷	统计部门、国土资源部②

① 关于印发《循环经济发展评价指标体系（2017 年版）》的通知［EB/OL］. http：//www. ndrc. gov. cn/zcfb/zcfbtz/201701/t20170112_ 834922. html

② 2018 年 3 月，十三届人大一次会议批准国务院机构改革方案，国土资源部重新整合组建为自然资源部、生态环境部、农业农村部、应急管理部等，原国土资源部不再保留。

续表

指标类别	具体指标	计算方法	单位	数据来源
循环利用率类	主要废弃物循环利用率	（农作物秸秆综合利用率 + 一般工业固体废物综合利用率 + 主要再生资源回收率 + 城市建筑垃圾资源化处理率 + 城市餐厨废弃物资源化处理率）/5	%	发展改革部门、统计部门
	农作物秸秆综合利用率	秸秆综合利用重量/秸秆产生总重量	%	资源综合利用主管部门、农业部门
	一般工业固体废弃物综合利用率	一般工业固体废物综合利用率/（当年工业固体废物产生量 + 综合利用往年贮存量）		环境保护部门、工业部门、统计部门
	规模以上工业企业重复用水率	规模以上工业企业重复用水量/（规模以上工业企业重复用水量 + 用新水量）		统计部门
	主要再生资源回收率	各类再生资源回收量 ×7/各类再生资源生产量		商务部门或相关行业协会
	城市餐厨废弃物资源化处理率	餐厨废弃物资源化处理总量/餐厨废弃物产生量		住房和城乡建设部门或相关行业协会
	城市建筑垃圾资源化处理率	建筑垃圾回收利用量/建筑垃圾产生总量		住房和城乡建设部门或相关行业协会
	城市再生水利用率	城市再生水利用量/城市污水处理量		住房城乡建设部门
统计、推算类	资源循环利用产业总产值		万元	发展改革部门
	工业固体废物处置量		万吨	环境保护部门
	工业废水排放量		万吨	环境保护部门
	城镇生活垃圾填埋处理量		万吨	环境保护部门、住房和城乡建设部门
	重点污染物排放量			环境保护部门

（2）在数据收集方面，一般地，宏观数据来源可以通过行业报告、统计年鉴等获取，如资源产量、消费量等，数据通常可精确到行业；中微观数据则多依赖于专业报告、实地调研等。随着物联网等技术的发展和普及，部分资源如稀贵金属、高价值资源等市场动态、技术流程，以及部分企业和居民资源消费行为等可以做到实时监控，形成丰富的数据记录，为生产—生活系统循环链接的数字化提供了基础。

（3）在数据逻辑整理方面，数据获取的形式和研究需求的形式可能存在不统一，需要构建合适的存储结构以便及时转换。例如，数据存储格式通常为二维表，因此统计年鉴通常以单年表的形式记录某一年内不同产业对不同资源的消费，当研究需求为某一产业对不同资源消费的时间序列时，应当存在恰当的表格关联，实现数据形式的及时转换，且尽可能降低数据冗余以节省存储空间。

专栏 6－1　基于 SQL 的关系表构建

```
CREAT TABLE INDUSTRIES - -创建产业信息表
(
Sno CHAR (10),
Sname CHAR (10),
Sregion CHAR (8),
Stype CHAR (4),
PRIMARY KEY (Sno)
);
CREAT TABLE RESOURCES - -创建资源信息表
(
Rno CHAR (8),
Rname CHAR (20),
Runit CHAR (10),
Rproduction DOUBLE,
```

```
Rconsumption DOUBLE,
Rtime DATE,
Rindustry CHAR (10),
PRIMARY KEY (Rno),
FOREIGN KEY (Rindustry) REFERENCES INDUSTRIES (Sno)
);
```

（4）在基础数据库构建方面，以 MySQL、MongoDB、SQLite 等为代表的开源数据库基本满足常规生产—生活系统循环链接数据存储和分析需求，对于数据吞吐量大、性能要求高的数据库构建需求则有 Oracle、IBM DB2、Microsoft SQL Server 等成熟的商业解决方案。

（二）数据信息技术

数据信息技术是针对收集的数据进行整合、处理、运算、存储、展示等操作所必需的工具手段，包括数据采集、数据预处理、分布式存储、数据仓库、机器学习、并行计算、可视化等。区别于数据分析侧重于采用定量工具，通过构建模型进行有针对性的研究分析，数据信息技术主要是计算机底层的、针对数据本身的一系列操作。简单来说，数据信息技术是保障数据质量、确保数据分析准确性的技术和处理流程。近年来，随着机器学习、深度学习的兴起，数据的重要性不断凸显，传统算法地位逐渐下降，数据分析也逐渐由传统的算法导向向数据导向转变，数据技术逐渐成为现代数据信息技术的核心。

常规数据信息技术的操作对象主要包括标准数据采集、文件日志采集、关系型数据库接入以及其他外部接入等（见图 6-1）。这一类数据结构化程度较高，格式相对固定统一，已形成相对完整的数据管理和处理技术体系。因此，相关数据信息技术比较成熟，处理门槛较低，但对数据类型、结构、格式约束严格，灵活程度较低。现阶段生产—生活系统循环链接相关数据信息主要来源是传统统计年鉴、行业报告、企业内部数据等。

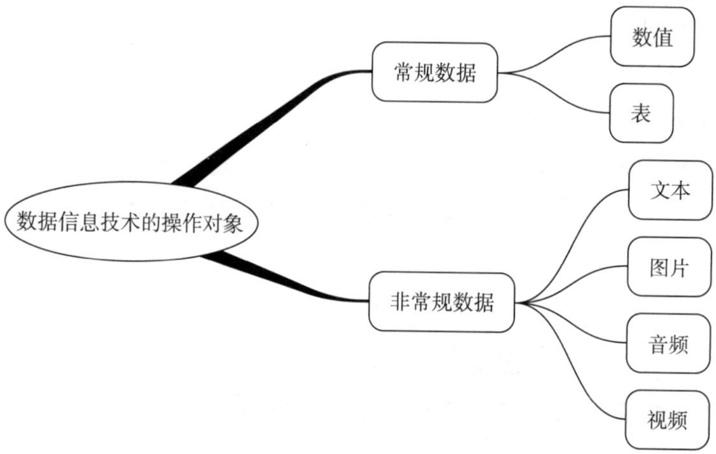

图6－1　数据技术的操作对象分类

非常规数据信息技术的操作对象主要包括企业年报、公司报表、系统日志、政策文件、社会言论等。这一类信息大多数是非结构数据，信息形式往往不限于数据，还包括文本、图片、声音甚至视频，记录的格式相对凌乱且复杂，从获取到整理再到提炼，对于数据处理技术都有较高的门槛。近年来，随着以爬虫、数据挖掘技术为代表的新型数据信息技术的发展和应用，极大地丰富和拓展了循环产业数据信息的来源和形式，从网络言论、地理信息、二维码识别等，对于生产系统与生活系统循环链接的数字化发展奠定了技术基础。

目前，我国循环产业数据体系完善程度相对滞后，数字化建设进程远落后于产业发展水平，从产品全生命周期数据库构建、原生/再生资源市场监控、生产/生活系统动态行为等方面的数据完善程度远未达到现代数据信息管理分析需求，在数据量、精准性、完整程度等方面仍有较大发展空间。与此同时，5G 通讯、物联网、智能传感技术的发展，加上我国庞大的网民和智能手机用户基数，为生产—生活系统数据收集、采录提供了基础，这也为数据信息技术在数字循环经济的应用推广创造了有利条件。按照功能需求，数据信息技术应用于生产—生活系统循环链接研究主要分为四大类：

一是数据诊断及缺省数据补完。目前，循环产业数据资料除统计年鉴、行业报告等正规出版资料外，其他来源的数据信息在可信度、数据质量、精确性、完整程度等方面都难以保证，难以满足生产—生活系统循环链接研究需求。数据诊断及缺省数据不完技术主要是针对这一问题，通过统计模型、灰色模型等方式对数据进行处理，诊断和补完异常数据，确保数据满足后续研究要求。

二是综合评价。循环产业数据指标一般是多维度复杂体系，涵盖经济、环境、资源、社会等多个方面，同时每个方面又细分为多个二级、三级甚至更多级指标，由此导致的综合评价方法的选择尤为重要。综合评价方法一般分为定性和定量方法，定性方法主要包括头脑风暴、德尔菲法等方法，定量方法包括层次分析法（AHP）、熵权法等。

三是中长期预测。生产—生活系统循环链接发展在中长期往往具有不确定性，尤其当前发展初期阶段循环政策法规、资源供需、市场价格等方面相对不完善，在相关研究、决策等方面依赖于数据分析的中长期预测技术。目前，预测模型相对成熟，可供选择的工具也很广泛，但实际操作中需结合数据完备程度、分析需求等有针对性地进行工具选择。例如，针对部分再生资源供需预测，由于数据完整程度较低，可选择灰色模型等。

四是系统优化。生产—生活系统循环链接研究的难点之一是产品生命周期、资源代谢路径以及生产者责任延长导致的城市系统路径优化和结构优化问题，是以应促进系统连接路径对接，提高生产—生活系统资源综合利用效率和系统稳定性。

（三）数据信息管理架构

城市生产—生活系统循环链接数据信息管理架构按照生产系统与生活系统循环链接特征及属性，对生产—生活系统循环链接从强度、方向及影响三个维度，对循环链接分析方法和工具进行划分，进而进行功能架构设计和模块布局。

值得注意的是，尽管路径强度、方向以及影响属于三个不同的维度，但三者间存在一定的理论方法和分析工具的重叠，即功能与方法间存在“多对多”的对应和调用关系。因此，在生产—生活系统循环链接数据信息管理构架设计上需首先梳理和明晰不同分析需求与对应分析工具的逻辑关系和架构设计。

生产—生活系统循环链接数据信息管理构架主要分为功能和方法两个模块：

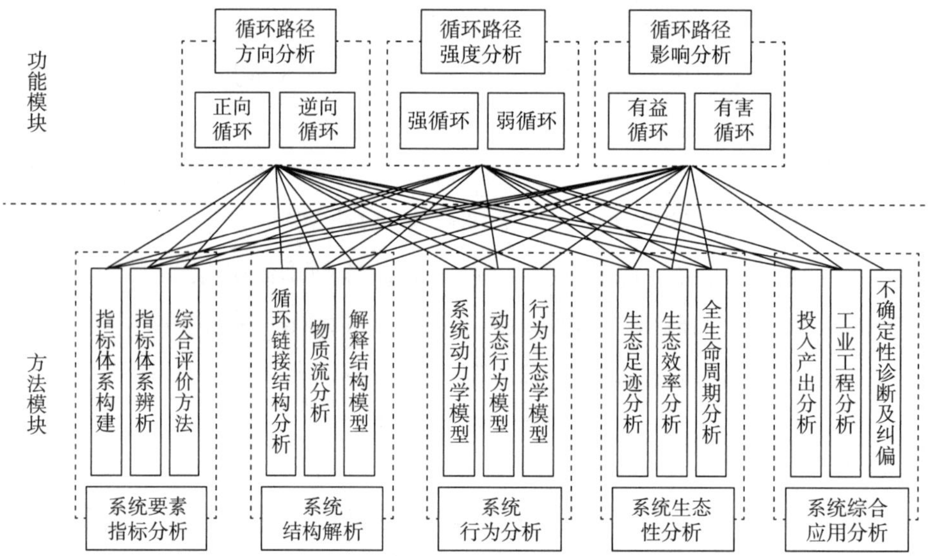

图 6-2　生产—生活系统循环链接数据信息管理构架

功能模块主要根据功能需求进行数据信息处理方法库进行规划和区分，进而针对具体功能需求实现对应技术方法的调用和实施。因此，功能模块设计是生产系统与生活系统循环链接数据信息管理和系统设计的主要出发点。根据本书第三章提出的研究视角，本管理构架对生产—生活系统循环链接的路径、方式和特征从链接方向、链接强度以及链接产生的影响三个维度区分，并引用对应的技术方法库。

循环路径方向分析主要是针对生产—生活系统间链接路径的物质、能源流动方向，即“生产—消费—回收—再利用”循环的正向和逆向循环，其主要对应的分析方法模块包括系统要素指标分析（循环物质、能量流动量化指标及评价等）、系统结构解析（循环路径结构、依存关系、空间结构等）、系统行为分析（循环路径方向变化、形成等）、系统生态性分析（循环路径长度、环境影响等）以及系统综合利用（正逆向循环路径的综合影响及风险分析）等。

循环路径强度分析主要是对生产—生活系统循环路径的强循环与弱循环进行分析，主要对应的分析方法模块包括系统要素指标分析（循环物质、能量流动量化指标及评价等）、系统结构解析（物质流/能流分析）、系统行为分析（循环路径流量变化）、系统生态性分析（强/弱循环的环境影响等）以及系统综合利用（强/弱循环的综合影响等）等。

循环路径影响分析主要是对生产—生活系统循环链接的综合影响从有益/有害的角度进行分析，涉及社会、经济、技术、环境等诸多方面，主要对应的分析方法模块包括系统要素指标分析（评价指标体系构建及综合评价）、系统结构分析（物质/能量代谢路径）、系统行为分析（循环链接路径构建的因果分析）、系统生态分析（循环路径的全生命周期影响）以及系统综合应用（循环链接路径的风险及不确定性）等。

生产—生活系统循环链接的数据信息管理依赖于现代信息技术的发展，从5G通讯、物联网，到人工智能、区块链技术，数据信息管理技术极大地促进了循环产业的数字化转型。然而，我国当前循环产业的数字化建设基础相对滞后，从产品生命周期的全过程数据库建设、工艺流程的“瞬时”优化以及动态“三流”精准控制等，远未满足生产—生活系统循环链接的数字化转型需求。本节也仅是以此为背景，基于笔者团队研究成果，概略地描述了生产—生活系统循环链接数据信息管理的基本技术框架，以期为相关研究提供参考。

二、城市生产—生活系统循环链接数据管理软件设计[①]

城市生产—生活系统循环链接数据管理软件旨在对城市生产系统与生活系统循环链接过程中资源再生、循环利用、清洁生产等关键技术实施流程进行分析、评价、优化等。数据管理软件由输入模块、数据模块、功能模块及输出模块组成，包含综合评价、解释结构模型、生态网络分析、投入产出分析等两系统循环链接研究的基础分析工具。数据管理软件开发遵循标准化软件设计流程和管理体系，设计思路、机理、方法及展示依托本书前述章节及团队已取得的成果，具有完全知识产权。

数据管理软件提供常用的指标分析、结构解析、行为分析、生态性分析及综合应用等分析工具，满足研究基本需求，并实现分析过程及结果的多种形式可视化效果展示及输出。适用领域涵盖循环经济领域内相关资源的回收、再生、利用流程及路径优化、设计等。

（一）系统设计目标

数据管理软件基于生产系统与生活系统循环链接分析必要数理分析工具，集成现代化信息技术，旨在服务于循环经济领域相关研究及决策需求，主要用于城市生产系统与生活系统循环链接及相关研究领域的要素分析、综合评价等系统模拟等。数据管理软件基于 C/S 软件开发构架

① 本章第二节至第五节主要依托北京工业大学研究生科技基金“城市生产系统与生活系统循环链接模式及特征研究”（ykj－2018－00409）和“资源环境大数据框架下城市能源生态系统评价软件”（ykj－2018－0059）研究成果改写而成，这是笔者研究团队的学术性探索，仅供广大读者参考。

和“输入—数据处理—核心功能—可视化—输出”业务处理流程，集成城市生产系统与生活系统循环链接指标及综合评价、系统结构分析、系统行为研究、系统生态性分析及循环链接系统综合应用等相关方法，以实现循环链接分析、模拟、评价及优化等，满足相关领域相关科研需求。

数据管理软件支持循环链接数据处理、运算及优化、计算结果的多种可视化输出等功能。在此基础上，软件需满足计算结果准确性、计算过程严谨性、软件稳定性和健壮性、软件功能可拓展性以及用户交互友好性。

（二）系统设计原则

（1）可靠性原则。

针对生产系统与生活系统循环链接定量分析方法工具的原理复杂性和计算复杂性，数据管理软件设计应以可靠性原则为前提。可靠性原则包括软件性能的可靠性、计算过程的可靠性以及结果展示的可靠性。数据管理软件性能可靠性指软件功能能够满足相应需求，提供相应功能支撑并达到预期的效果；计算过程可靠性指相关计算分析技术准确、完备，计算结果准确无误；结果展示可靠性确保所见即所得。

（2）健壮性原则。

针对生产系统与生活系统循环链接研究的计算复杂性和数据庞杂性，数据管理软件应满足健壮性原则。健壮性原则包括软件进行大批量数据输入、输出及相关处理的性能稳定性，复杂计算运行的稳定性和抗干扰性以及错误的识别、警报、终止及更正等。

（3）标准化原则。

标准化原则要求分析过程遵循标准化流程，从而确保研究结果的开放性和规范性，以为科学决策提供支持。与此同时，数据管理软件设计开发的标准化确保软件自身质量达标，并可通过后续升级实现功能完善、性能提升和稳定性升级。

（4）易用性原则。

数据管理软件旨在服务循环经济及相关领域科研人员及非技术型决策者，因此应满足易用性原则，具备清晰的分析逻辑、简洁的操作流程和直观的图形交互。

三、城市生产—生活系统循环链接数据管理软件数据结构说明

生产系统和生活系统循环链接研究涉及数据多样，数据形式也相对繁杂，数据类型往往由于分析选用方法存在较大差异。例如，投入产出分析对于数据要求以表格形式，反映部门间物质流、能量流、信息流、价值流等的情况，相应地在时间维度要求较低；对于时间序列分析则较为强调数据在时间维度的精度，而对于空间资源流动的供需关系要求角度；生态网络和解释结构模型分析则对于数据的时间和空间维度都有一定的要求等。本软件当前版本提供了城市生产系统和生活系统循环链接研究常见的方法，不同方法对于数据类型需求又存在一定的差异，因而有必要进行全局的数据结构设计和说明。

（一）数据结构说明

根据当前版本软件框架内置方法库，相应的数据类型区分为两种：一种是以流的形式反映部门间供需关系的静态结构；另一种是以时间序列反映流的动态特征向量。

1. 静态结构

静态结构形式如表 6－2 所示。

表 6－2　静态结构表

	S_1	S_2	S_3	S_4	…	Sn
S_1						
S_2						
S_3						
S_4						
S_5						
…						
S_n						

表 6－2 反映了部门 S_1 ~ Sn 的供需关系，可以看出该表只能反映特定时间点的部门间流动关系，因此是静态表。静态结构表可以单独的文件导入或导出，在计算过程中作为矩阵变量存在。

2. 动态特征向量

表 6－3　动态特征向量

年份	2000	2001	2002	2003	…	2018
S_1						

表 6－3 刻画了变量 S_1 在 2000 ~ 2018 年的变化特征，可以看出该表能够反映变量 S_1 在时间维度的变化趋势，但无法反映变量 S_1 与其他变量的互动关系，因此通常作为向量存在。

（二）数据类型说明

软件数据类型以数值和布尔值为主，内置的数值类型包括有符号和无符号整数、单精度和双精度浮点数，并在默认情况下以双精度浮点形式存储。用户可通过自定义方式，对数值进行整数或单精度方式的存储。

软件支持的数值类型如表 6－4 所示。

表 6-4 数值类型

编号	类型	说明
1	single	单精度数值
2	double	双精度数值
3	unit8	8 位无符号整数
4	unit16	16 位无符号整数
5	unit32	32 位无符号整数
6	unit64	64 位无符号整数
7	int8	8 位有符号整数
8	int16	16 位有符号整数
9	int32	32 位有符号整数
10	int64	64 位有符号整数

其中，单精度及双精度数为浮点数，默认为双精度。不同类型变量原则上不可进行运算，但不同类型数值变量在运算处理时，按照 double > single > int/unit 的优先级顺序进行转换，不同位数的有/无符号整数优先级以位数高和有符号的为先。如表 6-5 所示。

表 6-5 不同类型变量运算类型示例

变量 1 类型	变量 2 类型	最终计算结果类型
single	double	double
double	unit64	double
unit32	int32	int32
unit64	int32	int64

（三）数据存储说明

软件框架支持变量数据的导出，用户可根据需求自行操作，否则默认存储与内存介质中，并随软件关闭而丢失。数据的导出可通过文件目录中的导出功能，将数据保存至目标文件夹中，亦可通过软件安装根目录 ~/bin/temp/data 拷贝，文件格式为 . txt。

四、城市生产—生活系统循环链接数据管理软件模块设计

(一) 输入/输出模块设计

输入模块主要针对用户自定义输入数据类型及外部来源数据引用。具体流程如图 6－3 所示。

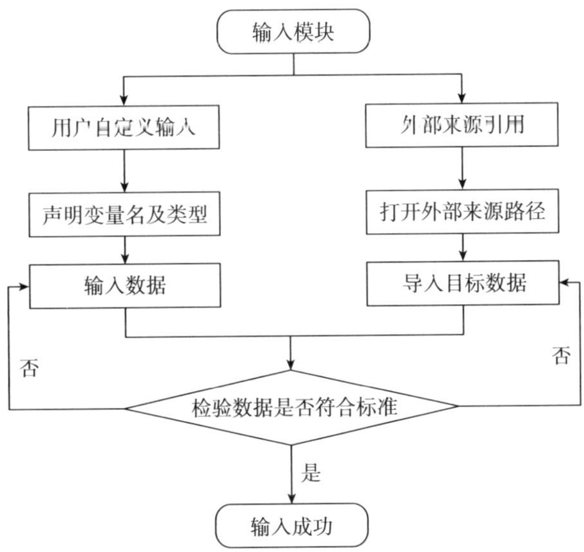

图 6－3 输入模块设计

用户自定义输入变量需进行变量名及类型声明，变量可谓向量或矩阵，数值默认为双精度浮点数。外部引用来源需符合标准化数据类型，目前支持的格式为矩阵、向量。数据输入或导入后，需检验数据格式是否为软件支持类型，否则需修改数据格式。

输出模块支持对结果文本、数字、图片等的导出。基于通用方法库，软件支持结果的文件形式导出，及相关其他工具的读写修改。其中数据、文本信息支持 . txt、. xls/xlsx、. doc/docx、. pdf 格式的输出，图片支持 . bmp、. jpeg、. png、. tiff、. pdf 等格式的输出，用户可根据需求自行选择。

专栏 6－2　导出模块代码节选

导出 xls 文件（C#）

```
public void exportExcel (string path) {
        Workbook workbook = new Workbook ();
        workbook. Worksheets. Clear ();
        workbook. Worksheets. Add ("sheet1");
        workbook. Worksheets. Add ("sheet2");
        Worksheet sheet = (Worksheet) workbook. Worksheets [0];
        int col = 0;
        for (int i = 0; i < dataGridView1. Rows. Count; i + +)
         {
            int row = i + 1;
            col = 0;
            for (int j = 0; j < dataGridView1. ColumnCount; j + +) {
                if (checkcolumtext (checkedListBox1, dataGridView1.
Columns [j] . HeaderText))
               {
                  if (i = = 0)
                   {
```

```
                    sheet. Cells [0, col] . PutValue (dataGridView1. Columns
[j] . HeaderText);
                    }
                         sheet. Cells [row, col + + ] . PutValue ( dataGrid-
View1. Rows [i] . Cells [j] . Value);
               }
          }
     }
          heet = (Worksheet) workbook. Worksheets [1];
          col =0;
          for (int i =0; i < dataGridView2. Rows. Count; i + + )
           {
               int row = i + 1;
               col =0;
               for (int j =0; j < dataGridView2. ColumnCount; j + + )
                {
               if (checkcolumtext (checkedListBox2, dataGridView2. Columns
[j] . HeaderText))
                {
                              if (i = =0)
                         {
                              sheet. Cells [0, col] . PutValue ( dataGridView2.
Columns [j] . HeaderText);
                         }
                    sheet. Cells [row, col + + ] . PutValue (dataGridView2.
Rows [i] . Cells [j] . Value);
                         }
               }
```

```
}
sheet. AutoFitColumns ( );
DateTime d = DateTime. Now;
string filename = d. ToString ("yyyyMMddHHmmss");
string savepath = path + "/data_ " + filename + ". xls";
workbook. Save (savepath);
MessageBox. Show ("导出完成!")。
```

（二）数据清洗及预处理模块设计

数据清洗及预处理是运算前对输入数据经过清洗和预处理符合软件应用标准和计算要求。软件提供用户自定义以及内建处理选择，并确保通过数据计算要求后，可进行功能选择和需求。预处理模块如图 6－4 所示。

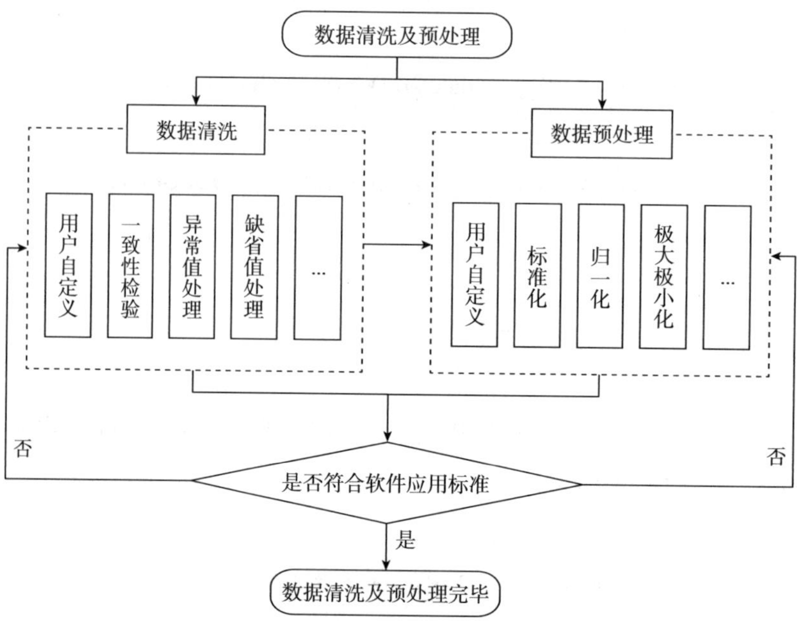

图 6－4　数据清洗及预处理模块

数据清洗主要针对输入或导入数据变量中存在缺省值、异常值、变量合理性、数值合理性、变量逻辑关系等进行处理，以保证计算结果的合理性。目前软件框架支持用户自定义的清洗方式以及内置一致性检验、异常值处理、缺省值处理等方法。数据预处理主要针对数据无量纲化等处理方式，消除变量间量级、量纲差异。目前软件支持用户自定义及标准化、归一化、极大极小处理等方法。

（三）功能模块设计

功能模块集成多种功能库，包含输入/输出模块的通用功能库、数据清洗及预处理模块的方法库、可视化模块的方法库以及用于城市生产系统和生活系统循环链接研究的核心模型方法库。这里着重介绍核心模型方法模块（见图6－5）。

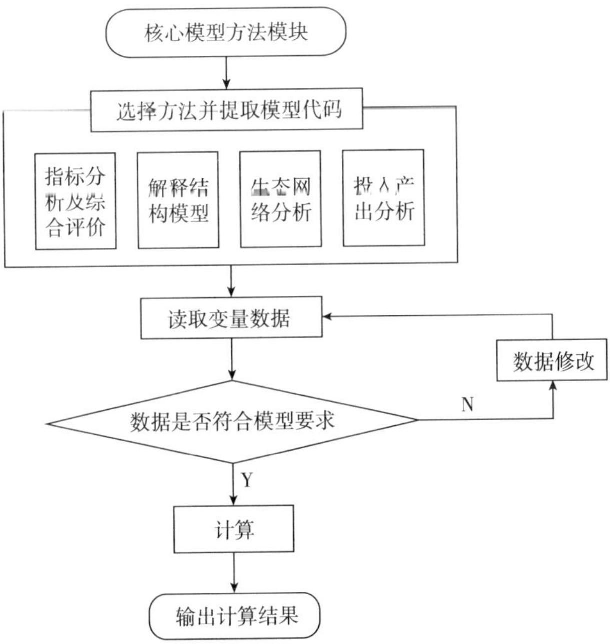

图6－5　核心模型方法模块

核心模型方法模块目前内置指标分析及综合评价、解释结构模型、生态网络分析模型以及投入产出模型，基本涵盖了城市生产系统和生活系统循环链接研究的常用方法。在后续软件版本升级中，该方法模块会进行进一步扩充。用户根据研究目的，可自行选择方法，需注意不同方法对于输入数据类型会有不同要求。

1. 指标分析及综合评价方法库

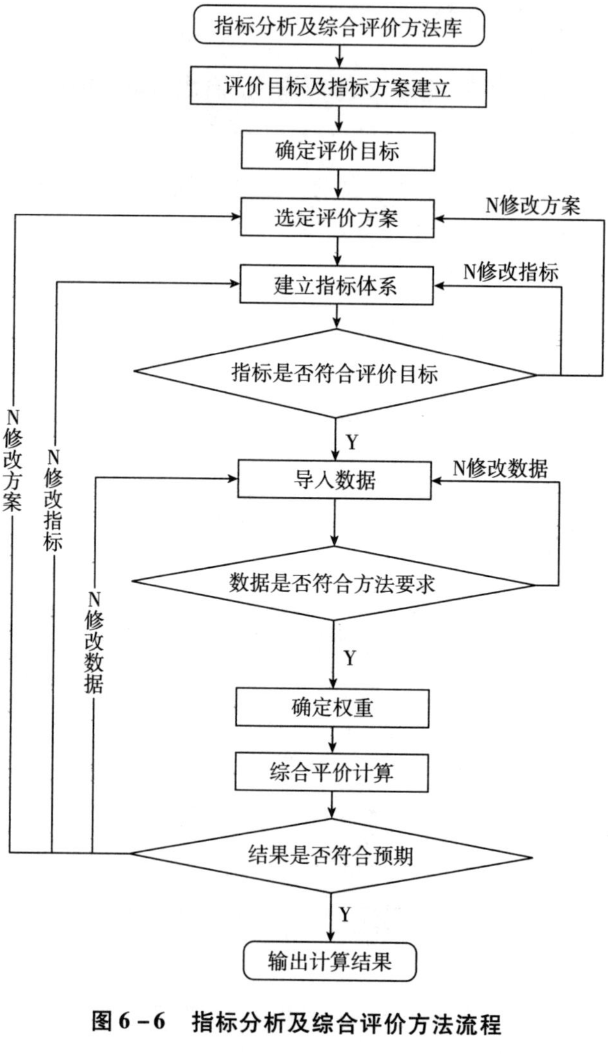

图 6-6　指标分析及综合评价方法流程

该模块方法库针对本书第五章“系统要素指标分析”部分内容，主要用于城市生产系统和生活系统循环链接指标体系分析和综合评价研究。该模块方法库包含指标体系构建、数据导入、综合评价计算、结果导出等常用功能，其中综合评价方法的赋权方式包括主观赋权、AHP层次分析法、熵权法、混合法等。

该流程包括三重检验，即目标与指标一致性检验、数据与方法一致性检验、结果与预期一致性检验，检验不通过允许退回进行相应修改（见图6－6）。

2. 解释结构模型流程

解释结构模型模块对应本书第五章“解释结构模型”内容，是基于研究者对系统要素关联认识进行的定量逻辑分析检验方法，以判断系统要素“递阶”关系。该模块计算流程如图6－7所示。

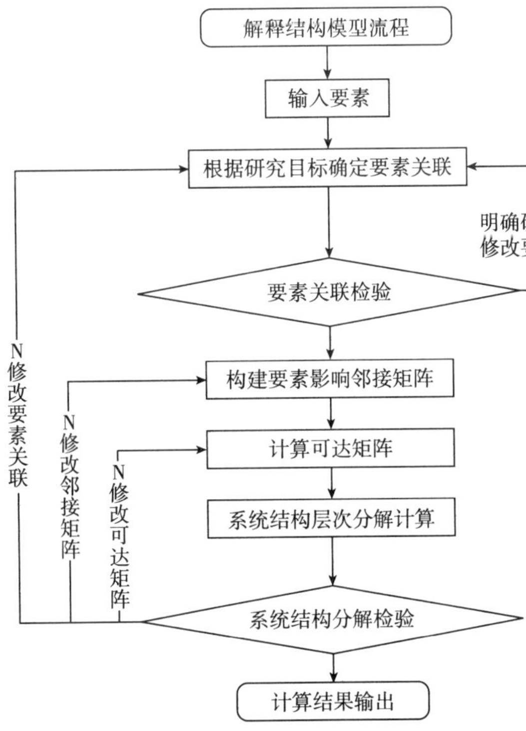

图6－7 解释结构模型流程

城市生产系统和生活系统循环链接研究存在大量不确定复杂要素关联、关系，尤其在逻辑关系判断上，需要严谨的分析工具。该流程设置二重检验关系，允许对计算结果进行修正，保障分析结果的准确性。

专栏6－3　解释结构模型代码节选（Matlab）

```
function a = test (b, c)
[m, n] =size (b)
for i =1: m
    for y =1: n
        oo =0
        for j =1: n
            pp = min (b (i, j), c (j, y))
            oo = max (oo, pp)
        end
        a (i, y) =oo
   end
end

[m, n] =size (x)%x 为可达矩阵
for i =1: m
    for j =1: n
        if x (i, j) ~ =0
            y (i, j) =1
        else
            y (i, j) =0
        end
    end
end
yy = eye (m)
```

```
yy = yy + y
for i = 1： m
    for j = 1： m
        if yy（i，j） > 1
           yy（i，j） = 1
      end
    end
end
for i = 1： m - 1
    yy = test（yy，yy）
end
q = ［］
yyy - yy
for xyz = 1： m
    for i = 1： m
        mmm = find（yyy（i，:））
        nnn = find（yyy（:，i））
        bb = ismember（mmm，nnn）%判断要素归属关系
        if bb = = 1
           q = ［q，i］
           yyy（i，:） = zeros（1，m）
           yyy（:，i） = zeros（m，1）
        else
           i
        end
        q = ［q，999］
    end
end
```

3. 生态网络分析流程

生态网络分析是针对城市生产系统和生活系统循环链接的物质流、能量流代谢路径，分析要素关系及网络特征的分析工具。基于代谢网络中节点基于流的供需关系，判断网络的生态行为。生态网络分析流程如图6－8所示。

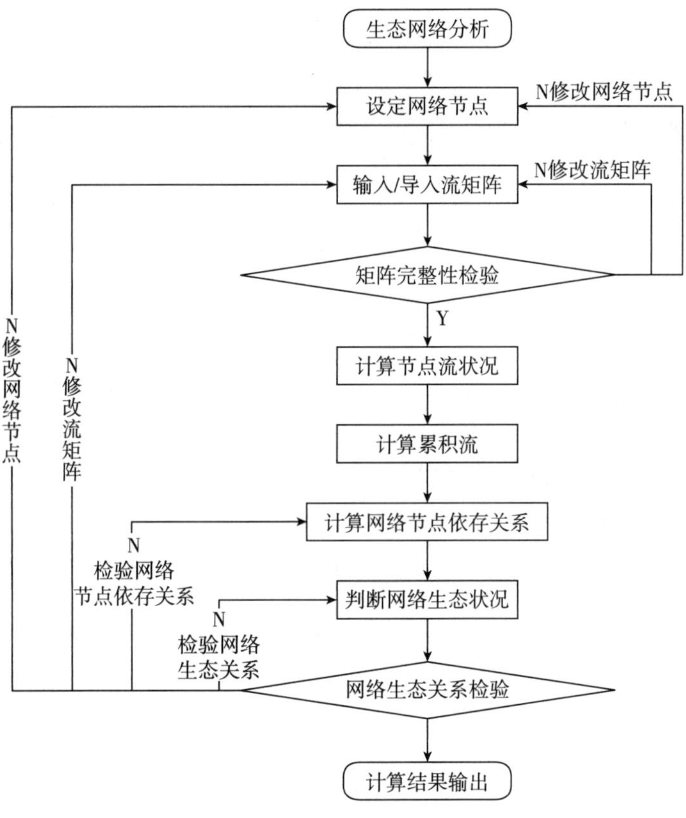

图6－8　生态网络分析流程

生态网络分析对于节点设置以及节点间流矩阵要求较高，必须保证节点的准确性以及矩阵的完整性，否则影响最终计算结果。同时，为保证计算结果具有实际意义，必须对最终网络生态关系进行检验。

专栏6-4 生态网络分析部分代码（Matlab）

```
totalflow = sum（sum（p））%p为流网络矩阵
g = p/totalflow
[m, n] = size（p）
ii = eye（m）
tt = inv（ii - g）
for i = 1: m
   for j = 1: n
      gg（i, j） = tt（i, j） - tt（j, i）
      if gg（i, j） <0
         gg（i, j） =0
      end
   end
end

mm = sum（p'）
for i = 1: m
   kk（i, i） = mm（i）
end
nn = totalconsumption * gg
rind = nn - p
for i = 1: m
   for j = 1: n
      ind（i, j） = rind（i, j） - rind（j, i）
      if ind（i, j） <0
         ind（i, j） =0
      end
```

```
    end
end
for i = 1: m
    for j = 1: n
        pp (i, j) = p (i, j)
        indd (i, j) = ind (i, j)
    end
end

diout = sum (pp')
diin = - sum (pp)
indiout = sum (indd')
indiin = - sum (indd)
```

4. 生命周期评价方法库

生命周期评价主要是对产品生命周期内的环境直接影响和间接影响进行分析，本模块依托开源 LCA 分析框架 openlca，基于 Python 平台 Brightway2 及 lcopt 方法库，以及 FORWAST 数据库对生产系统和生活系统循环链接研究涉及的生命周期分析方法库进行设计。全生命周期分析流程如图 6 – 12 所示。

Process-based 方法基于产品从原始材料到最终废弃物所有涉及环境影响评价，通常对于分析边界界定以及数据完整性要求较高；IO-based 方法基于投入产出分析，是以社会部门为单位对产品生命周期内环境/经济影响进行分析，因为包含了部门所消耗的所有资源，因此通常得出结果比 Process-based 结果要大；Hybrid 是对两种方法进行结合。

专栏 6 – 5　生命周期评价部分代码（Python）

Basic LCA Calculations，参考来源：

https://nbviewer.jupyter.org/urls/bitbucket.org/cmutel/brightway2/raw/default/notebooks/Getting%20Started%20with%20Brightway2.ipynb

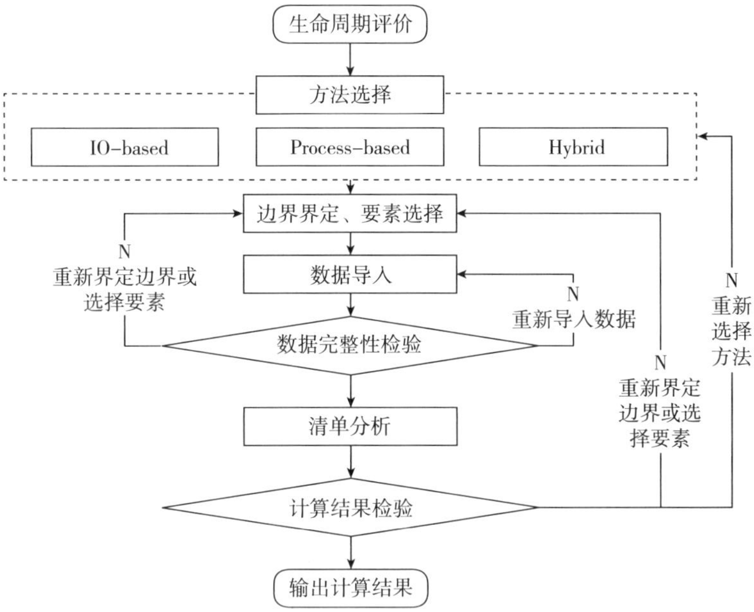

图 6－9　全生命周期分析流程

```
from brightway2 import *
import zipfile
import os
from bw2data. utils import downlod_ file

filepath = download _ file ("forwast. bw2package. zip", url ="http：//lca - net. com/wp - content/uploads/")
dirpath = os. path. dirname (filepath)
zipfile. ZipFile (filepath) . extractall (dirpath)
BW2Package. import_ file (os. path. join (dirpath,"forwast. bw2package"))

process = Database ("forwast") . random ()
functional_ unit = {process： 1}
```

```
lca = LCA (functional_ unit, method_ key)
lca. lci ( )
lca. lcia ( )
lca. score
new_ process = Database ("forwast") . random ( )
print (new_ process)
lca. redo_ lcia ( {new_ process: 1} )
lca. score
```

5. 投入产出分析方法库

投入产出分析，尤其是环境投入产出分析是循环经济、环境经济领域最为常用和成熟的分析工具。根据导入数据内容的不同，本模块支持多种投入产出表的计算。投入产出分析流程如图 6－10 所示。

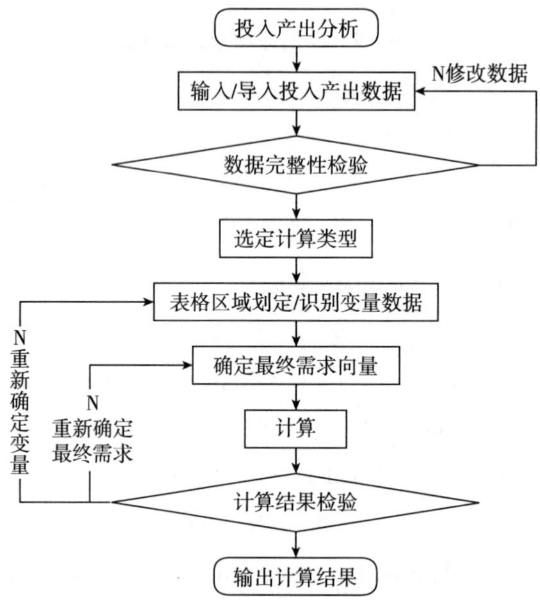

图 6－10　投入产出分析流程

需保证输入/导入投入产出表符合标准，保证同一部门投入产出总值相等。同时，计算过程中需对输入/导入的投入产出表变量进行识别和确认，保证计算变量识别和最终结果的准确性。

（四）可视化模块设计

提供数据的可视化功能。可视化模块可接收功能模块计算结果的导入，并根据用户选择进行对应可视化。可视化模块工作流程如图6-11所示。

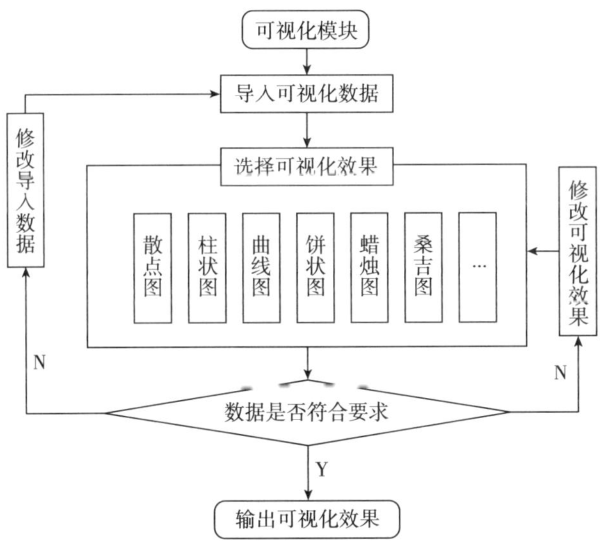

图6-11　可视化模块

导入数据需与可视化效果要求数据相匹配，否则需退回修改导入数据或修改可视化效果。目前可视化效果支持数据的散点图、柱状图、曲线图、饼状图、蜡烛图以及桑吉图等效果的实现，用户可根据需求自行选择，在后续软件版本更新中，会对可视化效果库进行升级。

本章小结

现代数字信息技术发展，有效地促进了生产系统和生活系统循环链接发展。结合现代数据信息技术，笔者提出生产—生活系统循环链接数据信息管理框架和系统设计方案，并以此为依托研发城市生产—生活系统循环链接数据分析和评价系统软件。

主要研究内容及结论要点如下：

（1）从数据结构、信息技术、数据管理等层面，梳理城市生产—生活系统循环链接数据框架体系和主要计算方法，并提出城市生产—生活系统循环链接数据信息管理架构。

（2）基于城市生产—生活系统循环链接系统软件结构，阐述功能算法模块的设计逻辑和工作流程，主要包括功能框架、模块设置、数据流程等。

（3）基于城市生产—生活系统循环链接指标分析、综合评价、结构分解、行为预测、生态性分析等工作流程，集成核心功能算法，并对其结果进行可视化展示和输出。

第七章 生产系统和生活系统循环链接机制分析

建立生产—生活循环链接系统本质是减少两系统产生物质“冗余”，促进循环经济进一步发展，但目前来看，我国还没有建立起有效的生产系统和生活系统的循环链接机制，因此寻找出两系统建立循环链接的关键驱动因素和因果关系至关重要。出于此研究目的，本章运用第五章所提到的解释结构模型方法和系统动力学模型探寻生产系统和生活系统循环链接机制构建过程，为后续循环链接管理机制构建提供参考依据。

一、生产系统和生活系统循环链接的现实依据

生产系统和生活系统循环链接的现实依据源于当前城市绿色清洁和可持续发展的建设主题：一方面，面对经济发展需要的资源投入不断增加；另一方面，面对资源短缺与环境恶化的双重压力，必须探索一种资源高效利用和环境友好的发展模式。因此，通过行业链接和产业链延伸，寻求废弃物综合利用和资源共享的利用途径是当前极为紧迫的问题，而生产

系统和生活系统循环链接机制的建立也是解决这一问题的重要思路之一。

近20年以来，伴随资源节约和循环经济在我国不同产业领域的推广实施，生产系统和生活系统循环链接已在一些生产领域逐步展开和深入进行。本节依据实际生产资料，梳理重点行业生产系统“冗余”、循环链接对象、状态演化过程等。

（一）我国重点行业生产资源冗余分析

1. 生产系统“冗余”

改革开放40多年来，我国以原材料和能源消耗为主体的工业生产系统得到了快速发展，生产系统发展不仅带来原材料、化石能源以及水资源的大量消耗，也产生了大量的余热、废气、废水以及工业废弃物等诸多伴生“垃圾”，即生产系统“冗余”。本部分以生产系统中具有代表性的煤炭、电力、钢铁、有色金属、石油化工、建材、造纸、食品、纺织等行业为例，对其生产系统“冗余”进行分析。

根据国家《循环发展引领行动》，笔者对生产系统中的“冗余”产出类型、处理工艺、再利用方式以及具体应用领域进行了梳理归纳（见表7－1）。

表7－1　生产系统典型行业冗余分析

典型行业	生产阶段	冗余类型	处理工艺	再利用形式	应用领域
煤炭工业	煤炭开采	矿井水	—	生活用水	生活系统
			—	生产用水	生产系统
			—	生态用水	生活系统或其他
		煤层气	—	燃料	关联或衍生产业
			—	化工产品	关联或衍生产业
	煤炭洗选	煤泥	—	水泥	关联或衍生产业
			—	制砖	关联或衍生产业
			—	发电	生活、生产系统

续表

典型行业	生产阶段	冗余类型	处理工艺	再利用形式	应用领域
电力工业	电力热力生产	灰渣	—	筑路、建材	关联或衍生产业
			—	农业	关联或衍生产业
		烟气	除尘	粉煤灰	关联或衍生产业
			脱硫	脱硫石膏	关联或衍生产业
				脱硫灰	生产系统
		废水	直接回用	生产过程用水	生产系统
			直接自用	煤场洒水	生产系统
				干灰渣调湿	
				系统冲洗	
			中水处理	绿化等	生活系统
钢铁工业	焦化	焦炉煤气	提氨	氨气	关联或衍生产业
			制甲醇	甲醇	关联或衍生产业
	烧结球团	脱硫副产物	脱硫	硫酸镁	关联或衍生产业
				石膏等	关联或衍生产业
				硫酸等	关联或衍生产业
				化肥	关联或衍生产业
	烧结球团、高炉、炼钢等过程	烧结粉尘、高炉粉尘、转炉粉尘	—	氧化锌	关联或衍生产业
			直接还原	铁	生产系统
	高炉、炼钢等过程	高炉渣、钢渣等	—	化肥	关联或衍生产业
			—	水泥、微粉料	关联或衍生产业
	焦化、高炉、炼钢、连铸、轧钢等过程	副产煤气	—	煤气	生产、生活系统
		冲渣水余热蒸汽	—	城市供热、采暖	生活系统
有色金属工业	采矿	废水	处理	采矿用水	生产系统
	冶炼	废水	处理	冶炼用水	生产系统
		炉渣	—	建筑材料	关联或衍生产业
		冶炼弃渣	—	有价金属提取	关联或衍生产业
		冶炼烟气	—	有价金属提取	关联或衍生产业

续表

典型行业	生产阶段	冗余类型	处理工艺	再利用形式	应用领域
石油化工工业	石油炼制	废水	污水处理	再生水	生产、生活系统
		废气	—	余热发电	生产、生活系统
			—	制氢气、硫黄	关联或衍生产业
化学工业	热电联产	多余热电	—	供电、热、暖	生产、生活系统
	生产过程	废水	污水处理	生态用水	生活系统或其他
				工业用水	生产系统
		废热	—	余热发电	生产、生活系统
		危险废弃物	焚烧	蒸汽余热发电	生产、生活系统
建材工业	生产过程	余热	—	发电或供暖	生产、生活系统
		废水	—	生态用水	生活系统或其他
			—	工业用水	生产系统
		废品废渣	再利用	建筑材料	生产系统
造纸工业	制浆	蒸汽余热	—	热、电	生产、生活系统
		白泥	—	工业碳酸钙	关联或衍生产业
			—	水泥	关联或衍生产业
	制浆、造纸	废水	生物处理	中水回用	生产、生活系统
			生物处理	沼气发电	生产、生活系统
		污泥	焚烧	发电、供暖	生产、生活系统
食品工业	食品加工	废弃物	无害化	有机肥	其他
		余热	—	热、电、气	生产、生活系统
纺织工业	生产过程	废水	深度处理	生产回用	生产系统
		废气	回用	制硫酸等	生产系统
		废渣	—	制砖	关联或衍生产业
		下脚料	回收处理 精细分类	生产回用	生产系统

2. 生活系统“冗余”

伴随国家经济发展和人民生活水平提高，城乡居民（尤其大中城市）生活系统必需的能源、水资源等相关消费品需求量也快速增加，相应地这些生活必需品的"新陈代谢"频率也逐渐加快，从而产生了巨量城市生活"垃圾"，即生活系统"冗余"。

根据国家《循环发展引领行动》（2017），笔者对生活系统中的"冗余"产出类型、再利用方式、实施主体以及具体应用领域进行了初步归纳梳理（见表7－2）。

表7－2　生活系统典型冗余分析

对象	冗余类型	再利用形式	实施主体	应用领域
生活系统	生活污水 生活废水	中水用于绿化浇灌、车辆冲洗、道路冲洗、家庭坐便器冲洗	污水处理站 中水生产站	生活、生产系统
		泥污焚烧发电、供暖	泥污焚烧站	生活、生产系统
	生活垃圾 餐厨垃圾	焚烧发电、供暖 沼气	垃圾清运站 垃圾焚烧站	生活、生产系统
		堆肥	垃圾处理站	其他
	可回收高值 普通废弃物	生产原料	废品收购站	生产系统 关联或衍生产业
		工业替代燃料	窑炉协同处理	生产系统
	危险废物	焚烧发电、供暖	危废处理站	生活、生产系统
		工业替代燃料	窑炉协同处理	生产系统

（二）生产系统和生活系统循环链接内容、对象和基础

1. 循环链接内容

构建循环链接，其主要目标和内容应该是解决以什么作为链接指示物的问题。作者研究认为，生产系统和生活系统建立循环链接，即是建立能源、资源的循环链接，而生产系统和生活系统之间，需要建立和打通能源、资源的循环流动路径，这是两系统能够循环链接的关键。

在我国一些实际生产领域，生产系统和生活系统循环链接主要有以下形式：

（1）能源梯次利用，主要包括工业废蒸气、余热、余能、余冷、可燃废气、废油气等用于供暖、供热、发电、制作燃料。

（2）水的循环利用，主要工业废水、生活废水经处理达标后成为再生水，矿井水净化、海水淡化后成为生产、生活用水或饮用水等。

（3）协同处置生产、生活废弃物，主要包括生活垃圾、污水处理后形成的泥污、生产废弃物、危废等通过水泥、钢铁、电力等企业的生产设施进行协同无害化处置，同时也为这些企业的生产环节提供了燃料。在此基础上可与能源的梯次利用相结合。

2. 循环链接对象

循环链接对象是解决生产系统和生活系统之间，哪些主体之间进行链接的问题（见图7－1）。笔者认为，生产系统中煤炭、电力、钢铁、有色金属、石油化工、建材、造纸、食品、纺织等生产性企业，往往是能源、资源消耗大户，也具有较大的能源、资源等循环再利用的潜力，是生产系统中主要的链接对象。

电力、热力、燃气及水生产和供应行业，水利、环境和公共设施管理业的相关企业，既有属于生产系统的部分，也有属于生活系统的市政设施运营机构，水、电、气、热等市政供应部门和城市垃圾的归集、清运部门。这些行业部门对于生产系统和生活系统是形成循环链接的关键节点，也是进行链接的主要对象。

3. 循环链接基础

循环链接基础是解决生产系统和生活系统链接链条客观可行的问题，主要包括相关的基础设备、协同处置技术、组织管理机构以及具备对生产系统和生活系统形成循环链接所要求的足够技术支撑等。

（三）生产系统和生活系统循环链接的状态演化

1. 原生状态

在自发状态下，生产系统和生活系统之间通过能源、资源的流动，在总体上存在着简单、线性的链接关系（见图7－2）。

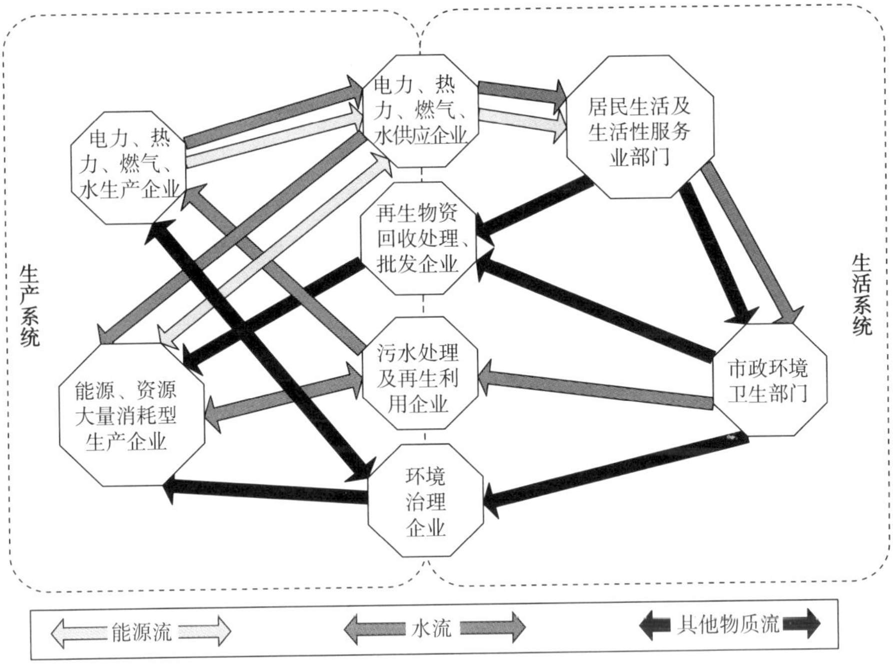

图7－1　生产系统和生活系统主要链接对象示意图

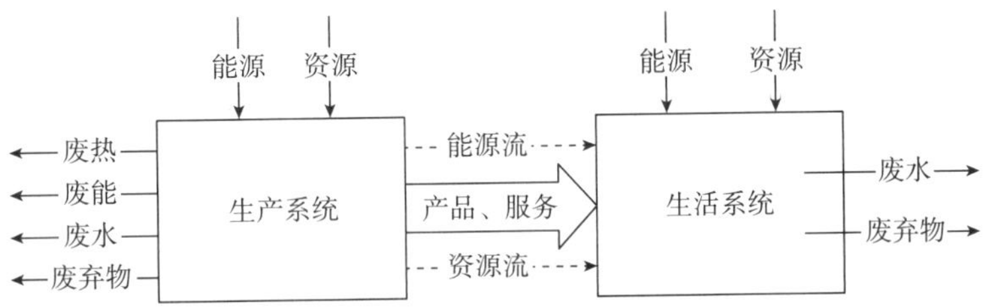

图7－2　生产系统和生活系统间链接的原生状态示意图

随着城镇化的发展，生产系统和生活系统的规模和发展速度的不断扩大，一方面对能源、资源的需求量呈现大幅度增加趋势，而生产系统和生活系统的发展逐渐受到能源、资源的强约束；另一方面生产系统和生活系统各自产生的废热、废能、废水、废弃物等冗余也大幅增加，自发状态下的单向、线性的能源、资源流动路径不仅造成了大量的资源浪费，也给自然环境带来日渐沉重的负担和破坏。

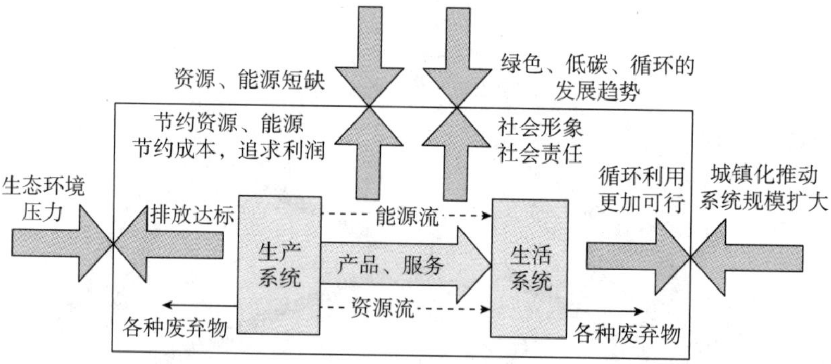

图 7-3　原生状态演变的内、外动力示意图

粗放式发展的方式难以为继。国家也开始注重生态文明建设，转变传统粗放型的发展方式向绿色、低碳、循环方向转型，通过制定和完善法律、法规、政策制度，设定严格的排放标准，并提出能源效率、资源循环利用率等指标。生产系统和生活系统的参与者也更加关注本身在绿色、环保、低碳等方面的社会形象和社会责任，通过积极节约能源、资源，达到节约成本的目的。随着协同处置技术的进步和普及，以及跨系统间的能源、资源流动链条的优化与组织，使能源、资源的循环利用更加可行。

原生状态下的生产系统和生活系统线性链接形式在内外因素的作用下，逐渐演变，呈现出“弱循环”链接状态。原生状态演变的内、外动力如图 7-3 所示。

2. 中间状态

伴随城镇化的发展，生产系统和生活系统的规模、体量不断增大。如延续原生状态下的能源、资源流动路径，将会使生产系统和生活系统与外界的矛盾不断放大。原生状态下生产系统和生活系统间的能源、资源简单、线性流动的路径和模式，将会逐渐打破平衡，通过两系统内、外动力的推动，向更合理的状态演变。

通过一定的需求信息指引，在一定系统的组织形式下，运用协同处置技术，可以对生产系统和生活系统之间的能源、资源流动路径进行路径优化，从而延长能源、资源的流动链条，并进一步形成一些闭合、循环的产业链条，把单纯原生状态资源消耗演化为生产系统和生活系统之间局部“弱循环”链接的中间状态（见图7－4）。

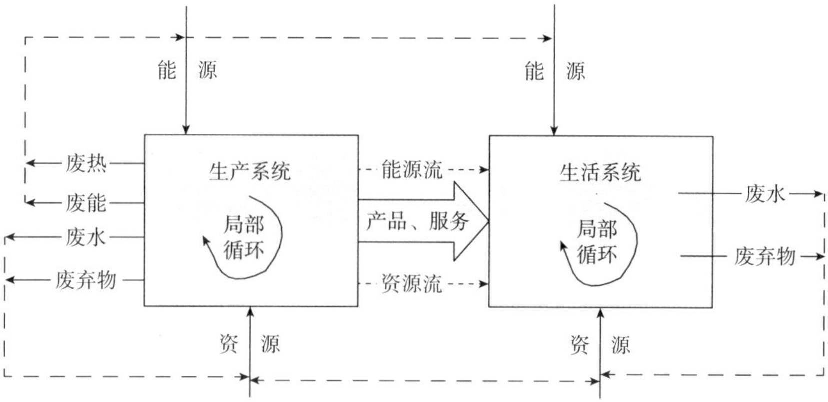

图7－4　生产系统和生活系统间循环链接的中间状态示意图

3. 理想状态

随着生产系统和生活系统之间能源、资源流动路径的进一步优化，最终形成两个系统间大部分能源、资源流动链条呈闭合、循环状态，在生产系统和生活系统之间形成共生体系的“强循环”链接理想状态（见图7－5）。

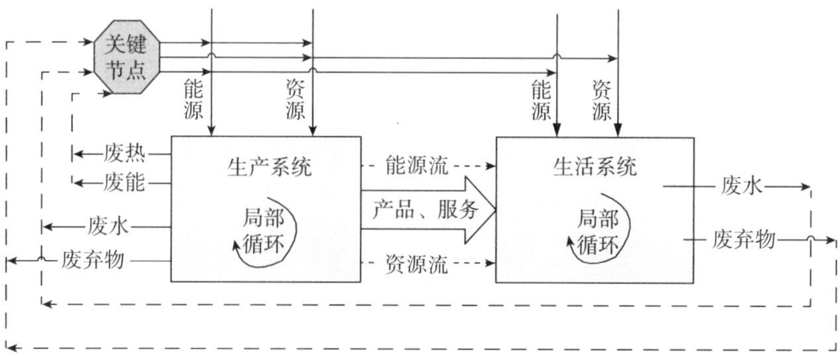

图7－5　生产系统和生活系统间链接的理想状态示意图

二、生产—生活系统循环链接系统动力机制分析

建立生产系统和生活系统之间的循环链接对于加快我国可持续发展具有重要意义，两系统通过两者之间的循环链接，形成了一个复杂的社会经济系统。该复杂系统所具有的一般性和特殊性共同决定了其运动发展和演化的规律。而解释结构模型（Interpretative Structural Modeling，ISM）最显著的特点就是将一个复杂的系统分解为若干个子系统（部分），利用人们的实践经验与知识以及电子计算机编程技术，把系统构建成一个多级递阶结构模型（杨晓艳、陈杰，2003）。ISM 模型可以将那些模糊不清的意见、思想直观地表达出来，对于构成元素较多、关系复杂和结构模糊的系统尤其适用（秦旋等，2016）。

基于此，本节选择应用解释结构模型分析生产系统和生活系统循环链接的主要影响因素，建立起各个影响因素之间的层级关系。并结合运用 MICMAC 分析法，使关系复杂的影响因素实现层次化和条理化，揭示了各影响因素的相互作用机理，进而推导出两系统循环链接的驱动传导机制，为建立两个系统循环链接的驱动机制提供参考（Zhu et al. 2019；Hu & Mu，2018，2019）。

（一）影响因素识别

本小节首先采用文献研究方法整理循环经济发展的影响因素，从全局角度出发，大致总结生产系统和生活系统循环链接的影响因素清单。随后，根据生产系统和生活系统循环链接的具体特性，运用德尔菲法，对该清单上的影响因素进行适当增减，最终筛选出影响两系统循环链接的十个关键因素。

影响循环经济发展的因素众多且作用机理较复杂，确定和比较循环经济发展执行的驱动力和影响因素有利于加快其发展道路（Ranta et al.，2017），因此，国内外的不同学者从不同角度对循环经济的影响因素进行了深入探讨，可整理总结为以下三个方面：

（1）政府职能因素。包括法律律法规、政策制定、标准制定、政府的管理监督等方面。例如，Wang（2006）提出影响循环经济发展的因素有法律、经济政策和规划等方面；袁媛（2016）认为循环发展的关键在于完整健全的循环经济法律制度和法律保障体系；曹燕等（2008）的研究指出我国循环经济发展需妥善处理政策、法律和制度冲突；肖华茂（2008）认为，影响区域循环经济发展的外部因素主要有政治、法律及社会经济发展程度等；Li（2014）的研究也提出，法律、技术等是影响循环经济发展的关键因素；同时，王保乾（2011）提出，法律的严谨性和可执行性以及政府和执法部门的责任心等是循环经济最大的挑战。

（2）市场机制因素。包括循环型企业的经济收益、技术水平、资金投入、市场信息透明度等方面。例如，齐建国等（2010）认为循环经济模式运行的稳定程度取决于循环经济制度体系的健全程度；林海涛（2015）分析得出，我国循环经济发展的制约因素主要包括市场机制、激励机制、技术支撑等诸多方面；李邢（2016）提出，可以直接影响循环经济发展的因素主要有资源情况、产业现状、技术水平及资金投入等；刘三红和尚序（2015）提出，循环经济发展的影响因素主要集中在企业的经济利益与价值观、技术的发展与资源限制等方面；Mativenga 等（2017）以南非工业为例，研究得出最大限度地降低成本是鼓励南非公司接受循环经济的关键因素；刘学敏（2007）认为，应遵循利益导向原则发展循环经济，政府应充分利用利益杠杆发展循环经济。董锁成等（2016）提出，科技进步是循环经济能否避免“市场失灵”和“政府失灵”的关键要素。刘旌（2012）认为，科技进步才是发展循环经济的根本。戴磊等（2010）对吉林省中小企业循环经济影响因素进行分析，认为市场环境、政策环境以及人力资源是关键因素。

(3) 社会文化因素。包括社会公众发展循环经济的意识水平、社会责任感等方面。Meng 等 (2014) 着重从文化机制体系的角度出发，对高耗能企业循环经济模式下驱动机制进行了研究；Ritzén 和 Sandström (2017) 提出社会公众的循环经济意识是向循环经济转型的主要障碍之一。

通过文献总结和应用德尔菲法，得到的十大影响因素清单如表 7-3 所示①。

表 7-3　生产系统和生活系统循环链接的影响因素

代码	影响因素	描述
S_1	法律建设	主要是循环经济法的完善，基本法、专门法和相关法之间的协调性
S_2	政策指引	主要是和两系统循环链接相关的财税政策、金融政策等
S_3	标准制定	比如对于典型工艺制定行业标准等
S_4	管理监督	实施主体为政府，比如实行生产者责任延伸制度，各级相关部门的监管措施等
S_5	宣传示范	如政府用于提高全社会对两系统循环链接认识的各项宣传措施，积极推广各项示范项目等
S_6	经济收益	参与循环链接的主体，尤其是参与企业的经济收益状况
S_7	信息交换	指市场信息是否通畅，或者是市场透明度状况
S_8	技术水平	主要包括相关的基础设备、废弃物再利用技术等
S_9	社会责任	包括社会环保意识、社会舆论、社会参与度等
S_{10}	资金投入	指全社会多方位投入，投资主体包括政府、企业、社会团体及个人

(二) ISM 模型构建

1. 邻接矩阵及可达矩阵建立

首先建立两系统循环链接结构模型的邻接矩阵，用来描述系统中各个影响因素两两之间的关系。邻接矩阵 A 的元素 a_{ij} 定义如下：

① 本影响因素清单由笔者研究团队邀请国家发改委、中国节能环保集团、中咨公司以及相关高校等十余位专家共同确定。

$$a_{ij}=\begin{cases}1 & S_iR\,S_j \quad（R\text{ 表示}S_i\text{对}S_j\text{有显著影响}）\\ 0 & S_i\bar{R}S_j \quad（\bar{R}\text{表示}S_i\text{对}S_j\text{无显著影响}）\end{cases}$$

式中，S_i、S_j分别表示第 i，j 个影响因素。若在邻接矩阵 A 中第 i 行和第 j 列的元素 $a_{ij}=1$，则表明节点S_i和S_j有关系，即表明从S_i到S_j有一长度为 1 的通路，S_i可以直接到达S_j。所以，邻接矩阵描述了经过长度为 1 的通路后各节点两两之间的可达程度（白思俊，2014）。

在广泛征询与系统相关的专家意见后，可以得到该解释结构模型的邻接矩阵 A。可达矩阵具备推移率特性，可由邻接矩阵 A 加上单位矩阵 I，并根据布尔运算法则进行一定的演算后得到。该演算主要是对（$A+I$）矩阵不断进行（$A+I$）n 的计算，直至

$$(A+I)^{r-1}=(A+I)^{r}=M，\ r\leqslant n-1$$

其中，M 矩阵即为可达矩阵，本书运用 Matlab 软件编程求得可达矩阵 M，如图 7－6 所示。

$M=$

	S_1	S_2	S_3	S_4	S_5	S_6	S_7	S_8	S_9	S_{10}	S_{11}
S_1	1	1	1	1	1	1	1	1	1	1	1
S_2	0	1	0	1	0	1	1	1	1	1	1
S_3	0	0	1	1	0	1	1	1	1	1	1
S_4	0	0	0	1	0	1	1	1	1	1	1
S_5	0	0	0	0	1	1	1	1	0	1	1
S_6	0	0	0	0	1	1	1	1	0	1	1
S_7	0	0	0	1	0	1	1	1	1	1	1
S_8	0	0	0	0	1	1	0	1	0	1	1
S_9	0	0	0	0	0	1	1	1	1	1	1
S_{10}	0	0	0	1	1	1	1	1	0	1	1
S_{11}	0	0	0	0	0	0	0	0	0	0	1

图 7－6　生产系统和生活系统循环链接影响因素的可达矩阵

2. 可达矩阵分解及重新排列

对可达矩阵进行分解，先要求出其上位集合，即可达集 R（S_i），和下位集合，即前因集 A（S_i），其中 $R(S_i)=\{S_j\in N \mid a_{ij}=1\}$，$A(S_i)=\{S_j\in N \mid a_{ji}=1\}$，$N$ 为所有节点的集合，之后求得两者的共同集合 $R(S_i)\cap A(S_i)$，如表 7－4 所示。

表 7－4　生产系统和生活系统循环链接影响因素关系

代码	含义	R（S_i）	A（S_i）	R（S_i）∩A（S_i）
s_1	法律建设	s_1，s_2	s_1	s_1
s_2	政策指引	s_2，s_4，s_6，s_7，s_8，s_9，s_{10}，s_{11}	s_1，s_2	s_2
s_3	标准制定	s_3，s_4，s_6，s_7，s_8，s_9，s_{10}，s_{11}	s_1，s_3	s_3
s_4	管理监督	s_4，s_6，s_7，s_8，s_9，s_{10}，s_{11}	s_1，s_2，s_4，s_5，s_7，s_{10}	s_4，s_7，s_{10}
s_5	宣传示范	s_5，s_6，s_7，s_8，s_{10}，s_{11}	s_1，s_5，s_6，s_8，s_{10}	s_5，s_6，s_8，s_{10}
s_6	经济效益	s_5，s_6，s_7，s_8，s_{10}，s_{11}	s_1，s_2，s_3，s_4，s_5，s_6，s_7，s_8，s_9，s_{10}	s_5，s_6，s_7，s_8，s_{10}
s_7	信息交换	s_4，s_6，s_7，s_8，s_9，s_{10}，s_{11}	s_1，s_2，s_3，s_4，s_5，s_6，s_7，s_9，s_{10}	s_4，s_6，s_7，s_9，s_{10}
s_8	技术水平	s_5，s_6，s_8，s_{10}，s_{11}	s_1，s_2，s_3，s_4，s_5，s_6，s_7，s_8，s_9，s_{10}	s_5，s_6，s_8，s_{10}
s_9	社会责任	s_6，s_7，s_8，s_9，s_{10}，s_{11}	s_1，$s_2 s_3$，s_4，s_7，s_9	s_7，s_9
s_{10}	资金投入	s_4，s_5，s_6，s_7，s_8，s_{10}，s_{11}	s_1，s_2，s_3，s_4，s_5，s_6，s_7，s_8，s_9，s_{10}	s_5，s_4，s_6，s_7，s_8，s_{10}
s_{11}	循环链接	s_{11}	s_1，s_2，s_3，s_4，s_5，s_6，s_7，s_8，s_9，s_{10}，s_{11}	s_{11}

依据表 7－4，筛选出满足 $R(S_i)\cap A(S_i)=R(S_i)$ 这一条件的影响因素，筛选出多级结构的最高级因素。找出后，即可将其在可达矩阵中

所对应的行和列删除。然后，再从剩余的可达矩阵中筛选新的最高级要素。以此类推，就可以将所有的影响因素划分到不同的层级中去，实现级间划分。这里将生产系统和生活系统的循环链接用 S_{11} 表示，放在层级结构的最上层，其余各层级的影响因素为：$L_1 = \{S_6, S_8, S_{10}\}$，$L_2 = \{S_7, S_9\}$，$L_3 = \{S_4, S_5\}$，$L_4 = \{S_2, S_3\}$，$L_5 = \{S_1\}$。重新排列后的可达矩阵如图 7－7 所示：

	S_{11}	S_6	S_8	S_{10}	S_7	S_9	S_4	S_5	S_2	S_3	S_1
S_1	1	0	0	0	0	0	0	0	0	0	0
S_6	1	1	1	1	1	0	0	0	0	1	0
S_8	1	1	1	1	0	0	0	0	0	1	0
S_{10}	1	1	1	1	1	0	1	0	0	1	0
S_7	1	1	1	1	1	1	1	0	0	0	0
S_9	1	1	1	1	1	1	0	0	0	0	0
S_4	1	1	1	1	1	1	1	0	0	0	0
S_5	1	1	1	1	1	1	0	1	0	0	0
S_2	1	1	1	1	1	1	1	0	1	0	0
S_3	1	1	1	1	1	0	0	0	0	1	0
S_1	1	1	1	1	1	1	1	1	1	1	1

图 7－7　可达矩阵的重新排列矩阵

3. 解释结构模型建立

根据上文重新排列后的可达矩阵，可以得到生产系统和生活系统循环链接的多层递阶结构图。为了使各个影响因素层级之间的关系更加清晰，在模型中只考虑因素之间的显著影响关系。另外，可达矩阵中有 1 的元素表明了跨级间的联系，但已有邻级间的有向线段可以替代，就不必画出该有向线段。因此，生产系统和生活系统循环链接影响因素的解释结构模型如图 7－8 所示。

（三）影响因素

由图 7－8 可知，生产系统和生活系统循环链接影响因素的解释结构模型是一个具有六级的多层级递阶结构，它说明了各个影响因素之间的层级关系。对该解释结构模型的分析如图 7－8 所示：

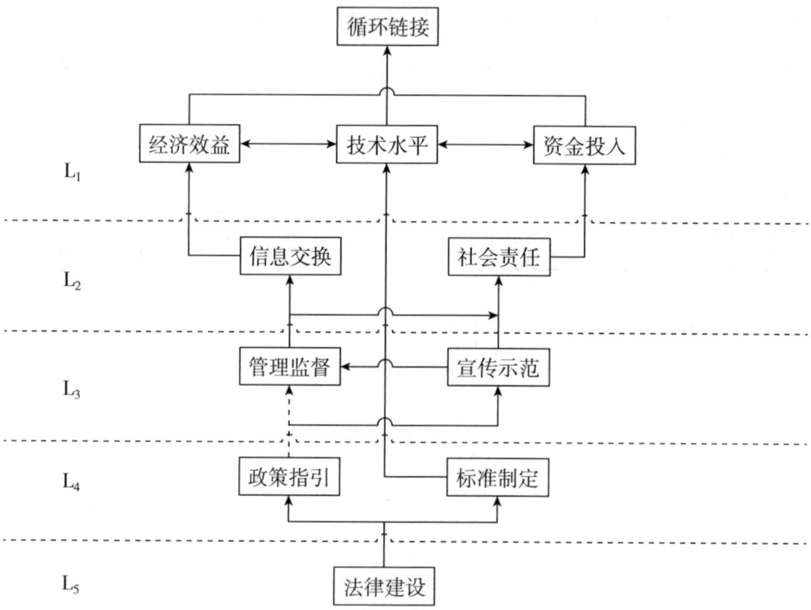

图 7－8　生产系统和生活系统循环链接影响因素的解释结构模型

（1）法律建设是建立生产系统和生活系统循环链接的最根本影响因素。

（2）参与循环链接主体的经济效益、各方面的技术水平和全社会的资金投入是影响生产系统和生活系统循环链接的直接因素。

（3）政府的政策指引、标准制定和管理监督、宣传示范这四个影响因素在建立生产系统和生活系统的循环链接方面发挥着基础性作用。

（4）两系统循环链接市场上的信息交换机制和全社会在环保、循环利用等方面的责任意识是影响生产系统、生活系统循环链接的间接因素。

从分类角度看，该解释结构模型中的第三、第四、第五级，即最底下三级分别是政府的管理监督、宣传示范，政策指引、标准制定和法律建设，均属于政府的职能范围，这说明政府职能驱动在建立生产系统和生活系统循环链接方面发挥着最根本的重要作用。该多级递阶结构的第一、第二级，即最上面的两级分别是两系统循环链接市场中的经济效益、技术水平、资金投入、信息交换、社会责任。除了社会责任外，其他影响因素均属于市场作用机制，这说明市场驱动在建立两系统循环链接方面发挥着最直接的影响作用。

三、生产—生活系统循环链接影响要素分析

通过生产系统和生活系统之间的循环链接，形成了一个“结构交融、要素递阶”的复合社会—经济系统。该复合系统所具有的一般性和特殊性共同决定了其运动发展和不间断博弈的演化规律。

如前所言，系统动力学是研究复杂系统的最有效方法论和技术支撑，其中系统“因果关系图”以简单的“因果链”形式，认识系统中不同要素之间的逻辑关系，而系统“流图”则可以帮助我们构建系统结构的整体框架。因此，采用系统动力学研究生产系统和生活系统循环链接复合体系，既能实现从整体上研究一个复杂系统并得到深刻的见解，又能做到不被系统固有的复杂性所压垮。本节拟借鉴系统动力学研究方法，对生产系统和生活系统循环链接的内在运行机理进行分析。

（一）生产系统和生活系统循环链接机制的规模形式

1. 主体内部的循环链接

一些大型生产企业本身出于节约成本，综合利用能源、资源和产能的考虑，在企业内的生产区域和生活区域实施了综合的系统性规划，实现生产区域和生活区域之间的能源共享、水循环和协同处置废弃物。我国也有

一些依托大型产业体系建立的工业城市（镇），如辽宁鞍山、四川泸州等，由于其管理和生产协作的一体性，本身其城市的生产系统和生活系统也已经形成了相对固定的循环链接的共生体系。

2. 社会化的循环链接

随着城镇化带来的生产系统和生活系统规模的扩大，各自系统废物冗余大幅增加，这为社会化的循环链条形成提供了可能。同时由于环境意识和舆论环境的发展，国家和地区在城市（镇）的发展规划中，愈加重视在生产系统和生活系统建立循环链接，通过综合利用废物冗余缓解资源紧缺，并向新的发展模式的转变。通过系统的规划设置循环链接的关键节点，为社会化大规模处置进行能源的梯次利用、生产和生活废水的处理及再生利用以及协同处置废弃物奠定基础。社会化生产系统和生活系统的循环链接，其主要特征是对冗余资源的处置和回收再利用更加专业化和产业化，同时回收再利用的资源能够畅通地以资源产品的形式再次进入市场进行供应。

（二）生产系统和生活系统循环链接机制的因果关系分析

生产系统和生活系统建立循环链接，其本质是两个系统的废物冗余得到了较好的处理和再循环利用。从当前生产系统和生活系统废弃物综合利用的影响因素分析，废弃物处理和再循环受本身“生命周期”、技术水平、运行成本、处理的废物冗余的种类、资金、社会意识以及政府管制与约束、鼓励引导与组织管理等相关因素等影响。

本节选取相对比较直接影响生产系统和生活系统废弃物“冗余”得到处置与循环再利用的因素，建立系统动力学的基本因果关系模型，如图7－9所示。

从图7－9可以看到，加强政府管理职能和政策约束，同时注重循环链条的经济效益和提高社会责任与意识，是建立生产系统和生活系统循环链接，推动废物冗余得到更高程度的处理与再循环利用的关键。

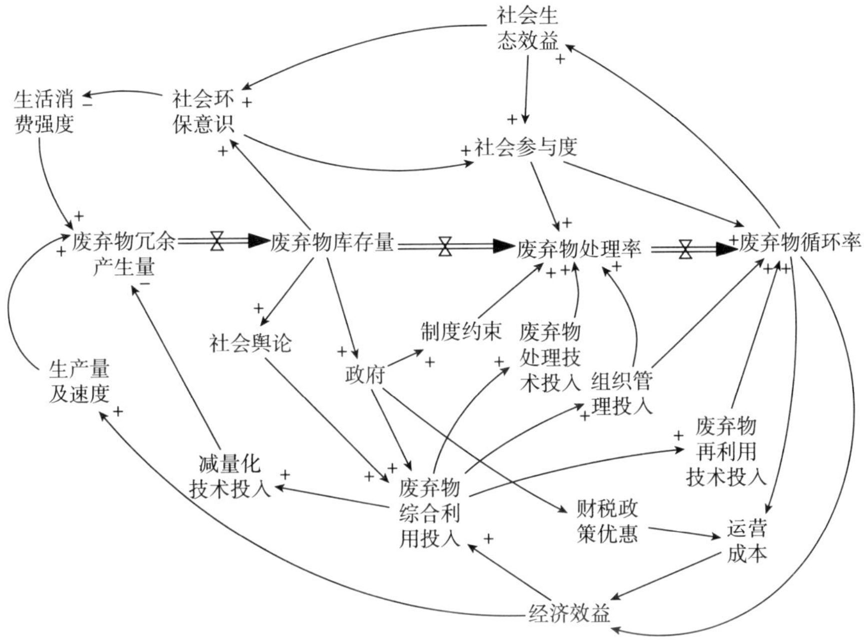

图7－9　生产系统和生活系统废弃物“冗余”处置与循环再利用模型

（三）生产系统和生活系统循环链接的驱动因果关系分析

生产系统和生活系统建立稳定的、可长期运行的循环链接，需要摆脱对固定参与主体的依赖，如政府监督、政策约束等，通过建立社会化的循环链接市场化运行机制，以增强系统自身内生的稳健性。

社会化的循环链接主要是指城市（镇）区域内的生产系统与生活系统中的关键节点，能够完成循环链条中整体的生产、处理、循环再利用的环节。其系统发育的完善程度受多种因素影响，如废弃物循环链接的供需关系、各参与主体的关联性、再利用资源的产品价格、产业链内部分工以及市场期望值等多种因素，综合作用于产业链节点规模的扩大和系统的成熟度也非常重要。

本部分选取对生产系统和生活系统循环链接稳健运行的直接影响因素，主要包括系统上一层节点“废弃物”稳定供给、再利用“废弃”资源输出至下一层节点的状态及固定投入，如基建投入、人力投入、科技投入等。在该系统运行过程中，生产系统和生活系统循环链接市场化运行情况也是重要影响因素。

生产系统和生活系统循环链接的关键影响因素及关联模型如图 7－10 所示。

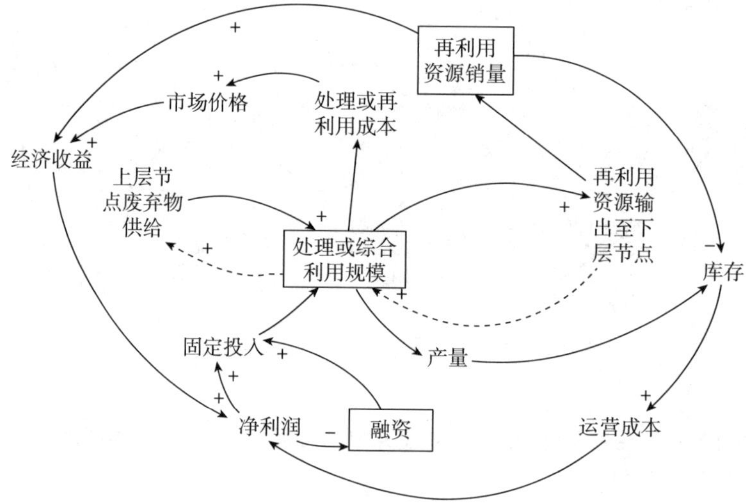

图 7－10　生产系统和生活系统循环链接稳健运行模型

从图 7－10 可以看到，建立与上层节点废弃物供给量相适应的处理和综合利用规模、保证再利用资源的市场销量和降低产业链主体的融资难度，是保证两系统循环链接长久稳定运行的关键节点。

四、生产—生活系统循环链接驱动机制解析

生产—生活系统循环链接的驱动机制分析是基于两系统内部要素间的

相互关系，识别和判断生产系统和生活系统循环链接过程中各要素的驱动性和路径依赖程度，进而对要素驱动属性进行区分，探究生产—生活系统循环链接的要素作用传导路径和驱动机制。根据本章前文生产系统和生活系统循环链接动力机制及生产—生活循环链接系统影响要素分析结果，本节初步对生产—生活循环链接系统影响要素及其互动关系进行整理。在此基础上，根据本书第五章第二节内容，运用 MICMAC 对生产系统和生活系统循环链接的要素驱动机制进行分析，计算要素驱动性和依赖性，为生产—生活系统循环链接政策设计、经济性分析以及综合评价提供参考。

MICMAC 本质上是利用要素间的直接影响关联矩阵，计算要素影响的间接关联矩阵，在此基础上构造要素影响矩阵。其计算思想和计算方法与 ISM 的可达矩阵一致。因此，可以基于第七章第三节构造的可达矩阵进一步进行 MICMAC 分析。由图 7 -6 所构建的指标体系可达矩阵 M 可计算本书构建的针对生产系统和生活系统循环链接驱动指标体系的要素驱动向量 D 和依赖向量 R：

$$D=(10,7,7,6,5,5,6,4,5,6)$$

$$R=(1,2,2,6,5,10,9,10,6,10)$$

其中，D_i与R_i分别对应要素 i 对其他要素的驱动性，以及对其他要素的依赖性。因此基于这一性质，可根据要素驱动向量 D 和依赖向量 R 绘制生产系统和生活系统循环链接的 MICMAC 分析矩阵，如图 7 -11 所示：

根据 MIAMAC 分析方法的原理，元素｛S1，S2，S3｝属于驱动簇，对应解释结构模型的第四、五层，具备强驱动性、弱依赖性的特点，它们是建立生产系统和生活系统循环链接的重点。元素｛S6，S8，S10｝均列于代表依赖性程度最高的纵坐标线上，对应结构模型中的第一层，具备高依赖性、较强驱动性的特点，它们对建立两系统循环链接产生直接影响，同时较容易受到其他因素的影响。元素｛S4，S5，S7，S9｝主要分布于 MICMAC 分析图的中间位置，对应结构模型的第二、三层，具备一定程度的驱动性和依赖性。

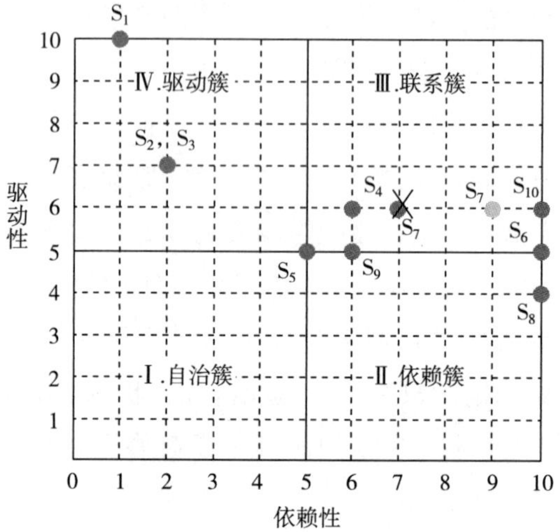

图7－11　生产系统和生活系统循环链接的MICMAC分析

具体来说，驱动簇的要素主要包括法律建设、政策指引、标准制定，表明这三个要素在生产系统和生活系统循环链接过程中驱动性较强，在整个循环链接过程中处于主导地位。尤其在法律建设方面，对于其他因素具有绝对的驱动作用［驱动性10，依赖性1（自依赖性）］。因此，对于该类要素是驱动生产系统和生活系统循环链接的主要“抓手”，通过制定、明确相关法律政策和生产标准，引导和规范以能源、水、固体废弃物为主要路径的生产—生活系统循环链接，进而驱动其他因素的协同发展。

在依赖簇方面，主要包括经济效益和技术水平，这两个因素受其他要素影响较大，对其他因素的建设水平表现出了较高的依赖程度（依赖性10），而对其他因素影响程度相对较低。对于该类要素指标，由于处于传导驱动路径的末端，应将其作为系统输出指标进行观测、评估，进而作为反馈信息反向引导驱动两系统循环链接相关进程、进度、路径的修正、优化。

此外，其他要素在驱动性和依赖性方面均表现出了一定影响和被影响程度，具体表现为在要素间接影响的传导作用。对于该类指标应处理好要素变化“承上启下”的关联影响和交叉影响，应尽可能避免驱动路径上下游不一致、不匹配、路径交叉影响等而导致的两系统循环链接断链、失效等问题。

综上，基于 MICMAC 的生产—生活循环链接系统分析主要结果总结如下[①]：

（1）属于政府职能驱动的法律建设、政策指引和标准制定三个影响因素是建立生产系统和生活系统循环链接的最根本影响因素，具备强驱动性，同时会影响其他因素，为建立两系统循环链接的重点。

（2）属于市场机制驱动的经济效益、技术水平和资金投入三个影响因素在建立两系统循环链接方面发挥着最直接的影响作用，具备较强驱动性，同时受到其他因素影响，是采取相应措施后，对系统产生最快反馈的影响因素。

（3）其余影响因素包括管理监督、宣传示范、信息交换和社会责任，也对两系统间的循环链接起到基础性的重要作用，同时具备一定程度的驱动性和依赖性。

因此，应从建立健全科学的循环经济法律体系、颁布完善的循环链接相关扶持政策、制定合理的循环链接标准和计量体系、保障循环链条上参与主体的经济利益和增强全社会循环链接的责任认识五个方面着手，基于要素影响驱动和传导机制，妥善处理要素互动关系，推动生产—生活循环链接的驱动机制构建。

本章小结

本章针对我国生产系统和生活系统循环链接的现实依据和驱动机制进

① 需要指出的是，MICMAC 尽管在分析结果上与第七章第二、三节分析具有一定的相似性，但三者在机理上存在一定的区别：基于系统动力学的动力机制分析侧重因果逻辑关联；基于 ISM 的解释结构分析侧重要素间的传导逻辑；基于 MICMAC 的驱动分析侧重要素的驱动依赖影响。

行分析，基于《循环发展引领行动》，梳理我国生产—生活系统资源冗余现状、链接对象以及状态演化，探究生产系统和生活系统循环链接的驱动机理和关键影响因素。

本章主要研究内容及结论要点如下：

（1）基于《循环发展引领行动》，梳理和分析我国生产—生活系统循环链接的现实依据，重点阐释主要资源利用现状、冗余情况、链接内容、链接对象以及连接状态演化等；结合我国资源利用现状及传统经济结构转型的时代背景，提出生产—生活系统循环链接的重点在于能源、水及废弃物的循环利用及协同处置。

（2）构建生产—生活系统循环链接系统动力学模型，基于循环链接“因果链”解析生产系统和生活系统循环链接驱动机理。分析结果表明，建立与上层节点废弃物供给量和综合利用规模处理相适应的管理机制、保证再利用资源的市场销量和降低产业链主体的融资机制，是保证生产系统和生活系统循环链接长久稳定运行的关键。

（3）基于 ISM 模型对生产—生活系统循环链接对影响因素和作用路径进行分析，并构建 MICMAC 模型识别关键驱动因素。结果表明：法律建设、政策指引和标准制定是构建生产—生活系统循环链接的强驱动性因素；经济效益、技术水平和资金投入对建立循环链接具有直接影响；管理监督、宣传示范、信息交换和社会责任则对循环链接具有基础性作用。

第八章

我国生产系统和生活系统循环链接管理机制设计

生产系统和生活系统循环链接作为一种新兴经济发展模式，既是企业生产方式和工程技术革新，也是学术界的理论研究，需要政府层面通过顶层设计，改变传统发展理念，促进我国循环经济往纵深发展，推动我国生态文明建设一场大变革。目前而言，无论理论层面还是实际产业领域，我国构建生产系统和生活系统循环链接体系，还有诸多现实问题有待解决，如政府管理机制、企业经营方式以及配套政策设计等。

本章在概略介绍生产系统和生活系统循环链接管理机制框架设计基础上，以相关产业领域存在的能源共享、水循环、协同处置废弃物“冗余”的循环链接为切入点，阐述生产系统和生活系统循环链接的顶层设计原则、机制框架以及对应政策措施等。①

一、我国生产系统和生活系统循环链接存在的问题

伴随我国产业规模和经济总量持续稳步增长，传统产业所产生的固体

① 本章部分内容是笔者根据承担相关研究课题的资料归纳和学术思考，限于部分资料收集渠道和时效性等问题制约，仅供相关领域专家学者研究参考，不能作为评判优劣和决策依据。

废弃物“冗余”、余能浪费以及生产用水“达标”排放等问题已成为制约我国经济发展和环境保护的“瓶颈”问题之一。尽管产生上述问题的原因有多个方面，如技术、管理、政策以及社会生活习惯等，本部分仅从协同处置废弃物、能源共享、水循环角度入手，梳理其技术支撑、管理体系以及政策层面存在的问题。

（一）生产系统和生活系统之间协同处置废弃物

近年来，在我国循环经济发展推动下，资源回收和综合利用业已成为社会共识，然而，生产系统和生活系统所产生的固体废弃物“冗余”仍呈现日趋增多现象，业已成为严重的环境危机和社会问题，产生这些问题的原因有很多，如社会认知、生活习惯、政策引导以及监督管理不到位等。

1. 缺乏完善的法律法规和标准体系

我国生产系统和生活系统协同处置废弃物处于起步阶段，对于有效利用资源与能源以及加强相关环节的环境保护的重要性未从根本上得到重视，未形成完整的与国民经济发展相协调的法律法规和标准体系。

主要存在问题大致归纳如下：

（1）水泥企业利用水泥窑的协同处置废弃物过程中，企业需要进行额外的投入，而我国对生产企业参与协同处置废弃在实践中缺乏执行标准和监管。

（2）电力行业在协同处置废弃物过程中，由于当时我国尚无污泥混烧烟气排放标准和技术政策，目前只是参照生活垃圾焚烧和火力发电厂相关的尾气排放标准执行，实施中有较大误差。

（3）在钢铁行业协同处置中，生产者责任制和大宗废弃物循环利用等专项法律尚未建立，部分配套法规尚不完善，污染物排放监督统计系统没有全面建立，对废弃物的管理体系和制度还不健全，而已有的相关政策和制度规范在实施过程中由于利益冲突、地方保护等也不能完全贯彻和落实。

2. 协同处理技术水平及处置效率较低

由于生活及产业废弃物成分复杂，我国一些能够进行协同处置废弃物的生产企业的现有设备不能完全适应要求，协同处置的技术和设备有待进一步更新和优化。现在国外许多产业废弃物在协同处置前，使用先进的破碎机械设备进行破碎预处理，能够较好达到利用现有相关企业的生产设备进行进一步协同处理的要求。在我国一些行业中，企业仍存在技术落后、能耗高、污染大、资源利用率低的工艺、设备和装置尚未淘汰掉，导致我国现有的协同处置规模和处理能力受到严重制约。

3. 废料处置易造成二次污染

我国生产系统协同处置废弃物水平处于粗放型的初级阶段，技术设备达不到应有的水平，致使各种废料的处置都不彻底。

以建材、火力发电以及钢铁行业为例，主要存在以下三个方面问题：①我国部分建材企业水泥窑协同处置中过多偏重于多掺混合材，将矿渣、粉煤灰等掺入熟料中一并粉磨，超标滥掺混合材的现象严重。②我国部分燃煤火力发电厂，尤其含硫较高煤炭，协同处置时有机物焚烧后会产生有害物质，主要是二噁英类、二氧化硫等，其具有极强的毒性，容易造成二次污染，因此应加强协同焚烧处置有机物的相关研究，对协同处置可能产生的二次污染进行多重控制。③钢铁行业协同处置中废钢、废渣等废弃物循环利用率低，各种废弃物不能完全处置，中小型企业大肆浪费的现象仍然没有得到有效治理。

4. 运作方式与管理体系不健全

目前，我国没有建立起完善的构建循环链接管理和技术支撑体系，生产废弃物和生活垃圾管理与预处置不当，没有形成体系，处置能力没有形成规模，发展速度较慢。节能减排和环境保护指标体系从上到下缺乏建立统一而明确的专项指标体系，也缺乏建立与协同处置相适应的监测体系和考核考评体系。部分生产企业基础供应链管理仍然比较薄弱，尤其是民营企业存在的问题更加突出，“三废”产出量以及再生转化率计量、统计工作等基础工作不扎实，人员素质和能力还不能适应循环链接工作的需要。

（二）生产系统和生活系统之间的能源共享

在我国大部分煤炭、电力、钢铁、水泥等高耗能生产过程中，伴随能源资源消耗，产生大量余能而没有得到有效利用，而缺乏统筹规划、法律政策监督不够、技术研发投入不足、供需信息交流不畅以及公共管理重视不够已成为制约其发展的五个最关键问题。

1. 缺乏统筹规划，综合利用效率偏低

近年来，我国煤炭、电力、钢铁、水泥等生产企业是生产系统和生活系统开展能源共享的主要供给侧。然而，生产企业进行能源共享仅基于充分利用生产余热、余能，节约成本等方面的考虑，一般也仅限于企业内部的生产区域和员工、家属生活区域的简洁利用，甚至不考虑其利用效率。

由于缺乏系统的综合利用规划和配套设施建设，企业内部的生产区域与生活区域之间往往没有进行合理的量化匹配，生产区域为满足生活区域的供热需求而过多增加能源消耗，或是生产区域供应企业生产和生活的余热富足，但却无法在更大范围内进行能源共享，这在一定程度上都会造成能源的浪费。

2. 缺乏法律政策监督，推动力相对不足

从国家现行法律法规来看，针对生产系统和生活系统之间开展能源共享还没有形成强制性约束，在推动和鼓励两系统间开展能源共享方面也缺乏必要的政策激励，这直接导致了生产系统中潜在提供者对两系统之间进行能源共享的重视性不足。此外，生产系统进行能源共享，意味着在资源投入、设备消耗、管理监管等方面都要进行更多的投入。

对生产企业来说，如果进行能源共享的成本收益不合理，就意味着动力不足。这就需要国家在财税政策、金融贷款政策等方面给予优惠，以提高生产企业的积极性。我国目前在此方面与国外存在一定的差距，这也导致我国循环链接的保障较弱，在法律法规、政策推动和资金支持等方面都没有给予各参与主体很强的推动力。

3. 技术研发投入不足，综合利用设备落后

生产系统提供能源共享的最基础的条件，是具备相应的技术与设备条件，这也是制约我国开展能源共享的重要因素之一，实施能源共享对生产系统来说意味着对原有技术设备的更新、改造和系统性的再设计。

就国家层面而言，生产技术改造就意味着要投入资金引进吸收国外的相关先进技术与设备，深入持久的支持相关研究和创新。就具体实施层面而言，要对技术改造和更新方案进行充分的论证，如在热电联产中，引入精确供热设计技术，计算优化机组供热能力与热负荷的匹配程度，提升机组热效率，以实现真正提高能源共享的效率。

4. 系统间沟通不畅，缺乏供需信息有效交流

在生产系统和生活系统能源共享循环链接路径中，由于能源共享的供应方和需求方分属不同领域，如工业余热利用等，各生产企业、居民商业能源用户等参与主体缺乏直接的有效信息沟通，尤其各方衔接渠道不通畅，导致资源共享、能源综合利用等循环链接的“上下游”的供给与需求关系和数量均不清晰，使循环链接关系难以建立或者规模较小，甚至匹配度差，即使建立了循环链接关系也不稳固。

5. 公共管理重视不够，健全管理体制机制势在必行

由于能源共享涉及跨领域方面的管理、对接与协调。健全的管理体制对于生产系统和生活系统开展能源共享是至关重要的。目前我国相关管理体制缺乏，一方面，在工业余热再利用时，对工业企业、热力公司、用户之间的关联和利益考虑得比较少，缺乏针对这些主体本身的制度研究，导致我国已有供热系统规模都较小，欠缺专业化管理。另一方面，循环链接机制涉及不同企业间的协作，需要大量的管理和协调工作，难度和复杂度都较大，也欠缺完善的组织机构来保障其有序运行。

（三）生产系统和生活系统之间水循环

伴随我国经济快速发展和人民生活水平不断改善，不仅造成工业用水和生活用水量快速增加，因工业废水和生活用水过多“冗余”产生的水环境问题也日趋严重，造成这方面问题的原因大致有以下四个方面：

1. 法律法规不够健全，与时代发展要求脱节

近年来，我国在再生水利用、矿井水净化再利用以及海水淡化等方面有一些实践性科研试点项目，真正产业化还有很大差距，更没有相应法律

法规约束。基于社会大众生活习惯，生产系统再生水利用有关的政策，通常也是不具有强制执行力，或是制定机关级别较低，法律效力和实施范围较小，未对大范围实施再生水利用做出系统规定。至于对海水淡化的利用，更没有相应的标准规范和管理体系予以规范和产业化推动。

2. 产业政策不健全，消费市场前景模糊

我国城市由于水资源短缺，生产系统和生活系统开展水循环的市场前景是广阔的。但相关的产业体系尚未完善，污水处理、再生水利用市场化程度较低，海水淡化产业的市场前景也比较模糊，依靠市场对其环境设施进行配置，容易导致市场失灵，单单依靠市场无法保证再生水利用设施的投资资金和经营利润。其中，再生水价格体系是需要研究解决的重要课题。不仅需要综合考虑再生水水质、用途和成本等因素，还需要结合地区水资源条件、产业结构和用水需求等情况综合确定，并适时考虑政府补贴使再生水具有再利用的市场竞争力。海水淡化工程中，在方案选择、工艺设计、设备选型、系统集成、配套工程建设等方面不仅需要系统集成性的综合分析与优化，在需要进一步提高系统设计、建设、运行和维护的可靠性、经济性和可操作性。

我国在这方面仍需进一步加大各级公共财政投入，设置稳定的资金渠道，加强中央财力在地区间的统筹；同时还需要进一步研究制定有利于相关产业发展的价格、财税和产业政策，建立和完善产业规范和标准体系。

3. 综合利用技术水平不高，质量管理标准有待健全

我国生产系统和生活系统开展水循环链接的技术和装备的研发与应用还落后于国外，致使部分设备和技术还需进口，这在一定程度上提高了两系统间开展水循环的成本。再生水利用与生活系统关系密切，具有一定的高风险性，因此其全过程、全阶段，都要有一定技术指标，不同阶段，对于技术要求也要不同。与再生水收集、处理、运输和使用设施的标准也需要规范化、制度化。同时，水循环链接对水质要求要更加严格，我国在相关的质量标准设置上不完善，亟须根据各地的经济发展情况、技术标准，合理确定再生水、矿井水净化再利用与海水淡化水质标准。

4. 行政监管主体不明，管理职责不清

我国涉及再生水利用的中央行政主管部门主要由生态环境部、水利部、住房和城乡建设部等部委负责。目前，针对再生水综合利用，国家各行政主管部门之间监督管理职责尚未有明确界定，各行政主管部门监管职责分工相对也比较零散。在企业层面，再生水循环再利用也涉及很多不同产业门类企业，其产业链条比较复杂，这就导致政府各行政主管部门之间能够协调配合不够明确，更难以做到对企业严格监管，从而造成不同企业在再生水产出—利用方面责权利分工不清，更影响再生水企业市场化正常运作。

二、循环链接管理机制比较分析

随着《循环发展引领行动》（2017）的发布，倡导实现生产系统与循环经济循环链接，为我国循环经济产业发展提供了新的研究方向。在顶层设计方面，该行动计划针对我国循环经济发展的制度架构、激励机制、组织实施方案以及保障措施进行了系统阐述。基于我国循环经济发展体系，本节仅就生产系统和生活系统循环链接顶层设计、企业化运营以及配套保障机制等问题进行简要阐述和对比分析。

（一）政府顶层设计和市场化机制建设

政府顶层设计和市场化配套机制建设是贯彻循环经济发展的根本，而生产系统和生活系统循环链接作为循环经济发展一种理念和认知深化，更需要政府顶层设计主导与市场力量化推动。

1. 政府层面应加强顶层设计引导链接形成

从政府管理层面来说，应加强顶层设计，通过制定相应法律、法规以及出台的相关政策措施，确立资源有价、节约循环再利用的资源观和发展观。结合不同产业和企业发展情况，加强能源共享、再生水循环、生产系统协同处置城市及产业废物等方面的相关立法，是有效提高能源、水等资源循环利用率的根本保障。例如，瑞典经验表明可以通过能源税这一税收杠杆为工业余热供热系统发展创造有利的市场条件。

2. 统筹利用政府和市场力量推动链接形成

国外在实践生产系统和生活系统的循环中，既重视政府对基础设施的投入，也充分发挥市场活力，吸引社会力量参与运营管理。通常政府在完善热电联产、集中供热、再生水利用、城市垃圾、污泥处置等基础设施建设上，都利用公共财政资金给予支持。在运营上和基础设施维护上，支持社会资本介入，充分发挥各种主体优势，推动循环链接的形成；并制定补贴、奖励和税收优惠政策，支持能源共享、水循环等在生产系统和生活系统之间得到规模化的发展与应用。

（二）企业化运营和技术支撑体系

简言之，生产系统和生活系统循环链接是一种需要高技术支撑的企业化运作行为。依靠企业化运营方式，构建行业技术关键体系，有效降低生产系统和生活系统循环链接技术门槛和运营成本其能否健康发展的保证。

1. 重视循环再生资源的定价确保运营者利益

国外对于循环再生的能源、资源，是将其视为新的资源重新投放市场。生产企业协同处置废弃物需要有大量的人力、财力以及物力的有效投入，国外在生产企业协同处置废弃物的成本，探索可行的运营模式，同时政府也应出台相应补贴政策，让实行协同处置的企业有较为满意的盈利空间。例如，丹麦热电（冷）联产供热价格以市场导向为主，政府调节为辅；在电力调度时优先使用热电联产和可再生能源所产生的电力。

2. 重视循环再生技术和设备的研发与推广

国外政府部门比较重视有助于实现能源共享、水循环、和生产企业协同处置废弃物的相关技术和设备的研发，设置专项经费支持实现能源共享、水循环、和生产企业协同处置废弃物的相关设备与技术在生产系统和生活系统中推广和应用。

（三）行业信息公开和标准化体系建设

当今社会信息技术应用高度发达，而行业信息公开和标准化建设已经成为一个行业门类和相关企业能够生存和正常发展的最基本条件之一。生产系统和生活系统循环链接作为新的产业化发展模式，也应该加强行业信息公开和标准化体系建设。

1. 做好循环再生资源的安全性和信息公开

国外重视与生活密切相关的水质、废弃物处理以及周边环境等的安全，并对于相关安全性的检测、监测和公众信息公开上做得比较到位。社会对资源、能源的循环再利用的理解和支持度也比较好。以日本和澳大利亚为例，政府一方面加强再生水和饮用水双管供水系统的基础设施建设，另一方面注重水质的安全性和相关监测信息及时对公众的公开，以实现安全利用再生水的目的。

2. 重视过程管理严格制定排放处理标准

国外对工业排放要求严格，制定标准的评价指标通常严格且比较精细，比如在生产企业协同处置废弃物过程中，对废物种类和性质、掺加比、工况保障、烟气处理设施等诸多方面进行了严格限制，以有效降低环境污染风险，防止二次污染。我国工业生产相关排放标准与国外比较相对宽松，因而存在大量潜在的环境污染风险。

三、循环链接管理机制设计框架

笔者认为，我国生产系统和生活系统循环链接，作为循环经济往纵深发展一种新的经济发展模式被政府层面提倡，其理论基础、循环链接机理、配套技术支撑以及不同门类评价体系都还有待梳理，有些问题甚至还停留在学术探讨层面。基于此，在梳理我国循环经济管理机制发展演化基础上，以《循环发展引领行动》为依托，简单阐述我国生产系统和生活系统循环链接目标、顶层设计目标、发展条件以及相应政策体系和配套措施等。

（一）我国循环经济管理机制演化

2005 年国家发布实施《关于加快发展循环经济的若干意见》，把循环经济作为由于过度消耗自然资源而产生的经济和环境风险的重要应对措施，初步构绘出我国循环经济发展框架。伴随循环经济在我国社会的深入发展，以《循环经济促进法》（2008）、《循环经济发展战略及近期行动计划》（2013）、《循环经济推进计划》（2015）、《循环发展引领行动》（2017）等系列法律政策性文件为标志，我国循环经济管理机制的设计得到了进一步深化完善。

2013 年，我国《循环经济发展战略及近期行动计划》率先把生产系统和生活系统循环链接作为我国大循环战略之一，在 2017 年《循环发展引领行动》又把构建生产系统和生活系统循环链接机制作为国家循环经济发展的重点任务之一，主要包括推动生产系统和生活系统能源共享、水循环链接以及生产系统协同处理城市及产业废弃物等。在管理机制方面，《循环发展引领行动》提出了相对系统完善的管理机制，具体包括城市循环发展体系、推行生产者责任延伸、完善一次性消费品限制使用、强化循环经济标准和认证、推进绿色信用管理、加强统计能力建设、强化监督管理等。

伴随循环经济在不同层面和产业领域的纵深化发展，我国循环经济管理制度和机制设计也更趋完善。单就生产系统和生活系统而言，本书不仅综合考虑了研究对象、系统边界以及分类系统的特殊性，所提出的研究视角、理论内涵、方法体系也与《循环发展引领行动》有一定差别。基于此，笔者依据科学性、系统性、可行性、安全性基本原则前提下，阐释的生产系统和生活系统循环链接管理机制建设在于顶层设计和企业运营，主要包括政府管理、监督体系、金融扶持、信息技术、统计考评以及社会参与等方面。

（二）循环链接机制设计原则

就目前而言，生产系统和生活系统循环链接管理还处于顶层设计阶段，其科学性是基本前提，全面性、系统性、可行性、安全性是其顶层设计的根本所在。

1. 科学性原则

生产系统和生活系统的循环链接是循环经济发展的新的领域，依然要贯彻减量化、再利用、资源化的循环经济基本理念，坚持减量化优先，从源头上减少生产、流通、消费各环节能源资源消耗和废弃物产生，大力推进再利用和资源化，促进资源永续利用。

生产系统和生活系统循环链接机制要从规划、设计、施工、运行、管理等各环节贯彻循环经济的要求。按照生产系统的特点，统筹对废热、废能、废水、废物等处置与资源化利用的相关产业进行组织和布局，推动生产系统和生活系统协调发展。科学地确定各地区、各行业循环经济发展重点，合理规划布局，发挥区域优势，切实发挥循环链接对促进城市（镇）经济转型升级的作用。

2. 可行性原则

生产系统和生活系统循环链接因牵涉很多部门多个领域的配合与协同，因此循环链接的可行性尤为必要。其所建立的机制应能够使生产、生活系统各主体容易参与，并尽快结合现有运行流程和已有设施得以落地实施。从政府层面看，可组织实施一批生产、生活系统循环链接的试点项目，选择成功可复制的模式、技术与经验进行推广，也组织开展企业内部的循环链接技术模式，逐渐扩大系统之间循环链接的基础和规模，以推动产业链上的循环链接不断深化。聚焦生产系统和生活系统循环链接建立的关键点和关键环节，有针对性地破解相关难题。例如，为使用节能节水专用设备的企业和协同处理废弃物的企业提供更多融资渠道及税收优惠，解决运营成本问题。

3. 全面系统性原则

在国家建立“资源节约型、环境友好型”发展时代背景下，要真正构建布局合理、资源节约、环保安全、循环共享的生产系统和生活系统循环链接共生体系。这不仅需要不同行业、不同部门的有效配合，更需要在不同区域内、不同产业间以及不同企业之间各个方面的全面系统协调。基于此，生产系统和生活系统管理机制建立出发点应当从全局性、系统性视角统筹布局，以调动不同行业、不同部门的有机力量相互配合，以实现系统间循环共享、环保安全、持久运行的共生体系。

4. 安全性原则

通过现有产业体系优化梳理和有效监督，构建生产系统和生活系统循环链接体系，实现系统之间能源梯度使用、水的循环利用、废弃物的无害化处理与资源化利用。这不仅需要安全的生产设施、生产技术、管理措施以及严格的过程控制标准与排放标准，更需要在生产系统和生活系统之间多个主体的无缝对接与安全监管随着社会公众对环境安全、健康安全等问题的关注，进一步对生产系统和生活系统循环链接的安全运行带来更多的舆论关注和监督压力。因此，所建立的机制应考虑运行监管、安全责任、公众知情权等众多因素。

（三）循环链接机制设计目的和框架

1. 循环链接机制目的

构建生产系统和生活系统循环链接机制，不仅可有效缓解废弃物“冗余”增长过快等问题，也对解决我国能源短缺、水资源匮乏、固体废弃物处理难等问题上能够起到积极作用。但我国目前生产系统和生活系统间建立循环链接，面临着大量的体制、机制等障碍。

因此，需要关注生产系统和生活系统建立循环链接共生体系中，各相关利益主体在合作和竞争过程中实现最佳效应的基本原理，以保证建立的一整套促进机制能够按照设计的初衷，实现能源共享、水资源循环以及生产系统协同处理废物等目标，提高我国的能源、水等资源的供给能力和我国固体废弃物的消纳能力。

2. 循环链接机制框架

笔者认为，在生产系统和生活系统之间建立循环链接的管理机制应该由政府主导，生产系统、生活系统和社会公众共同参与，主要通过激励机制与运行机制来辅助实施。其中政府层面政策设计以及相应管理激励机制能使两系统循环链接更加规范化和相对固定化，也才能有效调动生产系统及生活系统各主体的积极性，使其能主动参与到循环链接中，发挥相应的作用。

就不同政府层面管理机制建设而言，推动系统内部合理设计有效的运行机制能使各部门、各行业的运行更加有序，使两系统的链接能更高效地达到预期的目标，实现生产系统和生活系统之间通过能源、水和其他物质的循环流动，更好地解决我国能源资源短缺和固体废弃物处置难等困境。

生产系统和生活系统循环链接管理机制框架如图 8－1 所示。

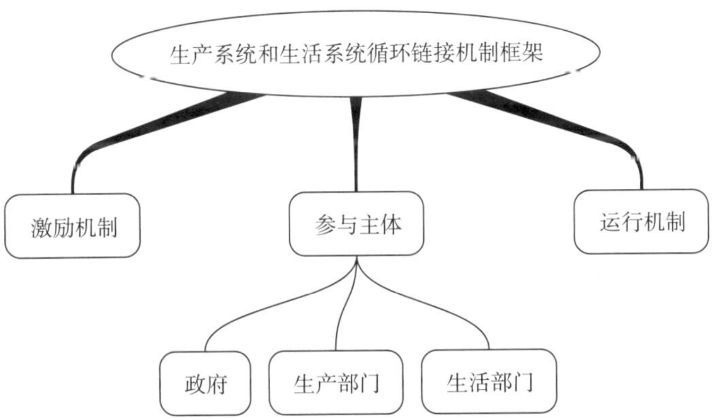

图 8－1　生产系统和生活系统循环链接机制框架

（四）循环链接管理机制的主要内容

生产系统和生活系统循环链接管理机制主要包括激励机制和运行机制

设计，其中激励机制设计包括经济利益激励、政府职能激励、社会责任激励等，而运行机制设计包括行政机制、市场机制、社会机制等。

1. 激励机制设计

循环链接中的激励机制主要包括政府的职能激励、生产系统和生活系统各主体的利益激励以及公众的社会责任激励，激励机制如图 8－2 所示。因此发展循环链接机制的动力主要是经济效益、社会规范以及政府推动。

（1）经济利益激励。

1）生产和消费成本政策引导。我国生产系统中大量工业余热、水未能得到有效的循环利用，造成资源和成本的浪费。政府通过组织实施生产系统和生活系统循环链接的试点项目，以奖代补等多种形式吸引更多主体参与，不仅能直接由于实施资源综合利用带来的成本降低，同时也为产业链带来了新的利润增长点。

2）税收体系调节制约。政府研究制定相关政策，为生产系统和生活系统循环链接的关键节点企业提供融资便利和税收优惠，提高企业参与到循环链接机制的积极性。

（2）政府职能激励。

1）政策法规引导。目前针对建立生产系统和生活系统循环链接的相关政策法规非常不健全。政府应提前规划，制定和完善相关法律法规，通过经济和行政手段来积极引导、规范和约束循环链接机制的有序、健康发展。

2）规范化管理约束。组织制定相关的行业标准、技术标准、安全标准、排放标准等，对生产系统和生活系统循环链接起到规范管理和约束作用。比如系统研究指定生产系统相关主体涉及的废料排放和烟气排放的限值标准，将生活系统各主体的“冗余”作为生产系统原料、燃料、饲料等列为鼓励或强制性要求，在已有的标准中增加协同处置废物情形的安全监管要求等。

（3）社会责任激励。

1）社会责任贯彻。面对我国自然资源约束趋紧、环境污染严重以及生态系统退化的严峻形势，政府部门首先必须带动社会大众树立尊重自然、顺应自然、保护自然的生态文明发展理念和时代意识，以在社会层面促进可持续发展道路的有效贯彻实施。

2）发展理念约束。还需要在全社会树立参与循环经济、保护环境、节约资源的社会责任意识，使生产系统和生活系统各主体受到道德和责任层面的约束，从而认可并参与循环链接的建立与运行，进一步形成全社会共同参与的“乘法效应”。

3）环保意识宣传。加强环保宣传，培养全社会节约资源的意识。从而推动生产系统主动使用节能设备，采用先进技术来提高资源利用率，并做好协同处理城市废弃物的工作；并推动生活系统各参与主体采用健康、绿色的生活方式，减少生活系统的“冗余”，积极为再生水和再生资源等制作的产品埋单。

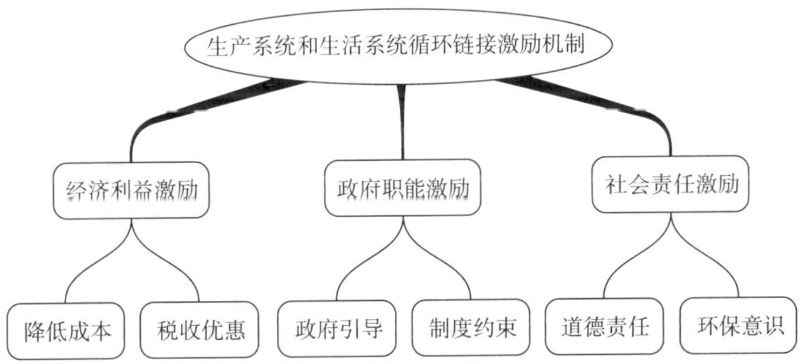

图 8－2　生产系统和生活系统循环链接激励机制示意图

2. 运行机制设计

生产系统和生活系统循环链接机制是对城市（镇）经济发展模式的变革。发展链接机制需要社会构建一种新的制度框架，将环境资源作为生产要素纳入市场运行机制之中，而这种制度框架的建立需要政府和市场的共同作用。政府的作用在于通过恰当的制度安排，使经济主体的经济活动受到设定的资源限量与生态环境阈值的限制，而市场的力量在于如何在这种限制下更有效地利用资源和保护环境。两系统循环链接的运行机制是以政府、企业、公众作为参与主体，以科技支撑、法律保障为手段，以节约集约循环利用的资源观为指导的共生耦合机制。

生产系统和生活系统循环链接管理运行机制设计如图 8－3 所示。

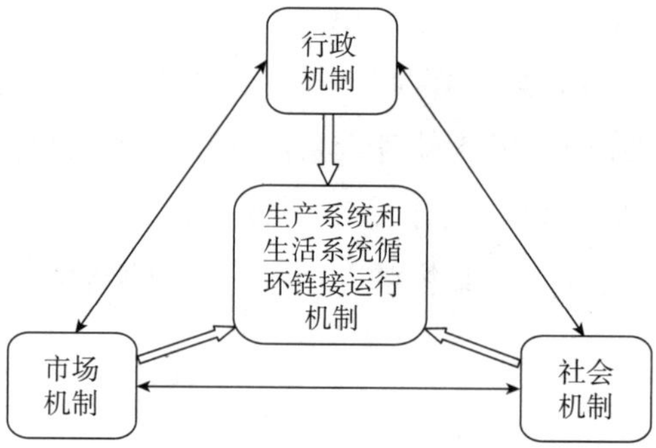

图 8－3　生产系统和生活系统循环链接运行机制示意图

（1）行政机制。政府制度安排以及相关政策制订是生产系统和生活系统循环链接发展的基础和保障，循环链接的有效运行离不开政府监督指导和政策约束。政府部门基于自身社会经济管理职能，以宏观调控和微观规制为手段，综合考虑经济效益、社会效益、生态效益等多方面整体效益关联，这其中不仅需要政府建立完善生产系统和生活系统循环链接有关的法律和规章制度，同时也需要强化和制约其各参与主体进行循环链接发展的行为，并为各参与主体提供一定的资金支持，保障循环链接管理机制的有效运行。

（2）市场机制。一般的经济发展模式都存在着市场运行约束机制，并发挥重要的作用。从市场运行机制角度来看，循环经济与市场经济有着密切的协同关联作用。而生产系统和生活系统循环链接机制运行的经济基础是市场竞争，如供求竞争、价格竞争以及信息不对称博弈等。生产系统和生活系统的各相关利益主体方通过选择对自己有利的发展模式进行运作，使其循环链接机制限制在一个有序的空间范围内，并自动进行有序化调节，以保证循环链接机制能长期有效地运行。

（3）社会机制。发展循环经济要充分考虑到提高社会公众注重环境保护的思想理念，使生产系统和生活系统的参与者共同树立减少“冗余”的意识。发挥社会公众广泛参与和舆论导向的重要力量，使生产系统和生活系统各主体成为循环链接的实践者、倡导者和监督者，为循环链接机制更好地运行发挥作用。

四、循环链接管理机制政策体系

我国生产系统与循环经济循环链接顶层设计和支撑体系，需要与之相应的产业政策和配套措施。本节主要阐述循环链接机制政策体系和配套措施设计，包括政府管理和监督体系设计、金融扶持和价格政策、信息技术和计量标准、统计考评和社会参与设计等。

（一）政府管理和监督体系设计

在政府管理层面，生产系统与循环经济循环链接管理机制主要包括法律法规体系建设、生产者责任延伸制度、加强监督检查等方面。

1. 加快法律法规体系建设

构建和完善循环经济法律体系，注重基本法、专门法和相关法之间的协调性。进行立法调研，整理中国现存各项关于循环经济的法律法规，并对其实施效果进行评估与加强完善。对政府、企业和公众的权利、义务做出明确的规定，设置可以直接量化的指标，增强法律的可操作性。

在国家立法过程中，建议采取“先易后难”办法，对涉及相关利益较少的废弃物的再生利用进行先行立法，或从相对成熟的领域入手制定配套法律法规，然后再制定专门法，最后再制定与修改基本法。近期可重点考虑制定《生产者资源循环利用责任法》《环境税收法》等法律法规。

2. 实行生产者责任延伸制度

在生产系统向生活系统循环延伸产业过程中，应进一步强化生产者对其产品的整个生命周期的责任，特别是在产品回收、循环利用和最终处置阶段，将废物管理责任与生产者挂钩，要求生产商对他们的产品在使用寿命终结之后对环境的负面影响承担经济和具体责任，从而降低产品总体的环境影响，达到可持续发展的目的。

3. 加强监督检查

在国家环保标准严格规定之下，根据本地废弃物处置、再利用、可协同处理设施分布和管理的现状，在全国不同区域范围内，因地制宜，加强组织协调，做到合理规划布局，充分利用好现有资源再生和环保处理基础设施，处理好现有企业协同处理和新建废弃物处理处置设施的关系，确保废弃物得到有效处置。

在政府监督方面，政府各级相关部门要完善监管措施，探索市场化管理机制。严惩违约违规，切实防止废弃物产生方无故不提供废弃物或协同处理方无故不接受废弃物的问题发生；严格加强环境监管，保证废弃物在交易、运输、贮存和协同处理过程中的环境安全；加强对生活垃圾和城镇污水处理厂污泥处理处置的指导和监管。各级循环经济发展综合管理部门要认真开展工作，履行组织协调的职责。

专栏8－1　国家《循环发展引领行动》政府管理和监督措施

1. 健全法规规章体系

推动循环经济促进法修订，增强法律约束力，完善循环经济促进法配套法规规章，支持各地结合实际制定循环经济促进条例或实施办法。修订报废汽车回收管理办法。加快制定汽车零部件再制造、餐厨废弃物资源化利用和无害化处理、限制商品过度包装、铅蓄电池回收利用等领域的管理办法。研究出台强制回收的产品和包装物名录及管理办法、建筑垃圾回收与资源化利用管理办法、电动汽车动力蓄电池回收利用管理办法。

2. 强化监督管理

持续打击非法改装、拼装报废车、非法拆解电器电子产品的企业和集散地。坚决关停无证无照经营、达不到环境标准和安全标准的小企业、黑作坊。加强进口固体废物管理，严厉打击“洋垃圾”走私。

加强重点领域规范管理。完善对报废汽车、废弃电器电子产品拆解企业的资质管理，严格铅酸蓄电池等特殊品种的管理。加强废船监管，实行定点拆解。加强对再制造产品标识使用的监督检查，强化产品质量的监督抽查。加大对生产超薄塑料购物袋的查处力度，巩固“限塑”成果。加大限制商品过度包装监督检查力度。

3. 推行生产者责任延伸制度

完善生产者责任延伸制度相关法律、法规，落实《生产者责任延伸制度推行方案》，率先在电器电子产品、汽车、铅蓄电池、饮料纸基复合包装等领域推行。在部分地区和电器电子产品、汽车产品等领域开展生产者责任延伸试点。完善废弃电器电子产品处理基金制度。选择重点品种试点实行目标回收制，建立第三方管理制度。选择适宜的工业产品、消费品，推行生态设计。建立重点行业生产者责任延伸信用评价制度，适时发布我国生产者责任延伸制度实施情况年度报告。

（二）金融扶持和价格政策设计

在金融政策层面，生产系统与循环经济循环链接管理机制主要包括财政补贴、融贷款扶持、税收优惠以及价格制定等。

1. 财政补贴政策

根据国家财政信贷优惠政策，充分利用现有促进循环经济发展的资金渠道，研究制定支持生产系统和生活系统循环链接的财政补贴政策。各级政府应对从事和循环经济相关的生产技术工艺研究、示范和培训给予一定数量的财政支持，对实施清洁生产和自愿削减污染物的技术改造项目给予资金补助。

以工业废气跨行业再利用为例，建议加强水泥窑协同处理生活垃圾和市政污泥，电解铝、有机废气阶梯利用于火电厂，同时应制定跨行业的优惠财税政策，打破部门利益纠葛，促进跨行业再利用发展。

2. 金融贷款扶持政策

政府应鼓励银行业金融机构积极为循环链接环节上的中小企业提供便利、优惠的金融服务。符合资源综合利用和废弃物协同处置条件的协同资源化处理项目和企业，可按规定享受相关政策，支持产业技术创新联盟开展相关工作。继续支持废弃物协同处置技术研究、示范和推广项目，降低企业因协同资源化处置废弃物增加的技改、运行和环保成本。可以向投资基金机构申请低息或无息贷款。

3. 税收优惠政策

研究引入环境税，以不同税率对使用清洁能源和废弃物等综合利用的企业实行税收优惠，重点扶持减少废弃物及再利用等循环技术的开发和应用，增强企业开发和应用循环技术的能力，使生态型企业变得更具市场竞争力，降低绿色产品的生产成本，促进市场需求的增加。

4. 价格制定政策

解决生产系统废弃物过量“冗余”问题，资源价格是否具有竞争力是决定其成败的关键，政府应进一步坚持再利用资源价格的市场导向，根据市场情况制定相对有竞争力的价格，且必须与成本关联，透明定价。为保证良性运行，政府要进行监督管理，既不允许过高，也不允许制定倾销性价格造成恶性竞争。

专栏8－2　国家《循环发展引领行动》金融和价格政策措施

1. 理顺价格税费政策

深化价格改革。全面推行居民用电、用水、用气阶梯价格，推行供热按用热计量收费。全面落实燃煤发电机组脱硫、脱硝、除尘电价政策。完善鼓励煤矸石、垃圾和沼气发电的价格政策。落实污水处理收费政策，完善垃圾处理收费管理办法，提高收缴率。

加强税收调节。全面实施资源税从价计征改革，开展水资源税改革试点工作，逐步扩大征税范围，促进资源节约集约利用。落实资源综合利用产品及劳务增值税政策，落实资源综合利用和环境保护节能节水专用设备企业所得税优惠政策，对企业为生产国家支持发展的大型环保及资源综合利用设备而进口的关键零部件及原材料，在现行政策规定范围内，免征关税和进口环节增值税。落实废弃电器电子产品回收处理基金。

2. 优化财政金融政策

创新财政资金支持方式。利用现有资金渠道对循环经济予以支持，提高资金利用效率和使用效益。强化财政资金与社会融资的联动，探索在餐厨废弃物、建筑垃圾、再生资源回收等领域引入PPP模式，通过PPP和第三方服务方式引导社会资本投入循环经济。

创新融资方式。积极提供包括银行信贷、外国政府转贷款、债券承销、保理、融资租赁等多重融资方式。落实绿色信贷指引，促进银行业金融机构大力发展绿色信贷。支持符合条件的资源循环利用企业通过境内外上市、在全国股转系统和区域性股权交易市场挂牌等方式融资。积极落实绿色债券指引，健全绿色评级体系。支持保险资金支持资源循环利用项目建设。鼓励社会资本成立各类绿色产业基金。

（三）信息技术和计量标准设计

信息技术和标准化设计是生产系统和生活系统循环链接的有效保证，主要包括健全循环经济服务体系、建立标准和计量体系以及加快关键技术研发等方面。

1. 健全循环经济服务体系

（1）行业协会管理层面。推动和鼓励组建资源综合利用专委会，有效整合行业科研、设计、工程实施等力量，定期开展学术讨论、信息交流和技术协作，以协助政府开展有计划的新技术联合开发和应用技术推广服务。

（2）企业信息交流层面。研究建立可推广、可复制的汇集城市（镇）生产系统和生活系统物质流、信息流、价值流的循环链接信息管理平台，为城镇生产系统和生活系统循环链接共生系统建立提供技术和管理支持。进一步利用成员企业间的共生关系延伸工业生产的技术路径，或积极引进废弃资源再生利用的“补链”企业，并利用区域性的废弃物交换网络，建立废弃物交易的网络信息平台。

（3）政府公共服务层面。研究试点建设现代化集成式的循环链接关键节点综合体可行性，进一步加强基建投入、人力投入、科技投入等相关基础建设，为物质流、能量流、信息流、价值流和人员流提供支持。具体支持系统将包括物流系统，高技术孵化系统，信息网络与通信传输系统，原材料、水、电、天然气及其他燃料等的供给系统，废气、废水和固体废弃物的回收再用和安全处置系统，商业、金融、生活等服务系统，各类防灾减灾系统等。循环链接关键节点公共设施系统的总体目标是统一规划、集中建设、集成管理，使系统的运行减少资源损耗和环境污染。

2. 建立健全标准和计量体系

目前，在实践层面，我国生产系统和生活系统循环链接，无论产业链条、工艺技术还处于探索阶段，建议在某些生产和生活领域，建立健全循环链接典型技术工艺，制定国家或行业技术标准，便于技术复制、推广或示范性应用。

针对具体实践层面，提出以下对策性措施和建议：

（1）针对不同行业协同处置固体废弃物的特点，建立健全相关技术规范和标准体系，保障协同处理过程的环境安全。例如，在水泥生产企业，建立固体废弃物工业窑炉混烧处置技术规范和排放标准以及用于协同处理燃料的预处理标准，制定并完善相关污染控制标准。

（2）研究完善操作规范、技术流程和检测标准，在水泥等产品标准中补充健康和性能有害成分的限值。

（3）在电力行业，推进现有火电厂协同资源化处理污水处理厂污泥，开发应用污泥干化、储运和电站锅炉煤炭与干化污泥或垃圾衍生燃料高效环保混烧等的成套技术和工艺，鼓励电力企业加大资源化利用污泥的升级改造力度。

（4）在钢铁行业，推进钢铁企业强化消纳“铬渣”冗余等危险废物，突破这类废弃物消纳利用的技术途径，规范环境安全措施，提高控制标准。

（5）对再生水循环利用领域，研究建立处理后水质检查标准，对处理后的循环水、净化后的矿井水、淡化后的海水等建立全面的检查指标体系，以保证循环水的安全。使水循环真正达到放心可用和安全推广。

3. 加快关键技术研发和推广

针对处理及资源化废弃物的特点，组织对水泥、电力和钢铁企业协同资源化处理废弃物等关键技术攻关，将废弃物中污染成分的迁移转化规律、废弃物预处理、稳定运行保障和二次污染控制等关键技术纳入科技计划的重点方向，研究协同资源化处理废弃物的节能减排措施。

随着信息技术的进步，物联网、大数据、云计算的技术成熟，工业废弃余热、余压、余热、废水能够更大范围地进行社会化的回收处理、再利用，并系统协调重新供应生产系统和生活系统。加快这些关键技术的研发与推广，使未来余热再利用供热网络、废水处理再生网络等，不仅是由热、水源，输送网络及用户组成的物理网络的问题，而且是与信息技术紧密联系在一起的新型供热、供水网，通过智能数据挖掘和辨识等技术，模拟人进行推理和判断乃至进行智能决策支持，为运行管理人员提供辅助决策支持。随着回收再利用资源规模加大，城市热网和再生水网将越来越多地实现跨区域联合，将打破区域权属瓶颈，全面提升管网的安全性、可靠性和经济性。

（四）统计考评和社会参与设计

在绩效考评和社会参与方面，生产系统和生活系统循环链接管理机制设计主要包括完善循环经济统计制度、建立循环经济评价体系、加大宣传和示范力度以及明确公众参与方法和途径等。

1. 完善循环经济统计制度

按照实际发展需要，可以将对生产系统和生活系统建立循环链接的数据统计体系分为三个目标层级：①为政策制定者提供宏观决策依据的基础数据，此类数据主要是为地区能源供热规划、水资源及再生利用规划和生产、生活废弃物处理等提供数据支持。②针对高耗能、高资源投入的工业部门和典型企业生产工艺、主要废弃物产品产量以及再利用状况等信息。③为相关工程建设的方案设计与优化提供支撑的数据。针对不同层级的信息统计目标，设计与之相适应的统计方法，为全面推进城市（镇）生产系统和生活系统的循环链接提供管理依据。

2. 建立循环经济评价体系

研究建立生产系统和生活系统循环链接共生体系考核评价标准，政府将其纳入对环境保护与资源综合利用管理部门的工作责任评价考核范围。

城市环境保护与资源综合利用管理部门进而对管辖区域内相关企业开展考核指标的分解，明确企业进行产品回收的责任和进行废弃物再利用的义务。在具备协同资源化处理条件的地区，鼓励具备条件的企业通过与地方政府或产出废弃物的企业签订合约，积极参与协同资源化处理废弃物。从促进废弃物资源化利用和无害化处理出发，加强协同处理全过程的污染防治，培育示范企业，规范技术体系，加强法规建设，强化政策引导，推动城市（镇）循环发展和生态文明建设。

3. 加大宣传和示范力度

在水泥、电力、钢铁等国家重点行业培育一批协同处理废弃物的示范企业，与完善废弃物交易市场、监管体系和激励政策，逐步形成适合国情的运行机制和管理模式。逐步强化政策引导和政府监管措施，探索建立市场化运作模式，进一步“以点带面”，逐步向全国范围内推广。同时注重生产固体废弃物“冗余”的运输、储存、预处理和混烧过程的污染控制，保障生产企业达标排放。

4. 明确公众的参与方法和途径

在制定循环经济法律法规以及配套政策时，应进一步提高公民参与的意识，明确公民在日常生活中的参与方法和行使监督权的途径、方法和程序，增加责任性条款，如明确消费者在消费过程中应承担的环境责任，像在垃圾分类、处置等方面应担负的责任，不履行责任时应受到的处罚。探索以法律法规形式实行“强制押金返还制度”，增强公民对废弃物回收再利用的参与意识和责任感。

本章小结

本章针对我国建立生产系统和生活系统循环链接的机制进行了系统设计，提出了由政府主导、社会公众参与途径，以调动各主体的积极性，保证各部门、各行业的衔接与配合为前提，进一步促进两系统循环链接规范化、科学化为手段，解决我国能源资源短缺和固体废弃物处置难等困境。

本章主要内容及结论要点如下：

（1）随着我国产业规模和经济总量持续稳步增长，传统产业所产生的固体废弃物“冗余”、余能浪费以及生产用水“达标”排放等问题，本章从协同处置废弃物、能源共享、水循环角度入手，梳理其技术支撑、管理体系以及政策层面存在的问题。

（2）在坚持科学性、可行性、安全性等原则基础上，以《循环发展引领行动》为依托，参照比较分析方法，梳理我国生产系统和生活系统循环链接目标、顶层设计目标以及相应政策体系和配套措施等。

（3）基于循环经济发展体系，梳理我国生产系统与生活系统循环链接顶层设计和支撑体系，为我国生产系统和生活系统循环链接机制设计提供保障，并提出与之相应的产业政策和配套措施，包括政府管理和监督体系设计、金融扶持和价格政策、信息技术和计量标准、统计考评和社会参与设计等。

第九章

生产系统和生活系统循环链接产业实践

近年来，我国不同产业领域、不同层次的生产系统和生活系统在运行过程中伴生“冗余”快速增长，不仅给区域（城市）经济可持续发展带来很多制约，也使区域（城市）环境容量和“自净”承载压力倍增。在这种区域（城市）物质“冗余”和环境承载不堪重负之下，很多地区的企业或工业园区开始探索解决生产系统和生活系统“冗余”问题，在诸多产业领域业已形成相应工程技术和生产实践案例。

本章以国家循环发展引领行动对生产系统和生活系统产业类别为参考，按正向循环链接、逆向循环链接、有益循环链接、有害循环链接分类，筛选一些典型实践案例，进一步梳理其技术原理、工艺流程图以及企业实际案例等，为后续管理机制研究提供参考。至于与其相应的“弱循环链接”和“强循环链接”类别以及如何由“弱循环链接”到“强循环链接”转化过程和管理机制不过多涉及，留给广大读者尤其产业部门去探究。

一、正向循环链接

根据《国家循环发展引领行动》（2017），已列出部分生产系统向生活系统产业链延伸的生产实践门类，即正向循环链接。本节仅选择工业余热再利用、矿井水利用以及化工可燃废气再利用等生产案例进行介绍。

（一）工业余热再利用

1. 技术原理

工业余热是工业生产时产生的 种热能，多数耗能设备，如原动机、加热炉等，都只利用了热能中的一小部分。该种热能如果没有被有效地回收就会被释放到环境当中，这样不仅会对生态环境造成污染，同时还会极大地提升能源浪费量（宋俊伟，2018）。制造业中的石油炼焦、无机化工、黑色金属冶炼、有色金属冶炼、非金属制造等行业余热集中程度较高，且大多余热品位较高，具有较大的利用潜力。高效回收利用工业余热是提高能源利用、改善环境的节能方向和潜力所在（张亮，2012）。

我国不少工业公司对于工业余热的技术利用已经相当成熟，比较常见的有工业余热发电、工业余热供暖等。利用废弃的工业余热集中供暖能减少供热能耗，不仅节约一次能源，进一步提高经济效益，也可以减少生态环境污染（张艳华，2009）。

2. 工艺流程

工业余热技术及利用的流程如图 9－1 所示。

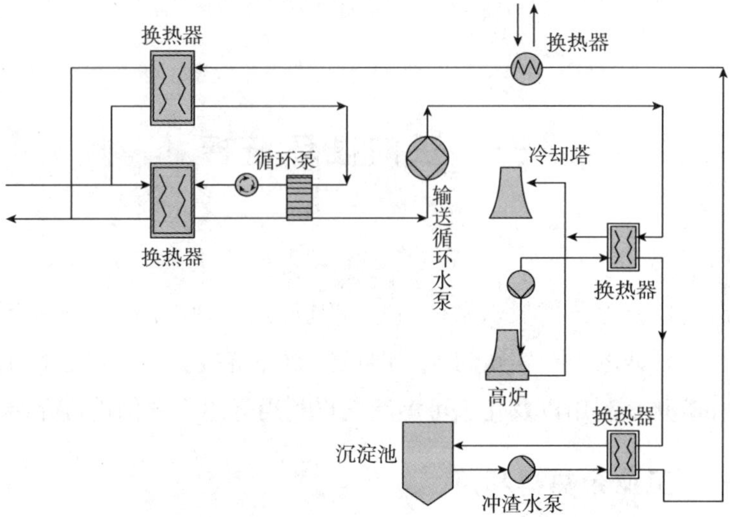

图9－1　工业余热技术及应用

专栏9－1　国外工业余热再利用实践状况

目前，在世界范围内，400℃以上的中高品位余热已经采用以低温汽轮机为代表的余热发电技术相对比较成熟，应用场合多为新型干法水泥窑的烟气余热回收、钢铁烧结炉的烟气余热回收等。

1. 瑞典

瑞典在工业余热供热方面的成就在欧洲国家中最为突出，自1974年开始发展工业余热供热系统，至2008年全国11%的集中供热热量是由工业余热提供的。

2. 美国

1976年，美国的Bat-tele Columber Labs研究机构提出利用吸收式热泵回收工业废热；1980年，该研究机构又与Adolphcoos Compange公司合作将180吨的溴化锂吸收制冷机组改装成输出量为580kW的吸收式热泵机组，用来回收余热，并共同开发了AHT装置。

到1983年该项技术已基本成熟，并应用于回收炼油厂蒸馏塔塔顶蒸汽的冷凝热、造纸厂制浆过程和食品加工过程中排放的热量，每年可以节约至少70%的热水量。由美国格弗斯—萨特勒公司研制的分散式热泵热回收式系统，可用于大型商业建筑需同时需要制冷和供热的场合，该系统可将建筑物内多余的热量或冷量提取出来并且转移到建筑物其他需要热量、冷量的地方，节能效果非常明显（张亮，2012）。

3. 日本

1981年日本住友金属工业株式会社首先开展烧结机废气循环的生产试验，经过不断发展创新目前主要有EOS（Emission Optimized Sintering）技术、LEEP（Low Emission & Energy Optimized Sinter Production）技术、EPOSINT（Environmental Process Optimized Sintering）技术、区域性废气循环和烧结废气余热循环技术等。

烧结机是钢铁行业的废气排放大户和污染大户，为削减烧结机废气排放和控制污染，烧结机废气循环技术逐渐兴起。烧结废气循环利用技术是将烧结过程排出的一部分载热气体返回烧结点火器以后的台车上再循环使用的一种烧结方法，既可回收烧结烟气的余热、提高烧结的热利用效率，又能降低燃料消耗（都基峻等，2015）。

（二）矿井水利用

1. 技术原理

煤矿矿井水是指在采煤过程中，所有渗入井下采掘空间的水，其特性取决于成煤的地质环境和煤系地层的矿物化学成分。矿井水的开发利用是缓解缺水矿区水资源紧张的有效途径。矿井水具有相对稳定的排放量且无有机物污染，普遍含有以煤岩粉为主的悬浮物，以及可溶的无机盐类，处理比较容易，这使矿井水进行资源开发利用具有可行性。

矿井水经处理达到排放标准并满足受纳水体环境质量标准的要求，或者处理到各种需求的目标水质后，可用作工业用水、生活用水和农业用水等。目前我国矿井水循环利用率不高，具有很大的开发利用潜力。

2. 工艺流程

矿井废水处理流程如图9-2所示。

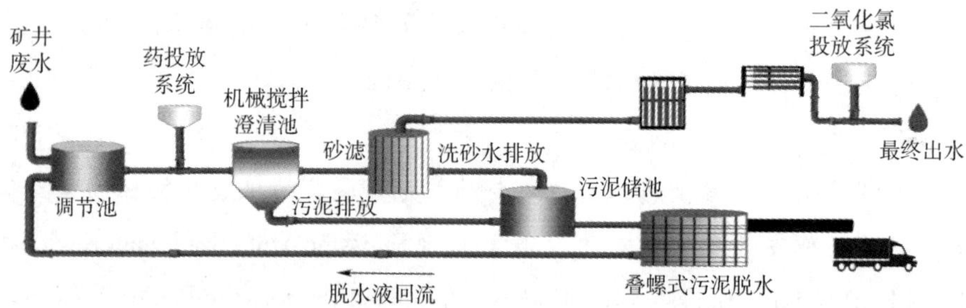

图9-2 矿井废水处理流程

专栏9-2 国外矿井水利用实践状况

国外矿井水处理利用技术的研究与应用较早，工业发达的国家由于水资源丰富，而且煤炭开采工艺与我国不同，矿井水综合利用一般不是其主要目的，而是经过简单的无害化处理后直接排放（Batty & Younger, 2004）。如美国、俄罗斯及西方国家目前主要是对矿井水进行无害化处理，然后排放。处理方法和工艺与我国矿井水处理工艺相近，但是，在矿井水处理专用絮凝剂、检测手段和自控技术比国内先进。目前西方发达国家矿井水处理研究主要侧重于简化处理工艺，以及自动控制和检测方面的技术改进和完善等。

1. 日本

日本的矿井水一部分用于洗煤外，大部分经处理去除悬浮物等污染物后排放水体。通常采用的处理方法有：氧化还原法、中和法、离子交换法、固液分离法。日本Yabahara矿采用石灰乳中和法处理含Cu、Cd、Pb、Zn等重金属的矿井水（见图9-3）。

酸性矿井水首先进入调节池，均质均量之后，进入曝气池，在曝气池中，酸性矿井水中被氧化成，之后废水进入中和池，在中和池中投加石灰乳，废水中的硫酸与石灰乳充分混合之后，再流入到反应池进行中和反应，生成沉淀，同时，反应生成沉淀，反映出水进入沉淀池，固液分离之后上清液外排或回用。利用脱硫弧菌在厌氧条件下将 SO_4^{2+} 转化成 S^{2-}，S^{2-} 与重金属离子结合生成硫化物沉淀，再经过沉淀，将矿井水中的重金属去除。处理后 Fe^{2+} 浓度降至 1.0 毫克/升以下，Zn^{2+} 浓度从 41.5 ~52.1 毫克/升降至 0.2 毫克/升以下，其他重金属浓度也均低于日本的排放标准。

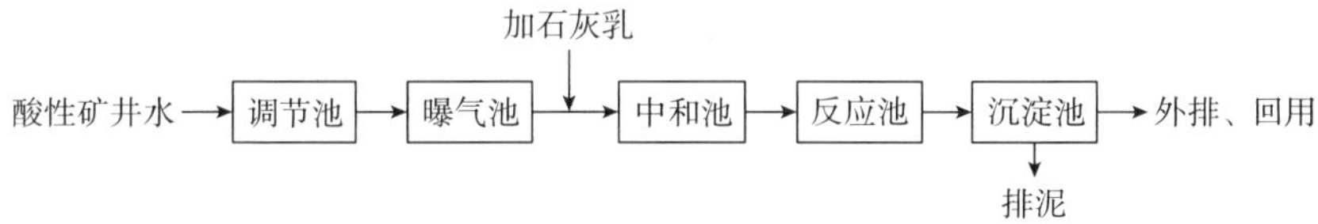

图 9 –3　石灰乳法处理酸性矿井水循环利用

2. 美国

早在 20 世纪 80 年代初，美国矿井水的利用率就达到 81%（Sheoran & Sheoran，2006）。由于美国煤矿的矿井排水大部分呈酸性，目前主要采用中和法处理，处理出水用于井下洒水（见图 9 –4）。美国还研制了抑制硫氧化杆菌等微生物活性的表面活性剂，将其喷洒在采煤巷道中，抑制硫氧化杆菌等微生物的生长繁殖，从而从根源上防止酸性矿井水的产生。20 世纪 80 年代以来，美国和西方一些国家研究了人工湿地处理矿井水技术。目前，该技术得到了广泛应用，已经取得了很好的效果。

3. 英国

英国煤矿矿井年排水量约为 3.6 亿立方米，处理方法有通过常规的混凝沉淀法处理含悬浮物矿井水；去除矿井水中的铁离子；对高矿化度矿井水先用常规处理法净化之后再用反渗透、冻结法等脱盐。

4. 苏联

苏联每年煤矿排水量大约为 22 亿立方米（Waybrant et al.，2002），通常采用的处理方法有中和法、絮凝沉淀法等。矿井水利用率较高，主要用

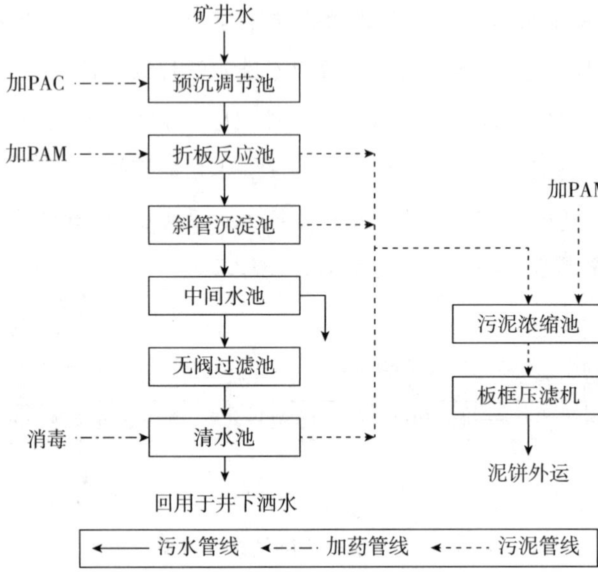

图9-4 矿井水循环利用工艺

途为：①对矿井水进行澄清、消毒处理后排入水体；②对含悬浮物矿井水净化处理后用作和井下防尘或洗煤厂用水；③苏联煤矿中含氯化钠的矿井水较多，采用的脱盐方法有热处理法，包括蒸馏和凝结膜处理法、电渗析和反渗透技术化学法、沉淀法和离子交换法，对其进行预处理和淡化处理后用作生活用水或工业用水。

（三）化工可燃废气再利用

1. 技术原理

在传统炼焦、炼钢等重化工业生产过程中，常常伴随产生大量的焦炉煤气（炼焦）、高炉煤气（炼铁）及转炉煤气（炼钢）。据资料统计，这些可燃废气总量每年可达上万亿立方米，并呈逐年增加的趋势。副产煤气作为钢铁焦化企业主要的生产燃料来源，在其能源总收入中占30%～40%。

根据《中国节能技术大纲》（2006）的要求，钢铁冶金重点企业高炉煤气和焦炉煤气排放损失率必须低于4%和1%。随着国家政策的要求提高和技术的更新进步，我国近年来工业煤气的回收利用率不断提高。工业废气再利用是将生产设备排放的废气回收，将其余热、余压或者所含可燃组分再次用于生产、生活系统，而不是直接或者仅经净化处理后排放到环境中。工业废气再利用分为循环利用和阶梯利用两种，前者是指回用于产生废气的生产过程本身，而后者是指回用于生活系统和其他生产设备。

2. 工艺流程

不同门类的化工可燃废气的循环利用工艺是不同的，以焦炉煤气制备天然气为例，其流程图如图9－5所示。

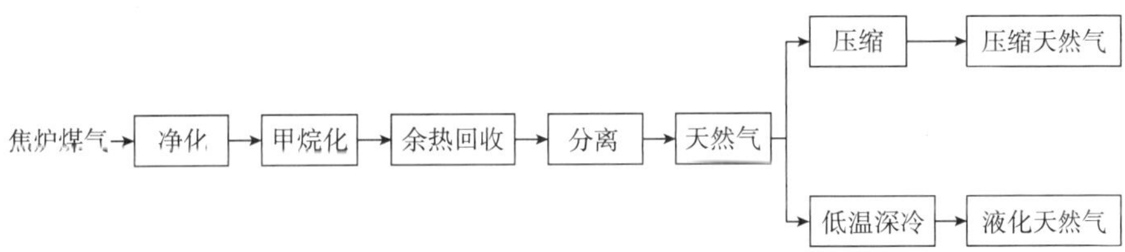

图9－5　焦炉煤气制备天然气流程

专栏9－3　国内外化工可燃废气再利用状况

1. 国内状况

我国工业副产煤气量巨大，但是放散及未被有效利用的煤气量仍然非常可观，总体资源化利用率较低。同时，我国钢铁企业规模大小不一，市场混乱复杂，难以管理和控制。我国每年有200亿立方米以上的焦炉煤气未被有效利用，高炉煤气总体放散率仍然在6%左右，转炉煤气利用率不到90%。若将我国每年放散及低值利用的富余大量副产煤气回收并合理利用，将会产生巨大的经济价值①。

① 当前国内钢铁厂高炉煤气放散率分析［EB/OL］. 中国行业研究网，http：//www. chinairn. com/news/20130926/142809589. htm.

2. 国外状况

(1) 日本。1998 年日本 NKK 公司与太平洋煤矿公司共同用煤矿瓦斯合成二甲醚，供柴油卡车 100 小时运行试验，性能同柴油，但烟尘、NOx、SOx 等污染都大幅下降，据认为是比甲醇更好的汽车清洁燃料。1999 年又完成 5t/d 中试。2000 年拟进行连续运行试验后于 2001 年建 500t/d 实用化装置。

(2) 丹麦。丹麦史密斯公司（FLSmidth & Co. A/S）开展了水泥窑协同处理生活垃圾和市政污泥技术研究，从水泥窑头抽入高含氧高温气体，作为城市生活垃圾焚烧助燃空气，焚烧后的高温烟气进入分解炉，实现了水泥窑等废气再利用，减少了设备投资，且具有节能效果。丹麦史密斯公司的热盘炉工艺已在挪威一家 1600t/d 的水泥生产线上投入运行，主要是燃烧可燃垃圾（如汽车轮胎、电话机插板等）。

二、逆向循环链接

根据《国家循环发展引领行动》(2017)，已列出部分生活系统向生产系统产业链延伸的生产实践门类，即逆向循环链接，本节仅选择生活垃圾能源化利用、生活污泥能源化利用以及再生水综合利用等实际案例进行介绍。

(一) 生活垃圾能源化利用

1. 技术原理

近年来，随着经济的快速发展和新型城镇化的不断推进，我国城市生活垃圾的排放量迅速增加，垃圾处理设施的短缺成为妨碍我国城市环境、制约城市经济和社会健康发展的瓶颈。如何科学合理地处置城市生活垃圾是各国都面临的严峻问题。面对自然资源日益短缺和能源紧张的形势，人们逐渐意识到只要创新技术方法，转变思维，垃圾其实是一种“放错地方的资源”。

伴随人们逐渐认识到科学处理城市生活垃圾，实现的垃圾资源化的重要性，关注焦点也从最初的如何无害化处理垃圾向如何将垃圾减量化和资源化转变。现今国内外垃圾处理的方法概括起来主要有填埋、堆肥、焚烧发电三种。目前按照国家的产业政策，迫切需要正确引导社会资本参与垃圾处理基础设施的建设及垃圾处理服务的提供（杨雯淇，2016）。

2. 工艺流程

垃圾能源化利用的工艺路线如图 9 –6 所示。

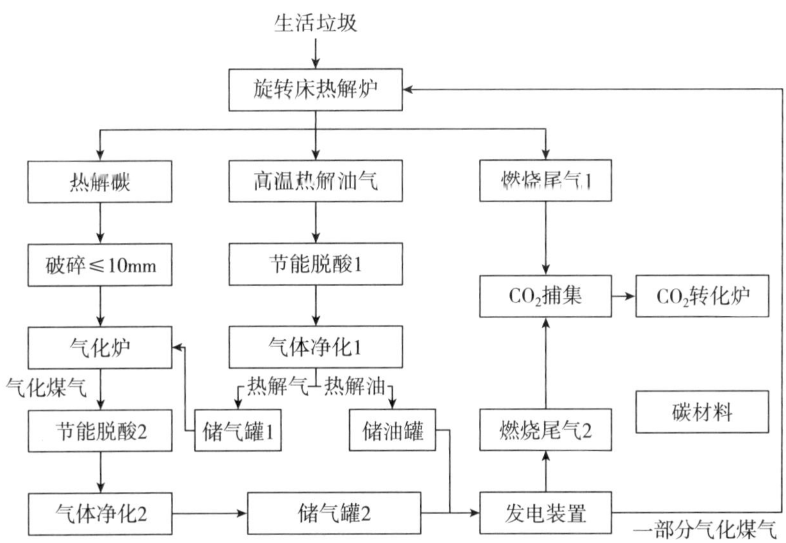

图 9 –6　垃圾能源化利用工艺路线

资料来源：http：//www. xjishu. com/zhuanli/43/201610900343. html/。

专栏9-4　国外垃圾能源化利用实践状况

1. 欧盟国家

德国从1985年到1990年，建起10个垃圾发电厂，总发电量为35000万千瓦时/天。德国法兰克福市垃圾焚烧厂每年处理垃圾42万吨，产生相当于13万吨原煤的热量，可提供4.2万居民的供热。目前，德国已有42家企业靠垃圾发电和供热维持生产。

瑞典已有55%的垃圾用于发电，焚烧产生的蒸汽量相当于6万兆瓦时，其中1万兆瓦时用于发电，5万兆瓦时用于供热。

英国伯明翰机场附近储存垃圾3500吨，通过调查发现该区域每分钟可产2立方米沼气，就地建发电厂，所发的电量可满足一个5000人口小镇的需求。英国可燃气技术公司将城市垃圾中废塑料、废轮胎、黄油浆及下水道污泥等置入高温热解炉内，分解出可燃气体，使其用于发电，回收的余热用于供热，该热解炉日处理城市垃圾1.44吨。

2. 美国

美国从20世纪80年代起，政府投资70亿美元，兴建90座垃圾焚烧厂，年总处理能力3000万吨。目前最大的垃圾发电厂已经在底特律市建造，日处理垃圾量4000吨，发电量65兆瓦。34个州的地方政府从1985年起，投资150亿美元兴建城市垃圾能源化工厂，并可望从中受益40亿美元。美国在加利福尼亚州建立的垃圾气体发电站，每分钟燃烧495立方米沼气，发电能力为5万千瓦（吕一波等，2006）。

3. 日本

日本是垃圾能源化利用最发达的国家之一，垃圾分类很严格，原生垃圾是不能直接处理的。城市生活垃圾分类后，可燃组分由垃圾转运车收集送入垃圾焚烧厂，再经过机械筛选和人工分选，在焚烧炉内焚烧，产生的热能发电供给城市电网，部分余热用于城市公共游泳池；对于可生物降解的有机垃圾，如厨余垃圾等，进行甲烷发酵，发酵产生的沼气可以制备家用和车用燃气，也可用于发电。焚烧处理厂同时也是资源回收中心，家庭的大件垃圾如家具等，必须送回生产厂进行再加工处理，并交加工处理费。一些损害和破旧的家具经过修复，以非常低的价格出售，增加了社会资源的使用率。日本目前拥有垃圾发电站102座，垃圾处理总量为每日5.2万吨，占垃圾总量的73%，其余部分由于堆放分散而尚未集中焚烧，发电总容量320兆瓦时（高芳，2014）。日本伊藤忠商等四家公司联合开发出成型垃圾燃料。其处理过程为，把垃圾和工业废弃物一起，加工成固体垃圾燃料，直接用于发电。

据有关专家测算，日本城市垃圾年产量为5010万吨，其中20%可加工成固体垃圾燃料，这1000万吨的城市垃圾固化后，可发电350亿千瓦时，相当于东京电力公司发电量的1/7。

4. 韩国

韩国将有机餐厨垃圾置于反应器中，加热到200度，用膨润土做催化剂，加热至1470千帕，持续3个小时，脱去垃圾中80%的水分，使固态成分碳化，制成以不饱和烃为主要成分的垃圾煤。

（二）生活污泥能源化利用

1. 技术原理

近年来，随着城市建设进程的加快，城镇污水处理产业在国家财政政策和节能减排任务的共同促进下，得到了突飞猛进的发展。但传统的污泥处理处置技术使得地下水环境，土壤环境受到了严重的二次污染，对环境的安全和公众的健康造成了巨大的威胁，削减了污水处理对国家节能减排产生的积极影响。因此，合理地处理处置污泥逐步提到国家环保政策的日程上来。

为满足国家节能减排政策的总体要求，必须加强污泥处理处置技术的研究，推进工程稳定运行，最终实现城镇污水处理在国家城镇减排任务中的真正价值。合理处理处置对生态环境和人类健康有严重危害的污泥，并在处理处置过程中减少其对环境的影响，减少其对人类以及人类赖以生存的生态环境的危害，已经成为现阶段环保事业的重中之重。近几年，全国各地兴起建设污泥处理处置厂，如广东省各城市已建成多座污泥处理处置场，南京、北京、上海、大连等城市处于在建或计划建设阶段。国家和地方已经注意到污泥问题，陆续出台了一些相关的政策制度。

2. 工艺流程

污泥能源化利用工艺路线如图 9 – 7 所示：

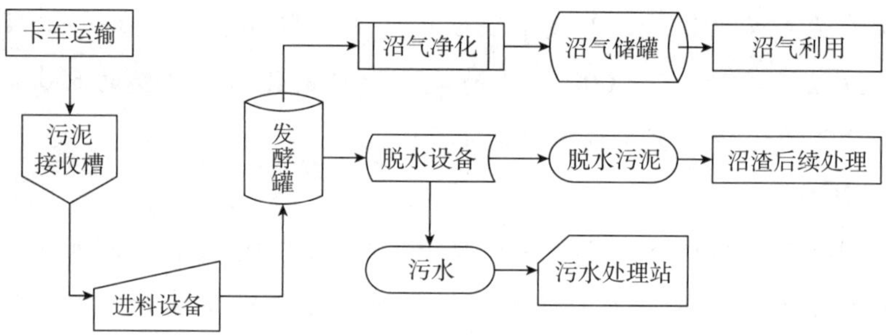

图 9 – 7　污泥能源化利用工艺路线

资料来源：http：//www. jacn. com. cn/fangan. asp？ id = 4。

专栏 9 – 5　国外污泥能源化利用实践状况

1. 美国

污泥在美国被视为生物固体，被当作一种可回收资源来进行管理，从而与固体废弃物的管理呈现出一定的差异性。污水处理厂稳定化处理后的形成污泥，由专业化公司加工处置。

2. 德国

在德国污泥介于污水和废物之间，但被作为固体废弃物来看待，并在管理体系上也采取与固体废弃物相应的模式。

3. 日本

在日本通产省，一些工业技术人员通过对脱水的下水道淤泥进行分析，发现污泥中含有大量的可燃质，其中有机物含量占84%。在有机物中碳、氢、氧、氮的含量分别为49%、8%、39.3%、3.7%。于是他们将脱水污泥放入高压反应器中，加压到12000万千兆，同时加热到300℃，将污泥中70%以上的有机物变成了重油，其热值高达33472千焦/千克。将下水道污泥与污泥块和重油混合，然后经机械脱水、脱油，制成少油、少水的混合污泥燃料。这种燃料用于发电，每吨污泥可回800千瓦时的电量。在日本南部已建成一个日耗500吨污泥燃料，发电功率为1700千瓦的发电站。

4. 加拿大

加拿大专家利用下水道污泥，经脱水去掉泥沙，然后使其干燥成水分小于5%的固态泥浆，再放入蒸馏器中，加热至4500C，在无氧状态蒸馏，蒸出的气态物质经冷凝变成了类似于柴油的轻质油，余下的部分变成了碳。该过程中1吨污泥可得到327.31升油和0.5吨碳，日处理污泥量为25吨。

（三）再生水综合利用

1. 技术原理

再生水是指污水经适当处理后，达到一定的水质标准，满足某种使用要求，可以进行有益使用的水。城市污水数量巨大、稳定、不受气候条件和其他自然条件的限制，并且可以再生利用，这使城市污水再生利用与开发其他水源相比具有优势。从经济的角度看，再生水的成本最低；从环保的角度看，污水再生利用有助于改善生态环境，实现水生态的良性循环。目前，除直接使用污水灌溉外，最为常用的再生水工艺是把城市污水经过处理后进行混凝、沉淀、过滤及消毒，对产出的再生水进行利用。国内外大量污水再生回用工程的成功实例，说明了污水再生回用于工业、农业、市政杂用、河道补水、生活杂用、回灌地下水等在技术上是完全可行的。

2. 工艺流程

再生水处理工艺流程如图9-8所示：

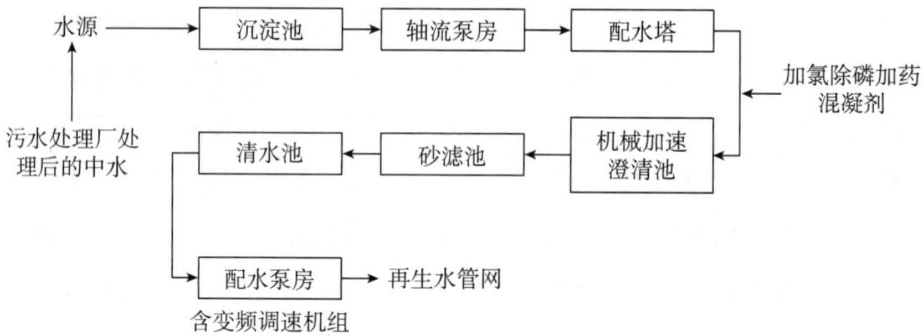

图 9－8　再生水处理工艺流程

专栏 9－6　国外再生水利用实践状况

再生水在世界各国得到了广泛利用，主要包括城市河湖景观环境、市政低质杂用、地下水源补给、农业设施灌溉、工业以及居民日常（非饮用水）生活用水等多个层面和相关领域。一般而言，再生水具有水源稳定、水质达标、生产成本低等优势，能有效缓解缺水地区的水危机。在减少污水、废水等污染物排放的同时，再生水对改善水生态环境、实现水生态系统良性循环起到了积极作用，已经成为一种可靠的替代水源（Waybrant et al.，2002）。

再生水水量大、水质相对稳定，尤其是受季节和气候影响小，是一种十分宝贵的水资源。再生水使用方式很多，按与用户的关系可分为直接使用与间接使用，直接使用又可以分为就地使用与集中使用。多数国家的再生水主要用于农田灌溉，以间接使用为主；日本等少数国家的再生水则主要用于城市非饮用水，以就地使用为主。就目前发展趋势而言，再生水更适宜用于城市环境“水景观”的环境用水。

1. 美国

美国虽然水资源量丰富，但加利福尼亚、得克萨斯、佛罗里达和亚利桑那等州，仍属于水资源短缺、地下水超采严重地区，因此再生水被广泛地用于这些地区的城市市政、工业设备冷却、农业灌溉、河湖景观娱乐、地下水补给等方面。美国再生水利用量达 2.6×106 立方米/天，其中 62%

被用于农业灌溉，30%被用于工业用水、其余再生水则被主要用于城市杂用与地下水源补给等方面。

2. 日本

在日本，最初的再生水深度处理设施建于1976年东京都多摩川流域下水道南多摩污水厂。到2003年，日本已建成再生水厂216座，提供2×108立方米/年的再生水（当地又称中水）。再生水主要回用于景观河道用水（防止湖泊和三大湾等封闭性水域的富营养化；保护城市水源水域的水质、维系水域水质等）、工业冷却、农业、建筑物杂用水、道路清洗等方面（王晓玲等，2012）。

日本东京都于1984年开始利用再生水，2007年再生水的利用率达9.3%。1995年，东京都再生水中心已经开始向古川、目黑川、吞川3条城南河道输送再生水，缓解因缺水恶化的河道水环境，减少河道污渍浓度，使河流水质达标。东京都将再生水定义为在通常的污水处理工艺上再进行过滤、臭氧处理等深度处理后的水。目前，东京都共有再生水供水区域7个、再生水厂3座。以芝浦水再生中心为例，芝浦水再生中心通过砂虑设施去除二级出水中的细小污染物，加入次氯酸钠作为污水处理厂的机械设备清洗用水、冷却用水和冲厕用水等。另外，通过膜生物过滤、臭氧消毒、臭氧耐性膜过滤等工艺去除二级出水中的浑浊和臭味，以供给周边地区作为冲厕用水。

日本城市污水处理主要以集中处理和分散处理两种模式为主，其中生活杂用再生水主要以分散处理模式为主、其他用途再生水以集中处理模式为主。日本再生水输送采用双管供水系统，其一为饮用水系统，其二为再生水系统，该系统被称为独特的“中水道”系统，被称为经典“日本模式”。中水道系统除采用传统的污水处理方法外，近几年又开发了一种地下毛细管渗滤系统，将污水处理与绿化结合起来，通过渗漏在灌溉的同时补充地下水。

3. 澳大利亚

2000年第27届澳大利亚悉尼奥运会，是再生水被广泛利用最佳案例之一，其中包括大面积的草坪灌溉、冲厕、消防、洗衣、装饰以及喷泉娱乐场所和新商业区用水。

在市政供水及管理方面，澳大利亚采用两条供水管网分别输送再生水和饮用水，与日本的双管供水系统相似，以保障再生水质量。为了保障公共健康和饮水安全，对再生水水质进行连续监测，并且在所有使用再生水的地区采取有效措施减少再生水与饮用水接触的风险，尤其是再生水和饮用水共同使用的地方采用了明显的标志和公共警示信息。

在再生水技术研发方面，澳大利亚在生物处理过程、微过滤和反过滤过程应用一系列新兴、有效的技术，并通过远程控制系统对循环再生水的操作和监控进行自动和连续的监测，确保再生水水质安全，一直保持世界先进水准。

4. 以色列

以色列是再生水利用最具特色的国家之一，已把再生水作为国家水量平衡的重要组成部分。20 世纪 50 年代，以色列开始污水处理工作，处理过程分为污水的收集、输送、处理、季节性储存、输送给用户和安全处理。

1964 年，以色列在太巴列湖地区建立了地下水库——拦洪工程，利用再生水和汛期雨洪水实施回灌，统一调度地表水与地下水，形成地下水库，以供旱季使用，总库容 47 亿立方米。Dan Region 工程是以色列最大的水回用项目，服务人口 130 万人，日处理城市污水 2700000 万立方米，负责 Tel-Aviv 地区和临近地区城市污水的收集、处理、回用和地下回灌。

具体应用而言，以色列 46% 的再生水直接回用于灌溉，其余的 33.3% 和 20% 分别回灌于地下或排入河道。未来再生水的利用与推广工作将主要考虑新项目、新内容的扩增，提高再生水水质以便灌溉更多品种的农作物。到 2040 年，以色列再生水利用量将达到 8.7 亿立方米/年，从而保证人口增长对粮食的需求和景观娱乐用水的需求（杨茂钢等，2013）。

三、有益循环链接

近年来，在国家产业政策和管理监督体系下，“有害”产业链延伸向“有益”产业链转化生产实践有很多，本节主要以餐厨垃圾回收制生物柴油、工业废水回收做中水、农村生物沼气回收等为例进行介绍。

（一）餐厨垃圾回收制生物柴油

1. 项目简介

餐厨垃圾的主要特点是有机物含量丰富、水分含量高、易腐烂，其性状和气味都会对环境卫生造成恶劣影响，且容易滋长病原微生物、霉菌毒素等有害物质。由于饮食文化和聚餐习惯，餐厨垃圾成了中国独有的现象。中国餐桌浪费惊人，每天产生巨量的餐厨垃圾。来自北京市发展改革委的数字，北京市每天产生1200吨餐厨垃圾。清华大学环境系固体废物污染控制及资源化研究所的统计数据表明，中国城市每年产生餐厨垃圾不低于6000万吨。营养丰富的餐厨垃圾是宝贵的可再生资源。但由于尚未引起重视，处置方法不当，它已成为影响食品安全和生态安全的潜在危险源。国家发展与改革委员会环境资源司副司长何炳光指出，餐厨垃圾具有废弃物与资源的双重特性，可以说是典型的“放错了地方的资源”（何炳光，2018）。

餐厨垃圾中的废油脂经过简单的脱酸、脱水、脱色、过滤等工序制成伪食用油，俗称“地沟油”，这些“地沟油”最后又回流到食用油市场和餐饮业，严重危害人民的身体健康，因此必须加强餐厨垃圾中废油脂的管制。研究表明，通过以不饱和油酸 C_{18} 为主要成分的甘油醋类油脂与低碳醇经转醋化反应可以获得生物柴油，生物柴油作为一种绿色环保能源可以成为柴油机的替代燃料或用于其他用途，该技术已经应用到国内外餐厨垃圾处理项目之中（曲伟国等，2013）。

2. 工艺流程

餐厨垃圾回收制生物柴油流程如图 9 – 9 所示。

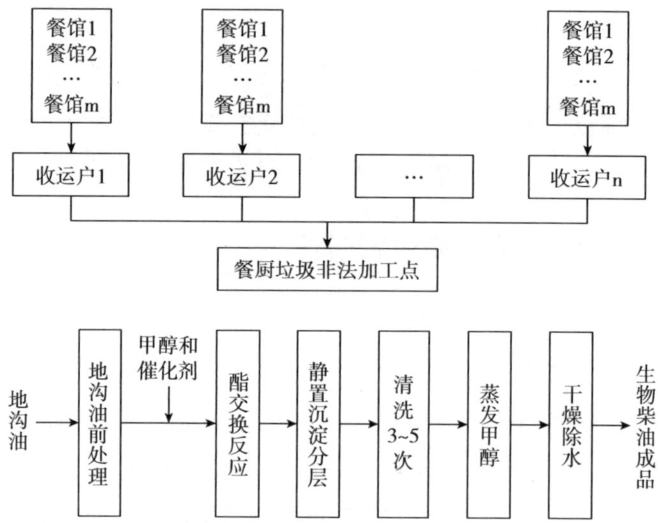

图 9 – 9　餐厨垃圾回收制生物柴油流程

资料来源：张龙生，刘拓．餐厨垃圾生产生物柴油现状及对策［J］．环境卫生工程，2009，17（6）：50 – 52.

专栏 9 – 7　变宝网——再生资源行业最具影响力的电子商务平台

在重庆环卫集团黑石子餐厨垃圾处理厂 2009 年投入运行，占地 130 亩，平均每天有近 200 辆垃圾清运车前来卸载，处理餐厨垃圾 1000 余吨通过“高温厌氧热电联产”工艺对餐厨垃圾进行处理。垃圾在厂里卸载后，首先会进行分离作业，将油脂与杂物分离开来，油脂经过处理后制造成生物柴油，杂物则通过破碎、厌氧发酵等工艺制造成沼气，可用于发电，也可进一步加工制造成CNG天然气，剩下的废渣则可通过堆肥处理，制造成有机肥料。目前该厂通过对餐厨垃圾的有效处理，每年可发电3300万度，除了满足工厂用电需求外，还可对外供电，同时每年生产CNG天然气798万立方米，生物柴油8000吨，有机肥料2.4万吨，年减排二氧化碳22万吨，实现了良好的社会效益、环境效益和经济效益。

（二）工业废水回收做中水

1. 项目简介

工业废水包括生产废水、生产污水及冷却水，是指工业生产过程中产生的废水和废液，其中含有随水流失的工业生产用料、中间产物、副产品以及生产过程中产生的污染物。工业废水种类繁多，成分复杂。例如电解盐工业废水中含有汞，重金属冶炼工业废水含铅、镉等各种金属，电镀工业废水中含氰化物和铬等各种重金属，石油炼制工业废水中含酚，农药制造工业废水中含各种农药等。由于工业废水中常含有多种有毒物质，污染环境对人类健康有很大危害，因此要开发综合利用，化害为利，并根据废水中污染物成分和浓度，采取相应的净化措施进行处置后，才可排放。

水资源匮乏是我国面临的严峻问题，我国工业化、城市化和农业集约化的迅猛发展，给水资源环境带来了巨大的影响。水环境的恶化和水资源的短缺必将制约地区经济的快速有效发展。近几年来，我国大部分地区不同程度地采取了各种措施来缓解水资源危机，而中水回用是解决水资源缺乏的重要途径。我国回用于工业循环冷却水的中水分为两种：一种是经过处理的城镇污水厂排放水，另一种是经过处理的企业自身排放的污水（李倩等，2012）。中水是指生活废水或工业废水经处理后达到中水回用水质标准的、可以重复利用的非饮用水源。作为中水回用的水源主要源于冷却废水、淋浴废水、盥洗废水、工业废水及城市污水处理厂达标处理的废水，其回用方式主要用于冲洗厕所、汽车洗刷用水、道路喷洒用水、草木灌溉用水等（查湘义，2018）。

2. 工艺流程

工业废水回收做中水流程如图 9－10 所示。

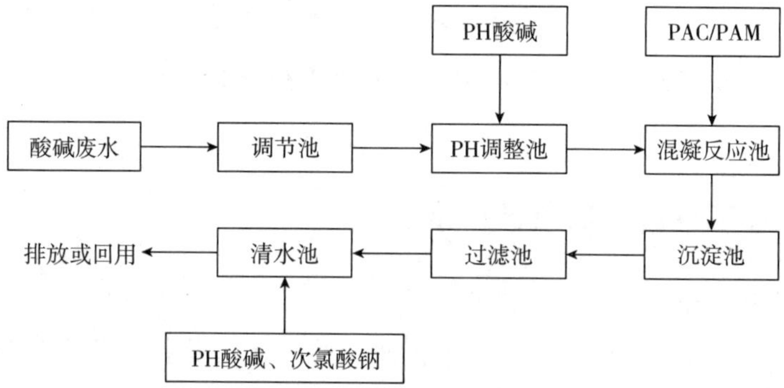

图 9－10　工业废水回收做中水流程

专栏 9－8　南京伊万特环境工程有限公司

纺织印染废水具有水量大、有机污染物含量高、碱性大、水质变化大等特点，属难处理的工业废水之一，废水中含有染料、浆料、助剂、油剂、酸碱、纤维杂质、砂类物质、无机盐等。南京伊万特环境工程有限公司在大量工程实践与试验研究基础上，结合“节能减排”的要求，开发了印染行业基于“资源利用、能源回收及废水回用”的印染废水处理及回用综合技术。

（三）农村生物沼气回收

1. 项目简介

沼气作为一种方便、清洁、高品位的能源，是秸秆、粪便、生活污水等有机物质在一定水分、温度和厌氧条件下，经微生物发酵产生的可燃气体。由于在农村产生沼气原料资源极其丰富、技术简单、造价低廉、环境友好的特点而受到国家的高度重视。农村沼气的推广应用不仅可以缓解能源压力，而且对增加农民收入、改善人居环境、保护林草植被、维持生态平衡具有重要意义（陈羚等，2010）。

2. 工艺原理

农村生物沼气回收流程如图9－11所示。

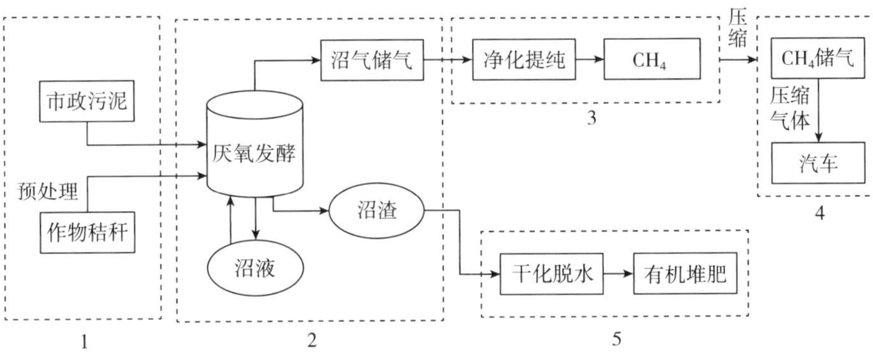

图9－11　农村生物沼气回收流程

四、有害循环链接

本部分基于生产系统和生活系统循环链接和产业链延伸角度，探索已形成社会热点的有害循环链接问题，即“地沟油”事件、工业废水毒害农作物以及塑胶“毒跑道”事件等。这三个由生产系统向生活系统产业链延伸，即逆向循环链接，引发了一系列严重社会危机和负面效应，从而逼迫政府层面不得不采取严厉政策和惩罚措施严控这种产业链的有害延伸。

（一）“地沟油”事件

所谓“地沟油”是对各种劣质油脂的通称。按照国家《食品生产经营单位废弃食用油脂管理的规定》中的术语定义，废弃食用油脂，是指餐饮行业和食品加工企业在生产、经营过程中产生的不能再食用的动植物油脂，同时也包括经多次煎炒、烹炸食物后废弃的油脂，以及含油脂废水经油水分离器或者隔油池分离后，产生的不可再食用的油脂。

“地沟油”实际上是循环产业链接，但缺乏规范运作的产物。它是从酒店、餐馆收来泔水进行加工提炼，一部分用作化工原料，另一部分去除臭味后流到食用油市场，并按照一定的比例混在好油里销售，最终再次流到酒店，餐馆的饭桌上，实现“生活—生产—生活”的有害循环利用。这种循环利用从生产过程就注定了其不卫生性，“地沟油”中含有大量细菌、真菌等有害微生物，食用后对人体危害极大，尽管有些非法“地沟油”企业，通过一定的技术改造去除这些有害物质，瞒过电子仪器检测，但“地沟油”对人体的巨大危害是不争的事实，轻则引发腹泻、肠胃炎等，重则会发育不良，甚至诱发癌症①。

不可讳言，“地沟油”的存在反映出循环产业链条上的生产检测和产业链管理问题。首先是循环产业链的完整性，对废弃餐厨垃圾处理环节处在起步阶段，无法实现餐厨垃圾有效的回收利用，造成大量堆积浪费，最终让不法分子有利可图；其次是监管监察力度不足，地沟油由地下黑作坊生产，质量标准远达不到国家要求水平，但它仍在市面上流通；最后是技术检测水平的落后，技术上还没有一种方法能对所有的“地沟油”进行有效检测，最终造成“地沟油”的广泛滥用。

（二）工业废水毒害农作物

单就循环链接产业而言，工业用水进入农田灌溉是一个比较典型逆向循环链接案例，如工程技术处理标准合理、管理监督到位，这应该是一个“多赢”的局面。但事与愿违，近年来工业废水毒害农作物已引起不少严重社会化问题。

---

① 地沟油的前世今生［EB/OL］. 搜狐网. http：//www. sohu. com/a/212483762_788170.

基于此，笔者从工业用水化学成分及进入农田灌溉流程进行简要分析。①

（1）工业废水包括生产废水、生产污水及冷却水，是指工业生产过程中产生的废水和废液，其中含有随水流失的工业生产用料、中间产物、副产品以及生产过程中产生的污染物。其中工业废水种类繁多，成分复杂。

（2）由于工业废水中常含有多种有毒物质，污染环境对人类健康有很大危害，因此要开发综合利用，化害为利，并根据废水中污染物成分和浓度，采取相应的净化措施进行处置后，才可排放。

工业废水若经过科学合理的循环利用，如经过一系列净化处置再次回到生产利用环节可以实现水资源的循环生产利用，符合再利用标准的工业废水主要用来农业灌溉，缓解水资源短缺的现状。但是工业废水在循环再利用过程中，同时也含有大量的重金属元素，对于农作物的生长而言，大量的重金属元素势必会影响甚至抑制农作物的生长，最终导致农作物减产等问题。

（三）塑胶“毒跑道”事件

2014 年，全国各地发生几起学校发生异味塑胶“毒跑道”事件，引起了一些社会热议。单就循环经济产业链而言，这也是一个比较典型的“生产系统向生活系统延伸”案例，即逆向循环链接。

塑胶跑道技术原理和工艺流程如下：塑胶跑道的原料主要源于废旧的轮胎颗粒，从废弃轮胎到塑胶跑道的循环利用过程工艺烦琐，还需加入各类溶剂和化工材料，而毒跑道产生的主要原因就是在这些基本材料中添加有毒重金属催干剂，高温条件下，这些有毒物质挥发扩散在空气中，学生吸入后出现流鼻血、起红疹等不适症状②。

从技术监督方面分析，从废旧轮胎经初级加工，一直再应用到中小学

① 工业废水．［EB/OL］．百度百科．https：//baike. baidu. com/item/10863599？ fr = aladdin.

② 上百名学生流鼻血、呕吐 “毒跑道”又回来了［EB/OL］．中国日报网．https：//baijiahao. baidu. com/s？ id = 1611935595766057493&wfr = spider&for = pc.

学校跑道的整个工艺过程中任何一个环节的监管不力都会导致毒跑道的产生，“毒跑道”事件的产生侧面反映出循环产业链监管不足的问题。相关政策法规的不健全及相关标准的滞后性导致有毒跑道成功躲避了相关部门的检验，最终引发“毒跑道”事件。

专栏9-9　基于激励相容视角的“毒跑道”事件安全监管分析（节选）[①]

近年频发的校园“毒跑道”事件在社会不同层面造成较大反响，引发校园公共设施质量安全的深度讨论。校园“毒跑道”事件解决的三个重要方面在于标准、制度和监管责任，其中国家标准委员会针对校园跑道建设质量安全标准出台《中小学合成材料面层运动场地》新国标，各地教育部门也纷纷采取措施对中小学生跑道进行规范，完善跑道建设监管制度，但在保障标准规范实施的制度设计和责任落实方面仍待完善和补充。尤其在校园跑道的建设和监管环节，地方政府、地方监管部门以及跑道建设企业间仍存在利益分配不协调等问题，而利益相关者间信息的不对称更加剧了这一矛盾。基于这一局面，本文认为可行的解决思路是通过设计一种激励相容机制对参与校园跑道建设的各方进行利益调解和再分配，促使各方的决策选择向良性方向发展。

此外，考虑到“毒跑道”事件的特殊性，在分析“毒跑道”事件激励相容约束的基础上，需结合校园跑道安全监管与产品质量安全监管博弈的共性，对基于激励相容的研究思路进行总结和梳理，对类似安全事件解决具有一定的借鉴和推广意义。

因此，针对校园“毒跑道”事件，从激励相容视角切入在分析学校跑道安全监管主要相关主体的性质及决策过程的基础上，分别构建地方政府和地方监管部门，地方监管部门和跑道建设企业的博弈模型；根据模型分析结果，对不同主体实现激励相容的关键要素和关键参数进行了识别和计算，得

① 三方面举措解决校园“毒跑道”事件发生［EB/OL］. 新华网，http：//news. xinhuanet. com/2017－03/12/c_ 1120613828. htm. 2017/3/12.

出针对地方监管部门和跑道建设企业的激励相容约束。结果表明，地方政府实现对地方监管部门激励相容的关键点在于奖惩力度；对跑道建设企业实现激励相容的关键在于学校寻求监管意愿以及地方监管部门的监管准确水平。

本章小结

本章以企业产业实践为例，系统梳理了《国家循环发展引领行动计划》（2017）中生产系统和生活系统链接产业门类，并对其正向循环链接、逆向循环链接、有益循环链接以及已形成社会热点的有害循环链接等进行归类，重点阐述生产原理、工艺流程以及生产案例。

本章主要内容及结论要点如下：

（1）生产系统向生活系统延伸的产业领域，即正向循环链接，包括工业余热再利用、矿井水利用以及化工可燃废气再利用等。

（2）从生活系统向生产系统延伸的新兴产业，即逆向循环链接，包括垃圾能源化利用、污泥能源化利用、再生水利用等。

（3）在产业政策和管理监督体系下，“有害”向“有益”转化生产系统和生活系统循环链接，包括餐厨垃圾回收制生物柴油、工业废水回收做中水、农村生物沼气回收等。

（4）对已形成社会热点的有害循环链接案例，如“地沟油”、工业废水毒害农作物以及校园“毒跑道”等问题，对其工程原理及循环链接工艺流程进行概要分析。

第十章
结论与展望

生产系统和生活系统循环链接作为循环经济有待深入拓展的应用研究领域，尽管在我们国家政府和企业层面都给予了高度重视，已有相关研究工作相对较少，尤其在专门性的理论方法体系的构建、现有相关研究的整合梳理等方面，已有研究进展难以满足发展需求，仍需要持续性的、创新性的工作投入。本书试图对生产系统和生活系统循环链接研究理论方法体系及相关实践案例进行深入分析，探究构建生产系统和生活系统循环链接体系的系统认知、理论内涵、现实依据、内在机理、路径依赖等。在此基础上，提出针对性的理论框架和方法体系，并对部分研究手段进行工具化实现，为相关研究和决策提供支持。

一、取得的主要结论

本书尝试从系统学视角对生产系统和生活系统循环链接进行阐述，针对两个系统循环链接的要素多元、结构多层、组分共生等基本特征，构建了生产系统和生活系统循环链接的四层塔型管理机制设计理论框架，提出了强循环—弱循环、正向—逆向、有益—有害等生产系统和生活系统循环链接的分类方法体系。在此基础上，结合我国目前两系统循环链接的现状，设计了基于国家循环经济产业体系的生产系统和生活系统循环链接管理体系。最后，尝试构建了城市层面生产系统和生活系统循环链接软件系统架构，以为研究工作的实践提供一个工具架构。

具体来说，本书取得的主要研究结论如下：

（1）明确了生产系统和生活系统的内涵及边界，从产业和社会职能角度，界定了生产系统和生活系统的研究范畴、系统特征和链接领域，区分了生产系统和生活系统的共性特征（系统性、动态性、区域性、开放性）和差异性特征（层次性、突变性、要素稳定性）。在此基础上，结合两系统的结构复杂性、系统复合性和集群效应，系统阐述了生产系统和生活系统循环链接的内容、形式和特征，区分了两个系统的强循环链接和弱循环链接形式，界定了正向循环链接和逆向循环链接的基本概念，探讨了有益循环链接和有害循环链接的分类标准。

（2）理论研究方面，结合生产系统和生活系统循环链接系统特征，梳理构建了两系统循环链接管理理论体系，系统阐述了循环经济发展的三个"递阶"及其内在机理演化，构绘了中国循环经济不同时期三大创新发展模式，提出了中国数字循环经济创新发展模式（3.5）。结合自上而下和自下而上两种系统研究视角，将可持续发展理论、资源经济学理论、生态经济学理论、循环经济学理论、系统科学、工业生态学理论、工业工程理论以及激励相容理论、生产者责任延伸理论、演化博弈理论等纳入研究体系中，提出多学科交叉的生产—生活循环链接系统理论框架，为后续研究方法体系构建和实证研究提供理论支持。

（3）研究方法和技术研发方面，首先明确生产系统和生活系统指标体系构建流程，按照两系统循环链接强弱、方向以及影响，辨识和区分循环链接路径；其次对两系统循环链接系统结构、行为、生态性以及综合应用的主要研究流程、工具、应用进行梳理和介绍，为研究提供工具支持。在此基础上，简要分析生产—生活系统循环链接数据信息管理体系，同时介绍笔者团队研发的城市生产—生活系统循环链接数据管理软件，主要包括功能架构、模块设计、过程控制等。

（4）机制设计方面，对生产系统和生活系统循环链接机制构建的关键因素进行识别，归纳两系统循环链接规律。剖析生产系统和生活系统链接状态演化过程和内外驱动因素，对两系统循环链接的能源、水及废弃物的循环利用及协同处置进行重点研究。其中，对于推动两系统循环链接的强驱动性因素包括法律建设、政策指引和标准制定；直接驱动因素包括经济效益、技术水平和资金投入；基础驱动因素包括管理监督、宣传示范、信息交换和社会责任。因此，加强政府职能、注重循环链条的经济效益和提高社会责任意识是建立两系统循环链接的关键；建立与上层节点废物供给量相适应的处理和综合利用规模、保证再利用资源的市场销量和降低产业链主体的融资难度，是保证两系统循环链接长久稳定运行的关键。

（5）应用实践方面，系统设计生产系统和生活系统循环链接机制。构建由政府主导，生产企业和社会公众参与，监管和激励机制辅助的生产—生活循环链接系统的基本框架和实施准则。认为目前主要问题是相关法规法规不健全、监管有待提高、技术设备难以满足需求，应并重顶层设计和基础建设、推广技术研发和应用、促进行业标准规范化。此外，应明确需求，遵循安全、可行、规范、系统的设计原则，强化监管和执行力度，为国家《循环发展引领行动》制定提供技术支撑，丰富国家生产系统和生活系统循环链接产业发展体系。

二、研究展望

本书基于国家循环经济发展战略和重点研究任务，所提出的研究视角、理论框架、方法体系及结论观点皆源于近年笔者及研究团队从事相关领域学术研究、承担课题以及实地调研等取得的成果及学术认知。在本书编写过程中，笔者团队曾多次组织专家研讨和内容审查，以求本书尽可能完善，但限于主观及客观条件，难免存在一定偏颇。

在此，笔者将本书编写工作过程中几点研究说明及未尽的工作梳理出来，以供未来研究提供参考。

（1）当前我国循环经济发展正处于由生产型循环经济向生产—生活系统循环链接型循环经济转变的过渡阶段，循环发展模式和资源循环利用方式逐渐从以生态工业园区为代表的中观循环向跨区域的生产—生活系统资源大循环模式演化。这种模式上的升级和维度上的拓展所蕴含的非线性机理和复杂内涵绝非传统还原视角和线性思维所能解释的，因此应结合新的研究视角和理论方法进行探究。基于这一学术认知，本书尝试从系统学视角阐释我国循环经济“递阶”发展内在机理及创新发展模式，构建生产系统和生活系统循环链接管理理论体系和机制设计方案。然而，限于现有相关资料的不足，研究团队目前尚未充分论证该研究思路的完备性，仅尝试从学术探索的角度提出生产系统和生活系统循环链接的理论框架、方法技术体系、管理机制设计方案，并选取部分循环产业进行实证研讨。在后续研究中，研究团队将基于该思路进一步深化，尤其在循环“链路”演化模式，“链接点”对接行为、链接特征及效率评估等方面进行深入研究，也欢迎其他研究者对该研究思路进行深入交流。

（2）本书所构建生产—生活系统循环链接管理理论框架和技术方法体系，是基于近年来笔者团队学术研究、承担相关课题以及实地调研等所取得的研究成果，仅作为一种学术探索和创新尝试，并不足以完整地支撑生产系统和生活系统循环链接在国家战略部署、区域发展规划及行业管理规范等领域的相关研究工作。具体来说，本书所提出的理论、方法及软件工具，主要针对当前我国循环发展转型时期所面临的微观生产企业/家庭个体行为，宏观生产—生活系统循环链接表征、循环系统演化模拟及驱动机制构建，生产—生活系统循环链接资源数据信息管理，以及产品全生命周期溯源与生产者责任延伸等问题进行机理性探讨及创新方法试验。在实际应用方面，因团队资源、时间等主客观因素限制，仅对部分产业能源共享、水循环以及废弃物协同处置等进行实证分析。在后续研究工作中，笔者团队将紧密结合当前我国资源代谢和循环产业发展的现实情况、区域协同和产业升级的发展目标，对本书研究成果进行深化和推广，以更好地服务于“实现生产系统和生活系统循环链接”国家战略目标。

（3）随着近年来数据信息技术的快速发展和社会化普及，我国数字红利优势逐渐显现。大数据和人工智能、区块链等新一代信息技术与实体循环经济产业加速融合，为我国循环经济数字化发展提供了有利条件。为此，笔者提出了数字型循环经济创新发展模式（3.5），即以资源全生命周期精准减量、智能分类回收、清洁增值利用、智能精深拆解等为代表的生产系统和生活系统循环链接型循环经济升级版，并以此为基础研发了城市生产—生活系统循环链接数据管理软件。需要说明的是，该软件主要作为笔者团队学术性探索，在笔者指导下由团队研究生完成，对本书提出的生产—生活系统循环链接方法和技术体系，也只实现了部分分析方法的软件化，而且无论在软件功能、计算性能以及操作易用性等方面都存在改进空间，仅供广大读者和相关领域专家及从业者作为参考。在后续的研究工作中，笔者团队将进一步实现专门的生产系统和生活系统循环链接工具的丰富化，也期望能够与其他研究团队和相关从业者达成合作。

（4）我国循环经济研究起步相对较晚，相关数据资料在完备性、细致性、精确性、实时性等方面仍相对滞后，很难与当前快速发展的数据信息技术相适应，极大地限制了我国循环经济的发展。随着“实现生产系统和生活系统循环链接”国家战略的提出以及我国逐渐进入社会数字化时代，数字循环经济在产品全生命周期过程表现出更高的公众参与度、信息透明度和责任明晰度，并能够通过信息交互、资源共享、精准控制等创新管理方式，有效提高全社会资源利用和回收效率。因此，依托现代信息技术对传统循环经济产业进行全方位、全角度、全链条改造，构建更高精度、更多维度、更快更新速度的资源全生命周期数据库及全社会资源循环利用信息库也越发紧要。

参考文献

[1] Aalbers R F T, Vollebergh H R J. An economic analysis of mixing wastes [J]. Environmental and Resource Economics, 2008, 39 (3): 311 – 330.

[2] Andersen M S. An introductory note on the environmental economics of the circular economy [J]. Sustainability Science, 2007, 2 (1): 133 – 140.

[3] Ayres R U, Kneese A V. Production, consumption, and externalities [J]. The American Economic Review, 1969, 59 (3): 282 – 297.

[4] Barbier E B. Economics, Natural-Resource Scarcity and Development: Conventional and Alternative Views [J]. Ecological Economics, 1991, 3 (3): 267 – 269.

[5] Batty L C, Younger P L. The Use of Waste Materials in the Passive Remediation of Mine Water Polution [J]. Surveys in Geophysics, 2004, 25 (1): 55 – 67.

[6] Beheshti M, Sægrov S. Sustainability assessment in strategic management of wastewater transport system: A case study in Trondheim, Norway [J]. Urban Water Journal, 2018, 15 (1): 1 – 8.

[7] Bicknell K B, Ball R J, Cullen R, et al. New methodology for the ecological footprint with an application to the New Zealand economy [J]. Ecological Economics, 1998, 27 (2): 149 – 160.

[8] Brian, Lin Chiang, Chen Yuan, Donald A. R George. A Circular

Economy Model of Economic Growth [J]. Environmental Modeling and Software, 2015 (73): 60 - 63.

[9] Bringezu S, Schütz H, Moll S. Rationale for and interpretation of economy-wide materials flow analysis and derived indicators [J]. Journal of Industrial Ecology, 2003, 7 (2): 43 - 64.

[10] Brunner P H, Rechberger H. Practical handbook of material flow analysis [J]. The International Journal of Life Cycle Assessment, 2004, 9 (5): 337 - 338.

[11] Costanza R, Daly H. Nature capital and sustainable development [M]. Conservation Biology, 1992.

[12] Curran, M A. Environmental life-cycle assessment [J]. The International Journal of Life Cycle Assessment, 1996, 1 (3): 179 - 179.

[13] De Haes H U, van der Voet E, Kleijn R. Substance flow analysis (SFA), an analytical tool for integrated chain management [C]. Regional and National Material Flow Accounting: From Paradigm to Sustainability, Proceedings of the ConAccount Workshop, Leiden, The Netherlands. 1997: 32 - 42.

[14] Desrochers P. Industrial symbiosis: the case for market coordination [J]. Journal of Cleaner Production, 2004, 12 (8 - 10): 1099 - 1110.

[15] Escap, Eco-efficiency Indicators: Measuring Resource-use Efficiency and the Impact of Economic Activities on the Environment [R]. United Nations-Greening of Economic Growth Series, 2009.

[16] Ferrara I, Missios P. A cross-country study of household waste prevention and recycling: Assessing the effectiveness of policy instruments [J]. Land Economics, 2012, 88 (4): 710 - 744.

[17] Finnveden, G, et al. Recent developments in life cycle assessment [J]. Journal of Environmental Management, 2009, 91 (1): 1 - 21.

[18] Folke C, Jasson A, Larsson J et al. Ecosystem Appropriation by Cities [J]. Ambio, 1997, 26 (3): 167 - 172.

[19] Fontes H O, Freires G M. Sustainable and renewable energy supply chain: A system dynamics overview [J]. Renewable and Sustainable Energy Reviews, 2018, 82: 247 -259.

[20] Guinee J B, et al. Life cycle assessment: past, present, and future [R]. 2010: 90 -96.

[21] Guinée J B. Handbook on life cycle assessment operational guide to the ISO standards [J]. The International Journal of Life Cycle Assessment, 2002, 7 (5): 311 -313.

[22] Hellweg S, Llorenç Milà i Canals. Emerging approaches, challenges and opportunities in life cycle assessment [J]. Science, 2014, 344 (6188): 1109 -1113.

[23] Hoffren J. Measuring the Eco-Efficiency of Welfare Generation in a National Economy [D]. Tampere University, 2001: 43.

[24] Holling C S. The resilience of terrestrial ecosystems: local surprise and global change [J]. Sustainable Development of the Biosphere, 1986 (14): 292 -317.

[25] Hopwood B, Mellor M, O'Brien G. Sustainable development: mapping different approaches [J]. Sustainable Development, 2005, 13 (1): 38 -52.

[26] Hu G, Mu X. Dominants in evolution of urban energy metabolism: A case study of Beijing [J]. Ecological Modelling, 2018 (385): 26 -34.

[27] Hu G, Mu X. Analysis of urban energy metabolic system: An ecological network framework and a case study for Beijing [J]. Journal of Cleaner Production, 2019 (210): 958 -969.

[28] Hu G, Mu X, Xu M, et al. Potentials of GHG emission reductions from cold chain systems: Case studies of China and the United States [J]. Journal of Cleaner Production, 2019 (239): 118053.

[29] ISO 14040. Life Cycle Assessment—Principles and Framework [M].

Geneva: International Organization for Standardization, 1997.

[30] Jager W, et al., eds. Advances in Social Simulation 2015 [R]. 2017.

[31] Jørgensen A, et al. Methodologies for social life cycle assessment [J]. The International Journal of Life Cycle Assessment, 2008, 13 (2): 96.

[32] Kates R W, Clark W C, Corell R, et al. Sustainability science [J]. Science, 2001, 292 (5517): 641-642.

[33] Keffer C, Shimp D. Eco-efficiency Indicators and Reporting [M]. London, World Business Council for Sustainable Development (WBCSD), 1999.

[34] Kipperberg G. A comparison of household recycling behaviors in Norway and the United States [J]. Environmental and Resource Economics, 2007, 36 (2): 215-235.

[35] Krausmann F, Lauk C, Haas W, et al. From resource extraction to outflows of wastes and emissions: The socioeconomic metabolism of the global economy, 1900 - 2015 [J]. Global Environmental Change, 2018 (52): 131-140.

[36] K. R. Waybrant, C. J. Ptacek, and, D. W. Blowes. Treatment of Mine Drainage Using Permeable Reactive Barriers: Column Experiments [J]. Environmental Science & Technology, 2002, 36 (6): 1349-1356.

[37] Lambert A J D, Boelaarts H M, Splinter M A M. Optimal recycling system design: with an application to sophisticated packaging tools [J]. Environmental and Resource Economics, 2004, 28 (3): 273-299.

[38] Li F. Effective Analysis on Circular Economy Development Based on Entropy Method and Data Envelopment Analysis (DEA): Case Study of Liaoning Province [J]. Advanced Materials Research, 2014, 2915 (869).

[39] Lindhquist T., Extended Producer Responsibility in Cleaner Production [D]. Sweden, Ph. D, Dissertation, 2000: 50-55.

[40] Lyons G, Mokhtarian P, Dijst M, et al. The dynamics of urban me-

tabolism in the face of digitalization and changing lifestyles: understanding and influencing our cities [J]. Resources, Conservation and Recycling, 2018, 132: 246 - 257.

[41] Mativenga P T, Agwa-Ejon J, Mbohwa C, et al. Circular Economy Ownership Models: A view from South Africa Industry [J]. Procedia Manufacturing, 2017 (8).

[42] Meng Y, Wei C C, Zhang K. Research on Driving Mechanism of Circular Economy Mode of High Energy Consuming Enterprises [J]. Applied Mechanics and Materials, 2014, 3547 (675).

[43] Miller R E, Blair P D. Input-output analysis: foundations and extensions [M]. Cambridge University Press, 2009.

[44] Miller, Ronald E.. Input-Output Analysis [D]. Cambridge University Press.

[45] Morecroft J D. Management attitudes, learning and scale in successful diversification: a dynamic and behavioural resource system view [M] //System Dynamics. Palgrave Macmillan, London, 2018: 69 - 106.

[46] OECD. Eco-efficiency [R]. Paris, Organization for Economic Co-operation and Development, 1998.

[47] Pearce D W, Turner. PK Economics of Natural Resources and the Environment [M]. London: Haivester Wheatsheaf, 1990: 35 - 41.

[48] Pennington D W, et al. Life cycle assessment Part 2: Current impact assessment practice [J]. Environment International, 2004, 30 (5): 721 - 739.

[49] Ranta V, Aarikka-Stenroos L, Ritala P, et al. Exploring institutional drivers and barriers of the circular economy: A cross-regional comparison of China, the US, and Europe [J]. Resources, Conservation and Recycling, 2017.

[50] Rebitzer G, et al. Life cycle assessment: Part 1: Framework, goal and scope definition, inventory analysis, and applications [J]. Environment International, 2004, 30 (5): 701 - 720.

[51] Robinson D, Stankovic S, Morel N, et al. Integrated resource flow modelling of urban neighbourhoods: Project SUNtool [C] //Proc. Building Simulation, 2003.

[52] Ross S. Use of life Cycle Assessment in Environmental Management [J]. Environmental Management, 2002, 29 (1): 132 - 142.

[53] Schmidt-Bleek F. The Factor 10/MIPS-Concept [J]. Bridging Ecological, Economic, and Social Dimensions with Sustainability Indicators, 1993.

[54] Seji Hashimoto, Yuichi Moriguchi. Proposal of Six Indicators of Material Cycles for Describing Society's Metabolism: from the Viewpoint of Material Flow Analysis [J]. Resources, Conservation and Recycling, 2004 (40): 185 - 200.

[55] Sheoran A S, Sheoran V. Heavy metal removal mechanism of acid mine drainage in wetlands: A critical review [J]. Minerals Engineering, 2006, 19 (2): 105 - 116.

[56] Sikdar S K. Sustainable development and sustainability metrics [J]. AIChE Journal, 2003, 49 (8): 1928 - 1932.

[57] Solano E, Dumas R D, Harrison K W, et al. Life-cycle-based solid waste management. II: Illustrative applications [J]. Journal of Environmental Engineering, 2002, 128 (10): 993 - 1005.

[58] Solano E, Ranjithan S R, Barlaz M A, et al. Life-cycle-based solid waste management. I: Model development [J]. Journal of Environmental Engineering, 2002, 128 (10): 981 - 992.

[59] Strebel H. Industrial Recycling Networks as An Entrance into Circular Economy [R]. International Summer Academy on Technology Studies-Corporate Sustainability, 2004.

[60] Udo de Haes H, van der Voet E, Kleijn R. Substance Flow Analysis (SFA), an Analytical Tool for Integrated Chain Management [M] //Brinezu S, Moll S, Fischer-Kowalski M, Kleijn R, and Palm V eds. Regional and National Material Flow Accounting, "From Paradigm to Practice of Sustainability".

Proceedings of the 1st ConAccount workshop. Wuppertal: Wuppertal Institute, 1997.

[61] Van den Bergh J C J M, Ferrer-i-Carbonell A, Munda G. Alternative models of individual behaviour and implications for environmental policy [J]. Ecological Economics, 2000, 32 (1): 43 -61.

[62] Van Vuuren D P, Seeets E M. Ecological footprints of Benin, Bhutan, and the Netherlands [J]. Ecological Economics, 2002, 34 (1): 115 -130.

[63] Veenstra A, Wang C, Fan W, et al. An analysis of E-waste flows in China [J]. The International Journal of Advanced Manufacturing Technology, 2010, 47 (5 -8): 449 -459.

[64] Wang D, Nie R, Long R, et al. Scenario prediction of China's coal production capacity based on system dynamics model [J]. Resources, Conservation and Recycling, 2018, 129: 432 -442.

[65] Wang J F, Li H M. The development of circular economy in China [J]. Aquatic Ecosystem Health & Management, 2006, 9 (1).

[66] Williams C C, Millington a C. The diverse and contested meanings of sustainable development [J]. The Geographical Journal, 2004, 170 (2): 99 -104.

[67] Zhu X, Mu X, Hu G. Ecological network analysis of urban energy metabolic system—A case study of Beijing [J]. Ecological Modelling, 2019 (404): 36 -45.

[68] 白思俊. 系统工程导论 [M]. 北京: 中国电力出版社, 2014.

[69] 宾晓蓓, 杨晓茜, 汪文俊, 等. 家庭—小区相结合的垃圾分类回收模式经济可行性分析 [J]. 绿色科技, 2013 (11): 166 -168.

[70] 曹文凯. 农业可持续发展与循环经济 [J]. 中国建材资讯, 2007 (1): 1 -1.

[71] 曹雅, 张正煌, 孙波等. 南京市再生资源回收体系建设概况 [J]. 再生资源与循环经济, 2017 (11): 26 -29.

［72］曹燕，于洁，隋福民，等．我国发展循环经济的对策研究——基于国外经验进行的探讨［J］．科技管理研究，2008（3）：41－43.

［73］查湘义．中水回用技术及其应用现状［J］．民营科技，2018（5）：84.

［74］陈成忠，林振山．中国1961～2005年人均生态足迹变化［J］．生态学报，2008，28（1）：338－344.

［75］陈荔，郗永勤．循环型工业园区建设——以泉州市洛江经济开发区为例［J］．福建论坛（社科教育版），2007（12）：87－90.

［76］陈羚，赵立欣，董保成，等．我国秸秆沼气工程发展现状与趋势［J］．可再生能源，2010，28（3）：145－148.

［77］陈梅芳，花明，阳奕汉，周义朋．循环经济视角下新疆地浸采铀浸出工艺的技术创新与实践［J］．中国矿业，2018，27（3）：100－103.

［78］陈庆秋，薛建枫，周永章．城市水系统环境可持续性评价框架［J］．中国水利，2004（3）：6－10.

［79］陈书忠，周敬宣，李湘梅，等．城市环境影响模拟的系统动力学研究［J］．生态环境学报，2010，19（8）：1822－1827.

［80］陈效逑，乔立佳等．中国经济—环境系统的物质流分析［J］．自然资源学报，2000，15（1）：17－23.

［81］陈杨，刘学鹏，梅芳．浅谈循环经济的发展模式与分析［J］．当代经济，2007（18）：56－57.

［82］程正载，王洋，王光华，等．重化工聚集区企业间资源循环利用调研与分析［J］．工业安全与环保，2013，39（3）：87－89.

［83］戴磊，陈慧，孙琳，等．吉林省中小企业技术创新影响因素分析［J］．情报科学，2010（12）：1781－1784.

［84］戴铁军，安佰超，王婉君．基于物质流分析的京津冀生态质量空间耦合演化研究［J］．生态经济，2018，34（5）：137－142.

［85］戴铁军，高新昕．包装工业可持续发展与循环经济［J］．生态经济，2014，30（2）．

［86］丁广．农业可持续发展与循环经济［J］．中国工程咨询，2006（12）：34－35．

［87］丁国民，高炳巡．校园“毒跑道”的症结及法律对策研究［J］．武汉体育学院学报，2016，50（11）：36－41．

［88］董锁成，于会录，李宇，等．中国工业节能：循环经济发展的驱动因素分析［J］．中国人口·资源与环境，2016（6）：27－34．

［89］都基峻，田刚，谭玉玲，等．工业废气再利用的碳减排潜力分析［J］．环境工程技术学报，2015，5（3）：227－232．

［90］杜悦悦，彭建，高阳，赵会娟．基于三维生态足迹的京津冀城市群自然资本可持续利用分析［J］．地理科学进展，2016，35（10）：1186－1196．

［91］冯海燕，张昕，李光永，等．北京市水资源承载力系统动力学模拟［J］．中国农业大学学报，2006（6）：106－110．

［92］冯之浚，刘燕华，周长益，等．我国循环经济生态工业园发展模式研究［J］．中国软科学，2008（4）：1－10．

［93］高长益，李燚，刘立德，刘欣．炼钢含铁废弃物循环利用实践［J］．四川冶金，2016，38（2）：76－79．

［94］高芳．Waste to Energy——日本城市垃圾的能源化利用［J］．世界环境，2014（6）：76－77．

［95］高青松，雷琼嫦，何花．治理“地沟油”问题研究进展及评述［J］．生态经济，2013（1）：67－70．

［96］高蕊．绿水青山就是金山银山——河南豫光金铅集团循环经济发展实践［J］．中国有色金属，2018（13）：52－55．

［97］龚家富．能值理论在国际贸易统计指标中的创新［J］．长春大学学报，2009，19（1）：5－8．

［98］郭英祺，刘孟夫，曾庆东，等．农村家庭厨余垃圾处理发酵罐的改进设计及试验［J］．现代农业装备，2017（3）：29－33．

［99］何炳光．餐厨垃圾：危险而宝贵的资源［N］．开发区导报，

2018-03-23.

[100] 何中伟. 基于循环经济的高新技术产业研究 [D]. 上海：复旦大学硕士学位论文，2008.

[101] 胡斌，吴雪莲，万迎峰，鲍仁冬. 谷城县循环经济发展模式研究 [J]. 工业安全与环保，2016，42 (8)：93-95.

[102] 胡巧玲. 基于生态效率的吉林省农业循环经济发展模式研究 [D]. 长春：吉林大学硕士学位论文，2015.

[103] 黄和平，毕军. 基于 MFA 的区域循环经济评价研究初探——以常州市武进区为例 [C]. 2006 年环球中国环境专家协会年会暨环境与自然资源经济学研讨会论文集，2006：229-238.

[104] 黄林楠. 水资源生态足迹计算方法 [J]. 生态学报，2008，28 (3)：1279-1286.

[105] 黄志甲. 建筑物能量系统生命周期评价模型与案例研究 [D]. 上海：同济大学博士学位论文，2003.

[106] 计晓东，杨玉凤. 综合效益视点的循环经济及影响因素的研究评述——基于煤炭产业 [J]. 2011 中国矿产资源综合利用与循环经济发展论坛，2011.

[107] 季昆森. 循环经济与生态型城镇建设 [C]. 2010 中国可持续发展论坛暨中国可持续发展研究会学术年会，2010：296-301.

[108] 冀星. 利用餐厨垃圾中的油脂生产生物柴油技术与政策问题研究 [J]. 中国能源，2011，33 (9)：36-39.

[109] 贾冯睿，郎晨，刘广鑫等. 基于物质流分析的中国金属铜资源生态效率研究 [J]. 资源科学，2018，40 (9)：1706-1715.

[110] 贾红艳. 工业污染水的深处理及处理后污水的循环再利用的研究 [J]. 才智，2012 (1)：56.

[111] 贾小乐，周源，延建林等. 基于能值分析的中小城市可持续发展与绿色 GDP 动态研究——以浙江省湖州市为例 [J]. 国土资源科技管理，2018，35 (6)：17-31.

［112］贾小玫，卢凤．对循环经济的运行模式与实施层面的再认识［J］．学术探索，2005（3）：30－34.

［113］江三良，李攀．快速城市化的潜在风险与化解对策——基于大量农民进城视角［J］．商业经济研究，2015（31）：48－49.

［114］姜国刚，衣保中．循环经济范式演进的动力机制与系统结构分析［J］．社会科学辑刊，2018（6）：104－108.

［115］姜学民等．生态经济学概论［M］．武汉：湖北人民出版社，1985.

［116］金晓斌，殷少美，尹小宁，周寅康．城市住宅产业发展系统动力学研究——以南京市为例［J］．南京大学学报（自然科学版），2004（6）．

［117］金颖珊．家庭洗涤磷化废水除磷方法的研究［J］．资源节约与环保，2014（12）：145－145.

［118］金涌，魏飞．循环经济与生态工业工程［J］．西安交通大学学报（社会科学版），2003（4）：7－16.

［119］孔佳南．生态效率评价方法与应用研究综述［J］．河南科技，2014（24）：214－215.

［120］蓝盛芳，钦佩，陆宏芳．生态经济系统能值分析［M］．北京：化学工业出版社，2002.

［121］李刚．基于可持续发展的国家物质流分析［J］．中国工业经济，2004（11）：11－18.

［122］李圭白，李星．水的良性社会循环与城市水资源［J］．中国工程科学，2001（6）：37－40.

［123］李宏煦，苍大强，白皓，等．城市电子废物的资源循环及回收方法探究［J］．再生资源与循环经济，2009，2（4）：28－34.

［124］李慧明，王磊，张菲菲．日本家庭在循环经济发展中的经验和做法及对我国的启示［J］．东北亚论坛，2007，16（6）：101－106.

［125］李莉，许庆庆．基于可持续发展和循环经济理论的煤炭产业链发展影响研究［J］．能源技术与管理，2013（2）：169－172.

[126] 李倩，于萍，罗运柏．中水回用于工业循环水存在问题探讨[J]．工业用水与废水，2012，43（2）：6-8.

[127] 李善强，方杨，李浩．广惠高速公路路面大修工程资源循环利用实践[J]．交通建设与管理，2015（12）：37-42.

[128] 李双成，傅小锋，郑度．中国经济持续发展水平的能值分析[J]．自然资源学报，2001，16（4）：297-304.

[129] 李松．基于能值分析的典型石漠化地区可持续发展评价[J]．干旱区资源与环境，2014，28（9）：33-38.

[130] 李新，任强，罗胤达，代涛，文博杰，王敏晰．基于物质流分析的中国机械行业铁资源代谢过程研究[J]．资源科学，2018，40（12）：2329-2340.

[131] 李邢．低碳经济与循环经济协调发展影响因素分析[J]．时代金融，2016（35）：264-265.

[132] 廖海玲，廖迎春，王玉花，等．鄱阳湖生态区生态经济系统可持续发展评估[J]．南昌工程学院学报，2016，35（3）：39-42.

[133] 林海涛．循环经济模式下的资源价格机制研究[D]．桂林：广西大学硕士学位论文，2015.

[134] 林殷，邱小文．循环经济在企业层面的应用探讨——以广东中能酒精有限公司为例[J]．湛江师范学院学报，2006，27（1）：90-93.

[135] 刘滨，向辉，王苏亮．以物质流分析方法为基础核算我国循环经济主要指标[J]．中国人口·资源与环境，2006，16（4）：65-68.

[136] 刘承良，颜琪，罗静．武汉城市圈经济资源环境耦合的系统动力学模拟[J]．Geographicai Research，2013，32（5）.

[137] 刘传坤．山东省循环经济发展综合测度及预警系统构建[D]．济南：山东财经大学博士学位论文，2016.

[138] 刘春霞，李海霞，高鹏，孙玉亭．钢铁企业循环经济标准化模式创建的探索与实践——以莱钢国家循环经济标准化试点项目为例[J]．中国标准化，2018（15）：141-145.

[139] 刘丹丹，康婷婷，林立清．传统开发区转型升级过程中的生态工业园区建设路径——以苏北某开发区为例［J］．再生资源与循环经济，2018，11（11）：15－17.

[140] 刘贵富．循环经济的循环模式及结构模型研究［J］．工业技术经济，2005，24（4）：9－12.

[141] 刘旌．循环经济发展研究［D］．天津：天津大学博士学位论文，2012.

[142] 刘俊海，张立影，刘继亮．工业资源循环利用结构与途径探析［J］．黑龙江环境通报，2016，40（1）：6－7.

[143] 刘丽华，高飞．健康中国视域下我国校园毒跑道治理研究［J］．体育文化导刊，2017（9）.

[144] 刘强，庄幸，姜克隽．中国出口贸易中的载能量及碳排放量分析［J］．中国工业经济，2008（8）：46－55.

[145] 刘三红，肖序．企业循环经济发展经济利益动力机制研究［J］．财务与金融，2015（3）：70－74.

[146] 刘学敏．循环经济机制与模式研究［J］．经济纵横，2007（1）：21－22.

[147] 刘宇辉，彭希哲．中国历年生态足迹计算与发展可持续性评估［J］．生态学报，2004，24（10）：2257－2262.

[148] 龙小平．利用水泥窑协同处置城市生活垃圾的研究［D］．北京：华北电力大学硕士学位论文，2015.

[149] 陆宏芳，陈飞鹏，任海，等．产业生态系统多尺度能值整合评价方法［J］．生态环境学报，2006，15（2）：209－213.

[150] 陆宏芳，蓝盛芳，李雷，彭少麟．评价系统可持续发展能力的能值指标［J］．中国环境科学，2002（4）：93－97.

[151] 吕彬，杨建新．生态效率方法研究与进展［J］．生态学报，2006，11（26）：3898－3906.

[152] 吕一波，宋志伟，梁洋．城市生活垃圾焚烧处理技术的发展现

状［C］．中国环境科学学会固体废物专业委员会年会暨2006年固体废物资源化与循环经济学术会议，2006.

［153］冒佩华，严金强．全球变化背景下的可持续发展［J］．学术月刊，2014，46（7）：34－38.

［154］穆献中，胡广文，伊舟．“毒跑道”类突发性安全事件激励相容分析［J］．企业经济，2018，37（4）：171－178.

［155］穆献中，徐鹏，胡广文，等．耗散理论视域下我国特大城市产业结构生态化转型研究——以北京市为例［J］．科技进步与对策，2017（14）：45－51.

［156］穆献中，余漱石，徐鹏．北京市生物质废弃物资源化利用潜力评估［J］．可再生能源，2017（3）：11－16.

［157］穆献中，余漱石，徐鹏．农村生物质能源化利用研究综述［J］．现代化工，2018（3）：9－13.

［158］穆献中，朱雪婷，胡广文．基于激励相容视角的“毒跑道”事件安全监管分析［J］．工业安全与环保，2018，44（12）：44－49.

［159］穆献中，朱雪婷．城市能源代谢生态网络分析研究进展［J］．生态学报，2019，39（12）：4223－4232.

［160］穆献中，朱雪婷．城市能源代谢系统的协同演化研究［J］．现代化工，38（12）：210－213.

［161］牛文元．持续发展导论［M］．北京：科学出版社，1994.

［162］牛文元．可持续发展的能力建设［J］．中国科学院院刊，2006，21（1）：7－13.

［163］齐建国，王红，彭绪庶，等．中国循环经济发展的进程与政策建议［J］．经济纵横，2010（10）：25－31.

［164］齐建国．中国循环经济发展的若干理论与实践探索［J］．学习与探索，2005（2）：160－167＋240.

［165］齐振宏．发展循环经济，走新型工业化道路的对策探析［J］．发展循环经济落实科学发展观——中国环境科学学会2004年学术年会论文

集，2004.

［166］齐振宏．循环经济与生态园区建设［J］．中国人口·资源与环境，2003，13（5）：111－114.

［167］钱毅．农村循环经济发展模式研究［D］．贵阳：贵州大学硕士学位论文，2007.

［168］秦旋，Mancini Mauro，Travaglini Agnese，等．基于市场推广视角的 BIM 技术采纳障碍因素中意对比研究［J］．管理学报，2016（11）：1718－1727.

［169］邱寿丰．循环经济规划的生态效率方法及应用［D］．上海：上海同济大学博士学位论文，2007.

［170］曲伟国，王琦，靳俊平，等．餐厨垃圾提取生物柴油技术及其应用［J］．环境卫生工程，2013，21（1）：35－36.

［171］申柠．工业污水的处理及处理后污水的循环再利用分析［J］．科技与创新，2016（9）：123.

［172］沈镭，刘晓洁．资源流研究的理论与方法探析［J］．资源科学，2006，28（3）：9－16.

［173］沈镭，钟帅，胡纾寒．全球变化下资源利用的挑战与展望［J］．资源科学，2018，40（1）：1－10.

［174］沈满洪．生态经济学［M］．北京：中国环境科学出版社，2008：6－8.

［175］师学义，王万茂，刘伟玮．山西省生态足迹及其动态变化研究［J］．资源与产业，2013，15（3）：93－99.

［176］石磊，陈吉宁，张天柱．循环经济型生态城市规划框架研究——以贵阳市为例［J］．中国人口·资源与环境，2004，14（3）：54－56.

［177］石磊．探索工业园区生态化转型之路［J］．环境经济，2018（13）：36－39.

［178］宋俊伟．回收工业余热废热用于集中供热的研究之我见［J］．建材与装饰，2018（35）：197－198.

[179] 孙勇. 循环经济的理论与实践 [J]. 学习与探索, 2005 (2): 168 - 171.

[180] 唐佳, 方江平, 李萍, 等. 西藏工布自然保护区森林生态系统涵养水源功能及其价值 [J]. 安徽农业科学, 2011, 39 (25).

[181] 唐建荣. 生态经济学 [M]. 北京: 化学工业出版社, 2005: 31 - 32.

[182] 滕海峰. 循环经济工业园区规划问题探讨 [J]. 甘肃科技, 2014, 30 (1): 6 - 10 + 2.

[183] 田桂瑛. 家电资源循环利用模型的建立及对策研究 [D]. 沈阳: 东北大学硕士学位论文, 2008.

[184] 汪凌志. 基于能值分析的黄石市绿色 GDP 核算 [J]. 湖北理工学院学报 (人文社会科学版), 2018, 35 (4): 36 - 42.

[185] 王安平, 冯振东. 基于绿色发展的循环经济模式技术体系研究 [J]. 经贸实践, 2016 (1): 337 + 339.

[186] 王佰梅, 吴钢. 基于物质流分析方法的煤炭资源型区域循环经济评价指标体系研究 [J]. 煤炭经济研究, 2008, 1 (11): 42 - 45.

[187] 王保乾. 循环经济发展模式及实现途径的理论研究综述 [J]. 中国人口·资源与环境, 2011 (S2): 1 - 4.

[188] 王俊岭. 中国钢铁工业循环经济效率与质量研究 [D]. 北京: 北京科技大学博士学位论文, 2015.

[189] 王琨, 朱莹莹, 李玉双. 工业园区 "生态化" 再建设路径研究——以浙江嘉兴乍浦经济开发区为例 [J]. 改革与战略, 2017, 33 (4): 106 - 109.

[190] 王立群, 李冰, 郭轲. 北京市生态足迹变化及其社会经济驱动因子分析 [J]. 城市问题, 2014 (7): 2 - 8.

[191] 王婉, 于清峰, 肖莹, 等. 高效液相色谱——荧光衍生法快速测定地沟油中的长链脂肪醛 [J]. 分析化学, 2017, 45 (5): 770 - 776.

[192] 王晓玲, 吕伟娅, 梁磊, 等. 日本再生水回用发展现状及研究

分析［J］. 西南给排水，2012（2）：29－32.

［193］王延荣. 循环经济的发展模式研究［J］. 技术经济，2006（2）：7－9.

［194］王兆华. 区域生态产业链管理理论与应用［M］. 北京：科学出版社，2010.

［195］王兆华. 循环经济：区域产业共生网络：生态工业园发展的理论与实践［M］. 2007.

［196］王智宇，马俊杰，李鹏飞. 基于能值分析的西安市三个发展核心区可持续性研究［J］. 地球环境学报，2018（2）.

［197］魏泽能，龙元桃. 池塘养殖废水资源化利用技术的研究［J］. 中国水产，2015（11）：82－83.

［198］吴九红，曾开华. 城市水资源承载力的系统动力学研究［J］. 水利经济，2003（3）：36－39.

［199］吴明，姜国强，贾冯睿等. 基于物质流和生命周期分析的石油行业碳排放［J］. 资源科学，2018，40（06）：195－204.

［200］吴墨泉，牛法升. 循环经济标准化模式在铜冶炼领域的实践［J］. 资源再生，2017（10）：50－51.

［201］吴卫国. 如何实现蒸压加气混凝土砌块生产系统水汽资源循环利用［J］. 砖瓦，2013（3）：30－31.

［202］夏慧玲，林小芳，徐海江等. EPR 视角下的快递包装物循环利用策略研究［J］. 物流工程与管理，2016（4）：51－52.

［203］肖华茂. 面向区域的循环经济发展模式设计［J］. 统计与决策，2007（14）：119－121.

［204］肖华茂. 区域循环经济发展模式的外部影响因素分析［J］. 社会科学战线，2008（8）：244－246.

［205］肖林波，田承涛，廖秋实等. 磷化工生产全资源循环综合利用技术探讨与实践［J］. 磷肥与复肥，2018，33（10）：32－34.

［206］肖永清. 循环经济帮助污泥变废为宝［J］. 世界环境，2018

（2）：45－49.

［207］谢家平，孔令丞．基于循环经济的工业园区生态化研究［J］．中国工业经济，2005（4）：15－22.

［208］谢园园．基于过程—效应的区域循环经济评价方法及其实证分析［D］．北京：中国环境科学研究院硕士学位论文，2013.

［209］谢志强．新型城镇化即将开启巨大增长空间［J］．人民论坛，2015（27）：35－37.

［210］胥卫平，曹子栋．中国的环境经济学研究：发展方向探讨［J］．西安石油学院学报（社会科学版），2002（1）：8－10.

［211］徐建中，刘淼群．资源型城市发展循环经济评价指标体系与方法研究［J］．改革与战略，2008（8）：40－42.

［212］徐剑，张云里，金玉然．废旧电子产品回收网络研究［J］．物流科技，2005，28（3）：56－59.

［213］徐玖平．循环经济系统论［M］．北京：高等教育出版社，2011.

［214］徐鹏，穆献中，余漱石，等．京津冀生物质废弃物能源化利用潜力及环境效益研究［J］．环境科学与技术，2017，40（12）：292－299.

［215］徐鹏，穆献中．餐厨垃圾在能源生产中的应用与发展［J］．现代化工，2016（5）：12－16.

［216］徐中民，程国栋，张志强．中国 1999 年生态足迹计算与发展能力分析［J］．应用生态学报，2003，14（2）：280－285.

［217］许淑婷．中国能源生态效率的时空演变与影响因素研究［D］．沈阳：辽宁师范大学博士学位论文，2016.

［218］薛庆庆，张鹏，周博，等．家庭洗涤废水循环利用设备的研究与开发［J］．中国资源综合利用，2014（2）：24－27.

［219］雪晶，胡山鹰，周禹成，等．我国生产生活系统间再生资源循环链接研究［C］//全国循环经济与生态工业学术论坛暨中国生态经济学

会工业生态经济与技术专业委员会2011年年会，2011.

［220］严茂超，李海涛，程鸿等. 中国农林牧渔业主要产品的能值分析与评估［J］. 北京林业大学学报，2001，23（6）.

［221］严茂超. 生态经济学新论［M］. 北京：中国致公出版社，2001：3－4.

［222］杨浩. 污水处理固体废弃物的低碳处理和综合利用研究［D］. 哈尔滨：哈尔滨工业大学硕士学位论文，2015.

［223］杨建新. 产品生命周期评价方法及应用［M］. 北京：气象出版社，2002.

［224］杨茂钢，赵树旗，王乾勋，陈淑珍. 国外再生水利用进展综述［J］. 海河水利，2013（4）：30－33.

［225］杨雯淇. PPP在我国城市生活垃圾处理领域的应用研究［D］. 北京：中国财政科学研究院硕士学位论文，2016.

［226］杨晓艳，陈杰. 供应链协调中知识流要素的解释结构模型［J］. 软科学，2013，27（5）：140－144.

［227］杨屹，樊明东，张景乾. 陕西省区域生态足迹动态变化及驱动因素差异研究［J］. 生态科学，2018，37（3）. 67－76.

［228］姚爱华. 基于循环经济的生态工业园区水循环产业链研究［D］. 北京：北京工业大学硕士学位论文，2007.

［229］姚成胜，朱鹤健，刘耀彬. 能值理论研究中存在的几个问题探讨［J］. 生态环境，2008，17（5）：2117－2122.

［230］叶文虎，栾胜基. 论可持续发展的衡量与指标体系［J］. 世界环境，1996（1）：7－10.

［231］袁媛. 循环经济执法难点分析与对策研究［D］. 兰州：甘肃政法学院硕士学位论文，2016.

［232］张保成，国锋. 国内外水资源承载力研究综述［J］. 上海经济研究，2006（10）：39－43.

［233］张保成，国锋. 自然资源承载力问题研究综述［J］. 经济经

纬，2006（6）：22－25.

［234］张炳，黄和平，毕军．基于物质流分析和数据包络分析的区域生态效率评价——以江苏省为例［J］．生态学报，2009，29（5）：2473－2480.

［235］张春红．废纸资源化技术研究新进展［J］．再生资源与循环经济，2006（5）：24－27.

［236］张坤．循环经济理论与实践［M］．北京：中国环境科学出版社，2003.

［237］张亮．回收工业余热废热用于集中供热的研究［D］．济南：山东建筑大学硕士学位论文，2012.

［238］张龙生，刘拓．餐厨垃圾生产生物柴油现状及对策［J］．环境卫生工程，2009，17（6）：50－52.

［239］张爽，李忠魁．基于资源消费的北京市生态足迹分析［J］．水土保持研究，2014，21（1）：294－298.

［240］张喜梅．基于生态足迹的重庆市生态安全动态变化研究［D］．重庆：西南大学硕士学位论文，2014.

［241］张晓玲．可持续发展理论：概念演变、维度与展望［J］．中国科学院院刊，2018，33（1）：10－19.

［242］张艳华，刘海，仇普新，等．热管技术在工业余热回收中的应用［C］．2009 中国民用炉具研讨会暨产品展示会、2009 生物质成型燃料加工设备及技术交流会会刊，2009.

［243］章锦河，张捷．旅游生态足迹模型及黄山市实证分析［J］．地理学报，2004，59（5）．

［244］赵航，吕瑞恒，梁继业，等．新疆南疆兵团农果复合生态系统的能值分析［J］．塔里木大学学报，2018，30（2）．

［245］赵鸣．塔山循环经济园区的实践及启示［J］．山东工业技术，2015（8）：247－248.

［246］赵宇．石化生态工业园区评价指标体系及生态产业链设计研究

[J]. 能源环境保护，2016，30（6）：48－52.

[247] 郑季良，彭晓婷. 高耗能产业群复合生态效率系统协同发展研究 [J]. 重庆理工大学学报（社会科学版），2018，32（11）：30－38.

[248] 中华人民共和国国务院. 国家新型城镇化规划（2014—2020年）[M]. 北京：人民出版社，2014.

[249] 周江，向平安. 湖南不同季 稻作系统的生态能值分析 [J]. 中国农业科学，2018，51（23）：4496－4513.

[250] 周荣喜，崔清德，蔡小龙，等. 产品质量安全风险传导机制研究——以台湾地沟油事件为例 [J]. 经济与管理，2015，29（6）：73－78.

[251] 诸大建，邱寿丰. 生态效率是循环经济的合适测度 [J]. 中国人口·资源与环境，2006，16（5）：1－6.

[252] 诸大建，周建亮. 循环经济理论与全面小康社会 [J]. 同济大学学报，2003（3）：107－112.

[253] 邹君，姜雪，梁丹丹，等. 地沟油的危害及合理利用 [J]. 吉林医药学院学报，2015（4）：296－299.

[254] 左铁镛. 科学把握循环经济内涵促进人与自然和谐发展 [J]. 高等教育研究，2005（4）：3－6.

[255] 左铁镛. 有色金属材料可持续发展与循环经济 [C]. 中国有色金属学会学术年会，2008：755－763.

后 记

本书交付出版之际，全球爆发了危及人类命运的新冠疫情危机。无法出门、蛰伏家中的这段时间里，笔者常常昼夜伏案沉思。在感叹人类生态系统复杂和人体生命系统脆弱之余，对生产系统和生活系统的基本内涵以及本书相关章节内容有了一些更深层次的感悟和思考。

第一，人类生态系统本身也是由诸多“生产系统”和“生活系统”复合交错链接而成的复杂生命系统单元构成，当然也应该具有层次性、突变性、自组织以及系统开放性等显著生态系统特征；而具体表征是否也具有“强循环链接—弱循环链接”“正向循环链接—负向循环链接”“有益循环链接—有害循环链接”形态呢？

第二，本书所阐述的生产系统和生活系统循环链接“物质代谢”“冗余消解”以及“层次递阶”等内在演化机理，是否有助于人类探知这个神秘且可怕的新冠病毒疫情起源及其演化趋势，尤其是生产系统和生活系统循环链接过程所呈现的“非物质化”转移和“基因信息”传播特征。

第三，笔者所构建的生产系统和生活系统循环链接方法论，包括系统要素识别、系统结构解析、系统生态行为分析、系统信息功能分析以及系统模拟仿真等。期盼这些系统研究方法论对生命科学诸多未知领域有所启示，尤其人类现在正处于探究新冠疫情危机不期而至的关键时刻。

第四，面对这场考验人类共同命运的全球重大公共卫生危机，“同舟共济、共度时艰”显得尤为重要，但现实却事与愿违，但愿本书所构建的生产系统和生活系统循环链接机制设计理论，包括激励相容、生产责任制延伸以及演化博弈等，对当前的人们有所启发。

笔者之所以有上述一些浅薄的思考，也许是因为本书所探究的研究对象、方法理论体系以及相应技术支撑与生命科学存在千丝万缕的关联性；此外，当大家共同面临前所未有的生存危机之时，也可能会产生诸多“不切实际”的跨界“灵感”和多疑思考。

在此，笔者深深感谢经济管理出版社的编辑老师们，给予本书多次修改、完善的机会和理解。本书交付初稿后，还能数易其稿，把生产系统和生活系统循环链接内在演化机理、中国循环经济递阶发展及其数字循环经济模式（3.5）、系统生态行为分析方法论以及数字信息软件系统框架设计等最新研究成果融入进来，直至完成这个后记。

因疫情延宕付梓至今，诸多欣慰和感恩之余，更多的是沉思。

穆献中

2020 年 5 月 4 日于北京